美国问题研究

二战后美国国会非法移民立法研究

基于公共政策理论视角

唐慧云 ◎ 著

United States of America Congressional Legislation on Illegal Immigration Study after the Second World War
— A Theory of Public Policy —

时事出版社
北京

谨以此书献给我的父母

序

　　美国是世界上最大的移民国家，其人口构成除了约占比1%的原住民（含美洲印第安人、阿拉斯加原住民、夏威夷及太平洋岛屿原住民）之外，其余均为来自世界各地的移民及后裔，其中来自欧洲的移民及后裔占多数。从历史沿革来看，美国的创建、成长和发展均得益于新航路开辟后的大迁徙。

　　大迁徙为美国提供了必不可少的人口来源和基础。在早年的自由移民时代，美国对这个问题采取较为宽容的态度和政策，特别是对来自欧洲的白人移民基本上来者不拒，但从19世纪后半期起发生变化。在世界各国移民历程中，非法移民问题一直存在，美国也不例外。特别是二战结束以来，非法移民成为美国移民立法和相关政策中的突出问题和难题。唐慧云博士的新作《二战后美国国会非法移民立法研究——基于公共政策理论视角》是对美国非法移民问题进行研究的最新优秀成果之一。作者运用公共政策理论中的系统分析理论、制度主义理论、利益集团理论，在大量阅读和采用原始档案文件的基础上，深入探讨和分析了国会非法移民立法的历史演变过程及影响因素，特别是影响国会非法移民立法的内部结构因素、影响国会非法移民立法的外部制度性因素和影响国会非法移民立法的利益集团因素三大方面。

美国的立国与移民密切相关，美国本身就是英帝国的移民型殖民地的典范之一。移民型殖民地是英帝国三种类型殖民地中的一个主要类别：在移民型殖民地（immigration colonies），来自欧洲宗主国的白人移民构成殖民地人口的主体，并占绝对多数，而殖民地的原住民则遭到大规模杀戮或驱赶或染上殖民者带入的致命疾病，人口大幅度下降，在总人口中占绝对少数。帝国政府将政治、经济、法律制度和文化传统通过移民移植到殖民地，仿照宗主国的社会模式来进行开发和建设，因而殖民地在各个方面与宗主国十分相似，可以视作宗主国社会和文化的延伸和扩展。帝国的治理在殖民地早期，采取直接统治的方式，其后逐渐给予和扩大殖民地自治权，形成自治领，最后成为完全的主权国家。在英帝国内，北美、澳洲殖民地就属这种类型殖民地。美国只是成为独立国家的方式不同，不是通过帝国调整政策后的和平过渡，而是通过诉诸战争手段的独立战争。

美国是新航路开辟后的大迁徙中产生的一个新国家。在此基础上，新的美利坚民族和文化也应运而生。来自欧洲及世界各地的移民通过融合和同化，形成了新的和具有自身鲜明特征的民族——美利坚人。美国文化则主要源于欧洲，英国人崇尚自由、法国人珍视平等和德国人崇拜权威的文化传统和民族精神均构成了美国文化的主要要素。《独立宣言》庄重宣布："我们认为这些真理是不言而喻的：人人生而平等，造物者赋予他们若干不可剥夺的权利，其中包括生命权、自由权和追求幸福的权利。"而为了满足美国人对崇拜权威的需要，美国独立后并未模仿英国的内阁制，当然更不可能保留君主立宪制，而是率先创建了总统制。此外，美国为避免旧大陆宗教冲突的遗害，实现宗教宽容，以至于并没有像许多其他国家那样设立国教。

直到南北战争结束前，美国实行自由和开放的移民政策，对入境移民基本上不加限制。19世纪70年代初，美国的一些州开始颁布实施移民法规。美国最高法院于1875年做出裁决，规定关于移民事务方面的立法和执法属联邦政府职权范围。而美国国会通过的最早的移民法之一就是恶名远扬的《1882年排华法》。同年，国会通过另一部《移民法》规定对每一位入境的移民征收50美分人头税，禁止智能缺陷及精神病患者、罪犯以及无经济自立能力者移居美国。从此，美国开始对移民设限。对于移民治理，美国政府主要采取以下政策路径：第一，坚持美国移民立国的传统和国策。即使是面对非法移民潮的压力，美国继续向合法移民打开大门，继续向外国学生、科技人才、美国公民和永久居民的亲属等发放入境签证和移民许可，力求在国际高端人才的竞争中占据和保持优势。第二，坚持"大熔炉"式的同化政策。与其他主要移民国家不同，美国拒不实行多元文化政策，而是力推移民的同化和融合，力图将来自不同文化和种族背景的移民改造为接受美国主流价值观的美利坚人。第三，坚持严厉打击和宽容赦免相结合的政策方针。对于非法移民，美国在不同时期采取了不同的政策手段，或整体赦免，将非法移民合法化；或严厉打击，将非法移民拘捕和强制遣返。近期的美国针对非法移民的政策重点已明显放在严厉打击之上，而且对合法移民也有收紧之势。

  对于美国非法移民问题的研究，已有大量的研究成果问世，但从立法的角度进行考察，相关的研究著说还不多见。唐慧云博士的这部新作，系统研究了美国有关非法移民立法的制度架构、运作机制和影响因素，注重理论与实际的结合，对相关研究做出了新的推动和贡献。

潘兴明

2018年5月于上海丽娃河畔

目录

绪论 / 001

第一节 问题提出和研究意义 / 001
第二节 国内外研究现状 / 002
　一、国内研究现状 / 002
　二、国外研究现状 / 005
第三节 研究路径和理论选择 / 007
　一、公共政策（public policy）、决策（decision-making）的概念 / 008
　二、主要公共政策理论 / 010
　三、理论方法 / 011
第四节 研究方法 / 021
第五节 本书结构 / 022
第六节 学术创新和不足 / 023
　一、学术创新 / 023
　二、学术不足 / 023

第一章
国会非法移民立法历史演变过程分析（1945—2018年） / 024

第一节 国会暧昧不明的非法移民立法（1945—1964年） / 024

一、季节工人项目的实施和非法移民的由来 / 024
二、国会模糊不清的非法移民立法 / 032
三、原因解读 / 034

第二节 国会恩威并用的非法移民立法（1965—1986年）/ 036
一、乱象丛生的非法移民问题 / 036
二、原因解读 / 040
三、软硬兼施的《1986年移民改革和控制法》/ 042

第三节 国会日益收紧的非法移民立法（1987—2000年）/ 048
一、非法移民问题依然严峻 / 049
二、州政府不堪重负 / 052
三、加利福尼亚州《187提案》/ 054
四、保守的《1996年非法移民改革和移民责任法》/ 056

第四节 "9·11"后国会更加严厉的非法移民立法
（2001—2018年）/ 061
一、屡禁不止的非法移民 / 061
二、国会反恐立法和打击非法移民相结合 / 066
三、后"9·11"时代国会全面移民政策改革和
《梦想法案》/ 068

第二章
影响国会非法移民立法的内部结构因素分析 / 078

第一节 宪政基础 / 078
一、国会立法权 / 078
二、财政预算权 / 080

第二节 制度因素 / 087
一、委员会制度 / 087
二、委员会小组和主席 / 091

第三节 国会议员 / 096
一、选区因素 / 096

二、政党因素 / 101
　　三、族裔因素 / 107

第三章
影响国会非法移民立法的外部制度因素分析 / 114

第一节　行政机关与国会非法移民立法 / 114
　　一、总统在非法移民政策上的主要特点及原因 / 114
　　二、总统影响国会非法移民立法的方式及效果评估 / 120
第二节　地方政府与国会非法移民立法 / 135
　　一、地方政府与国会的非法移民立法权之争 / 135
　　二、地方政府非法移民立法作用评估 / 147
第三节　司法机关与国会非法移民立法 / 152
　　一、司法机关审查非法移民问题的原则 / 152
　　二、司法机关非法移民问题作用评估 / 161

第四章
影响国会非法移民立法的利益集团因素分析 / 164

第一节　主要利益集团 / 164
　　一、农场主利益集团和工商业主利益集团 / 166
　　二、工会利益集团 / 167
　　三、少数族裔利益集团 / 169
第二节　利益集团影响国会非法移民立法的主要方式 / 171
第三节　利益集团对国会非法移民立法的作用评估 / 180
　　一、积极作用 / 181
　　二、消极作用 / 182

第五章
国会非法移民立法的特点和作用评估 / 192

第一节　国会非法移民立法的特点分析 / 192
　　一、实用主义原则 / 192
　　二、疏堵结合，以疏为主、以堵为辅 / 195
　　三、一元主义和多元主义的交融 / 197
第二节　国会非法移民立法的作用评估 / 200
　　一、治理效果评估 / 200
　　二、国会移民立法权评估 / 202

结语 / 204

第一节　本书基本观点总结 / 204
第二节　政策启示 / 205
第三节　未来研究方向 / 206

附录 / 207

参考文献 / 213

后记 / 239

绪　　论

> 当我研究美国历史时，我发现它是一部移民史。
> ——美国历史学家奥斯卡·汉德林

第一节　问题提出和研究意义

目前，美国国内的 1150 万—1200 万非法移民已经成为美国政府最头疼的问题之一。2006 年 3 月，皮尤研究中心估计，超过一半的非法移民来自墨西哥。① 大量非法移民长期滞留美国，给美国社会造成了严重影响。一方面，非法移民增加政府负担，带来犯罪等社会问题；另一方面，非法移民向美国提供经济发展所需的体力劳动力，尤其是在农业、建筑业、服务业等劳动密集型领域。为此，美国社会对非法移民的态度可谓爱恨交织。自 2005 年以来，国会寻求全面的移民政策改革，以解决非法移民问题。但是，迄今为止，全面移民政策改革久拖不决。当前，非法移民问题已经成为美国国内政治最重要的问题之一。2016 年特朗普当选美国总统与其国内日益严峻的非法移民问题密切相关。研究国会的非法移民立法过程，展示国内政治力量的博

---

① Jeffrey S. Passel, "The Size and Characteristics of The Unauthorized Migrant Population in The U. S", *Pew Hispanic Center*, March 7, 2006.

弈，对理解当前的美国移民政治具有重要意义。另外，随着2018年我国设立国家移民管理局，美国移民立法的经验与教训也可为我们提供一些参考。

本书研究美国国会的非法移民立法，旨在解决以下问题：一是在非法移民过程中，国会是否占主导地位，拥有立法权；二是国会在非法移民问题中所发挥的作用。

第二节　国内外研究现状

一、国内研究现状

美国是一个移民国家，其移民研究至关重要。当前，国内学术界在这一领域虽然取得一些成果，但主要是从历史学、社会学的视角，对美国的移民政策或进行历史脉络的梳理，或进行政策层面的解读。

一是对宏观移民政策的阐述，相关著作有：梁茂信的《美国移民政策》，此书回顾了美国建国以来的移民政策史。[①] 另外，还有大量论文阐述美国的移民政策，诸如丁则民的《百年来美国移民政策的演变》、[②] 钱皓的《美国移民大辩论历史透视》、[③] 周跃军的《试论美国建国以来移民政策的演变》、[④] 何宗强的《二战后加拿大和美国移民政策的转变》、[⑤] 王寅的《埃利斯岛移民接收站与美国移民政策的重大改革》、[⑥] 王莹的《20世纪初美国政府强制

[①] 梁茂信：《美国移民政策》，长春：东北师范大学出版社，1996年版。
[②] 丁则民："百年来美国移民政策的演变"，《东北师范大学学报（哲学社会科学版）》1986年第3期。
[③] 钱皓："美国移民大辩论历史透视"，《世界历史》2001年第1期。
[④] 周跃军："试论美国建国以来移民政策的演变"，《西南民族大学学报（人文社科版）》2003年第9期。
[⑤] 何宗强："二战后加拿大和美国移民政策的转变"，《国际论坛》2006年第3期。
[⑥] 王寅："埃利斯岛移民接收站与美国移民政策的重大改革"，《历史教学问题》2008年第4期。

同化移民政策的形成与实施》。①　此外，也有一些论文关注美国在制定移民政策时奉行的种族主义、实用主义、人权原则，如刘卓的《从〈排华法案〉看美国移民政策中的种族主义》、②　郑丽的《论实用主义原则在美国对华移民政策演变中的体现》、③　罗旻的《美国新移民政策国家利益至上》④　以及翁里的《解读美国移民法及其人权标准》。⑤

二是对特定移民政策的研究，诸如亚洲移民、拉美裔移民、难民政策、技术移民政策等。相关研究有：戴超武的《美国移民政策与亚洲移民》一书针对美国的亚洲移民政策做了历史学意义上的梳理；⑥　冯峰的《拉美裔移民对美国大选的影响及美国移民政策的调整》一文阐述了美国拉美裔选民对当前美国移民政策改革的影响；⑦　胡小芬的《罗斯福时代的美国欧洲犹太知识移民政策（1933—1945）》一文分析了美国的欧洲犹太知识移民政策。⑧　张晓涛的期刊文章《美国对华移民政策的演变及其影响》分析了美国对中国的移民政策；⑨　李晓岗的《难民政策与美国外交》一书分析了美国的难民政策和外交政策的关系；⑩　李其荣的文章《发达国家技术移民政策及其影响——以美国和加拿大为例》重点分析了美国的技术移民政策。⑪

三是社会学视角下，关注移民在美国社会的生活、同化、认同问题，其中拉美裔、华裔移民是研究重点。相关著作有：姬虹的《美国新移民研究（1965年至今）》分析了1965—2008年以来，美国新移民的同化、跨种族婚

---

① 王莹："20世纪初美国政府强制同化移民政策的形成与实施"，《东北师范大学学报（哲学社会科学版）》2008年第2期。
② 刘卓："从《排华法案》看美国移民政策中的种族主义"，《辽宁大学学报（哲学社会科学版）》2004年第4期。
③ 郑丽："论实用主义原则在美国对华移民政策演变中的体现"，《国际论坛》2006年第3期。
④ 罗旻："美国新移民政策国家利益至上"，《新世纪周刊》2007年第13期。
⑤ 翁里："解读美国移民法及其人权标准"，《太平洋学报》2007年第3期。
⑥ 戴超武：《美国移民政策与亚洲移民》，北京：中国社会科学出版社，1999年版。
⑦ 冯峰："拉美裔移民对美国大选的影响及美国移民政策的调整"，《拉丁美洲研究》2008年第6期。
⑧ 胡小芬："罗斯福时代的美国欧洲犹太知识移民政策（1933—1945）"，《理论月刊》2008年第7期。
⑨ 张晓涛："美国对华移民政策的演变及其影响"，《世界民族》2007年第5期。
⑩ 李晓岗：《难民政策与美国外交》，北京：世界知识出版社，2004年版。
⑪ 李其荣："发达国家技术移民政策及其影响——以美国和加拿大为例"，《史学集刊》2007年第2期。

姻、跨国主义行为以及"9·11"后美国的移民政策；① 钱皓的《美国西裔移民研究：古巴墨西哥移民历程及双重认同》一书从移民的认同理论角度出发，阐述了古巴、墨西哥移民的双重认同；② 宋鸥的《美国墨西哥移民问题研究》阐述了墨西哥移民在美国的分布、人口结构和同化问题；③ 赵小建的《重建家园——动荡中的美国华人社会（1940—1965）》一书对1940—1965年间的华人社会的人员结构、家庭和社会活动加以探讨。④

在非法移民研究领域，国内的相关研究主要有以下特点：一是对非法移民问题本身的研究，诸如非法移民的分布、特点和影响。相关文献有：高伟浓的《对1986年以来美国外来非法移民情况的若干辨析》、⑤ 陈积敏的《美国非法移民的现状与基本特点》、⑥《试论非法移民对美国国家安全的影响》。⑦ 二是从社会治理的角度，阐述如何治理非法移民问题。相关研究有：陈积敏的《全球化时代美国非法移民治理研究》从全球化背景角度出发，探讨了美国的非法移民问题治理；⑧ 徐军华的《非法移民的法律控制问题研究》一文对非法移民产生的原因、特点、影响以及从法律的角度如何治理等问题进行了探讨；⑨ 陈积敏的《美国非法移民的治理及其困境》一文对美国非法移民的治理措施和存在的问题做了探讨；⑩ 谈昕晔的《"9·11"事件后美国非法移民政策研究》一文分析了"9·11"后美国的非法移民政策以及国内影响因素，但是由于文章篇幅短小，对二战后的非法移民政策的演变机制没

---

① 姬虹：《美国新移民研究（1965年至今）》，北京：知识产权出版社，2008年版。
② 钱皓：《美国西裔移民研究：古巴墨西哥移民历程及双重认同》，北京：中国社会科学出版社，2002年版。
③ 宋鸥："美国墨西哥移民问题研究"，博士论文，吉林大学，2009年。
④ 赵小建：《重建家园——动荡中的美国华人社会（1940—1965）》，上海：复旦大学出版社，2006年版。
⑤ 高伟浓："对1986年以来美国外来非法移民情况的若干辨析"，《东南亚研究》2003年第2期。
⑥ 陈积敏："美国非法移民的现状与基本特点"，《国际资料信息》2012年第2期。
⑦ 陈积敏："试论非法移民对美国国家安全的影响"，《江南社会学院学报》2012年第2期。
⑧ 陈积敏："全球化时代美国非法移民治理研究"，博士论文，外交学院，2011年。
⑨ 徐军华："非法移民的法律控制问题研究"，博士论文，武汉大学，2005年。
⑩ 陈积敏："美国非法移民的治理及其困境"，《美国研究》2012年第2期。

有深入阐述。① 由此可见，当前国内学术界对非法移民问题的研究，缺乏政治学视角下的深入研究。

另外，在美国国会研究领域，国内学界虽有大量著作，但是多数文献关注国会在外交政策，尤其是对中美关系上的影响。如孙哲的《左右未来，美国国会的制度创新和决策行为》、② 丁孝文的《中美关系中的美国国会因素》等。③ 因此，在美国国会的研究领域，当前国内学界对其国内立法决策过程的研究相当不足。国内立法是国会的主要职能，忽视这一领域的研究，就难以对国会在美国政治中的地位和作用有全面、深入的认识。

二、国外研究现状

相比国内学界，国外学术界尤其是美国学界，无论是移民问题研究还是非法移民的相关著作，可谓汗牛充栋。一是历史学视角下的美国移民政策梳理、美国非法移民以及特定移民的历史演变过程，如黛布拉的《权利时代的美国移民政策》、④ 海伦·海斯的《美国的移民政策和非法移民：矛盾的法律和偷偷摸摸的生活》、⑤ 德洛利斯·米莫蒂默和拉波特主编的《美国的女性移民：加勒比海地区、拉丁美洲以及非洲的经验》、⑥ 乔治·布加斯主编的《移往美国的墨西哥移民》。⑦ 二是经济学、社会学视角下关注移民、非法移民对

---

① 谈昕晔："'9·11'事件后美国非法移民政策研究"，硕士论文，上海外国语大学，2009年。
② 孙哲：《左右未来：美国国会的制度创新和决策行为》，上海：复旦大学出版社，2001年版。
③ 丁孝文："中美关系中的美国国会因素"，《国际问题研究》2003年第5期。
④ Debra L. Delaet, *U. S. Immigration Policy in An Age of Rights*, Westport: Praeger Publishers, 2000.
⑤ Helene Hayes, *U. S. Immigration Policy and The Undocumented: Ambivalent Laws, Furtive Lives*, Westport: Praeger Publishers, 2001.
⑥ Delores M. Mortimer and Roy S. Bryce-Laporte, eds., *Female Immigrants to the United States: Caribbean, Latin American, and African Experiences*, Washington, D. C.: Research Institute on Immigration and Ethnic Studies, Smithsonian Institution, 1981.
⑦ George J. Borjas, eds., *Mexican Immigration to the United States*, Chicago: University of Chicago Press, 2007.

美国社会的影响。如乔治·布加斯的《移民经济中的问题》、① 雅各布·科克格尔德的《美国高科技劳动力迅速下降：对移民政策的影响》、② 罗伯特·G.安斯沃思的《非法移民：美国的经济和劳动力市场的影响》、③ 威廉·巴伯的《非法移民》、④ 皮特·凯特的《非法移民：非法工人是否有益还是有害经济》、⑤ 汉森·戈登的《非法移民的经济逻辑》等均从经济学的视角分析了移民、非法移民对美国利弊并存的经济影响。⑥ 海伦·柯兰的《非法移民》一书则从社会学视角，分析其对美国就业、社会治安、社会福利的影响。⑦ 三是政治学视角下研究美国移民政治，分别从总统、利益集团、公共意见、国会等角度研究其对移民政策改革的影响。如拉汉·尼克拉的《罗纳德·里根和移民政治改革》研究了里根总统在20世纪80年代移民政策改革中的作用；⑧ 黄·卡罗林的《院外集团游说：政治权利和移民政策制定》分析了移民政策改革中的利益集团因素；⑨ 埃德温·哈伍德的《公共意见和美国的移民政策》、⑩ 塞哥维亚·弗朗辛（Segovia Francine）和勒娜塔·戴菲沃（Renatta Defever）的《公共意见趋势——美国移民政策的公共意见》探讨了美国移民政策改革中的公共意见因素；⑪ 安德鲁的《共和党与移民政治：从

---

① George J. Borjas, *Issues in The Economics of Immigration*, Chicago: University of Chicago Press, 2000.
② Jacob Kirkegaard, *The Accelerating Decline in America's High-Skilled Workforce: Implications for Immigration Policy*, Washington, D.C.: Peterson Institute for International Economics, 2007.
③ Robert G. Ainsworth, *Illegal Immigration: U.S. Economic and Labor Market Impacts*, Washington, D.C.: National Commission for Employment Policy, 1983.
④ William Barbour, *Illegal immigration*, San Diego: Green Haven Press, 1994.
⑤ Peter Katel, *Illegal Immigration: Do Illegal Workers Help or Hurt the Economy?* Washington, D.C.: Congressional Quarterly, Inc, 2005.
⑥ Gordon H. Hanson, *The Economic Logic of Illegal Immigration*, New York: Council on Foreign Relations, 2007.
⑦ Helen Cothran, *Illegal Immigration*, San Diego: Greenhaven Press, 2001.
⑧ Nicholas Laham, *Ronald Reagan and The Politics of Immigration Reform*, Westport: Praeger Publishers, 2000.
⑨ Carolyn Wong, *Lobbying for Inclusion: Rights Politics and the Making of Immigration Policy*, Palo Alto: Stanford University Press, 2006.
⑩ Edwin Harwood, "American Public Opinion and U.S. Immigration Policy", *Annals of the American Academy of Political and Social Science*, Vol. 487, No. 1, 1986.
⑪ Segovia, Francine and Renatta Defever, "The Polls-Trends: American Public Opinion on Immigrants and Immigration Policy", *Public Opinion Quarterly*, Vol. 74, No. 2, 2010.

"187提案"到乔治·沃克·布什》则分析了20世纪90年代以来共和党的移民政策历史演变过程。①

在国会的移民政策改革研究领域，詹姆斯·R.吉姆佩尔和詹姆斯·爱德华合著的《国会的移民政策改革政治》一书结合作者的国会经历和国会记录资料（詹姆斯·爱德华曾是国会参议员），运用历史研究方法，分析了二战后国会几次重大的移民立法过程，以及其中的公共意见、利益集团因素。② 该书虽然涉及到国会的非法移民立法过程，但是对国会在非法移民治理中的作用以及围绕移民立法，国内各政治力量的博弈未展开详尽的阐释。

综上所述，国内外学界在美国非法移民研究领域中，以经济学、社会学、历史学、社会治理的视角居多，而政治学视角下的研究则相对不足。当前，非法移民问题已经成为分裂美国社会和政治精英最重要的问题之一，移民问题高度政治化，尤其是非法移民问题甚至达到极化程度，并对美国国内政治产生重要影响。研究国会的非法移民立法过程，分析国会在非法移民问题上的作用，不仅有助于拓宽、深化政治学视角下的移民问题研究，而且对理解当前美国全面移民政策改革止步不前以及美国国内政治生态具有重要意义。

第三节 研究路径和理论选择

国会的非法移民立法属于公共政策，本书试图从公共政策理论中寻找研究路径。公共政策学是一门交叉性的学科，来源于政策学的研究，是在综合政治学、经济学、管理学等学科的基础上发展而来的。20世纪50年代，拉

---

① Andrew Wroe, *The Republican Party and Immigration: From Proposition 187 to George W. Bush*, New York: Palgrave Macmillan, 2008.

② James G. Gimpel and James R. Edwards, *The Congressional Politics of Immigration Reform*, Boston: Allyn and Bacon, 1999.

斯韦尔的《政策科学》开创了对政策学的研究。① 在研究公共政策的路径方面，主要有政治学、经济学和管理学的视角。本书采用的是政治学的视角。

一、公共政策（public policy）、决策（decision-making）的概念

罗伯特·埃斯顿认为公共政策是政府与环境的关系；② 托马斯·戴伊认为公共政策就是政府选择做的事情和不做的事情；③ 詹姆斯·安德森认为第一种解释过于简单，第二种解释没有说明政府实际做的事情和决定去做的事情的差别。他从政策的含义出发定义公共政策。安德森认为政策是行为者，或者是一套行为者在处理问题，或者关注时采取的有目的的行动。如果政策的行为者是政府和官方的机构，那么政策就是公共政策，非政府的组织也会影响行动的发展；卡尔·弗里德里希认为公共政策是个人、团体、政府在一定的环境下，达到或者实现目标的行动；④ 戴维·伊斯顿认为公共政策是政治体系对社会权威价值的分配；⑤ 海登·海默认为公共政策就是政府采取了什么行动或者不采取行动、为什么采取行动以及怎样采取行动。⑥

为了便于读者理解公共政策的含义，笔者特制作表1：

表1 公共政策的概念汇总

代表人物	研究主体	研究客体
罗伯特·埃斯顿	政府	与环境的关系
托马斯·戴伊	政府	选择做和不做的事情

---

① 拉斯韦尔最早在1930年出版的《精神病理学和政策》（Psychopathology and Politics）以及1948年的《分析政治行为》（The Analysis of Political Behavior）一文中提出了政策的概念，后来拉斯韦尔与勒纳在《政策科学》中系统阐述了政策学，参见 Lasswell and Danie. Lerner, eds., *The Policy Science*, Palo Alto: Stanford University Press, 1951, pp. 3 – 15。

② Robert Eyestone, *The Thread of Public Policy: A Study in Policy Leadership*, New York: Bobbs-Merrill Company Press, 1971, p. 18.

③ Tomas R. Dye, *Understanding Public Policy*, Englewood Cliffs: Prentice Hall Press, 1975, p. 1.

④ Carl J. Friedrich, *Man and His Government*, New York: Mcgraw-Hill Press, 1963, p. 9.

⑤ David Easton, *A System Analysis of Political Life*, New York: Wiley Press, 1965, p. 212.

⑥ Heiden. Heimeri, eds., *Comparative Public Policy*, 3rd ed, New York: Martin's Press, 1990, p. 3.

续表

代表人物	研究主体	研究客体
詹姆斯·安德森	政府官方机构（非政府组织影响）	处理问题时有目的的行动
卡尔·弗里德里希	个人、团体、政府	实现目标的行动
戴维·伊斯顿	政治体系	对社会权威价值的分配
海登·海默	政府	采取什么行动、为什么和怎样采取

资料来源：作者根据理解绘制而成。

无论学者给公共政策下何种定义，都不可否认实施政策的主体是政府官僚机构。笔者比较认同海登·海默的观点，因为他的定义比较全面地解释了公共政策的内容、原因和决策过程。为了更好地理解公共政策，有必要区别政策和决策。

詹姆斯·多尔蒂和小罗伯特·普法尔茨格拉夫在《争论中的国际关系理论》一书中谈到，所谓的决策无非是"对存在不确定因素的备选方案做出抉择的行为而已"。[1] 詹姆斯·安德森认为决策是众多系列选择中的选择，是关于怎样选择的问题。[2] 由此可见，决策是关于选择的问题。

根据海登·海默的定义，公共政策的定义包含了三层含义：政府做什么、怎样去做、为什么去做。而决策只是一系列选择中的选择，是怎样做的问题。因此，公共政策包含决策，决策是政策的某一部分。为此，一些学者把决策理论纳入公共政策理论。例如，托马斯·戴伊在《理解公共政策》一书中把决策理论中的理性理论、渐进理论纳入公共政策理论。他提出公共政策的八种理论——制度理论、理性理论、过程理论、集团理论、精英理论、对策理论、系统理论、渐进理论。[3] 因此，运用公共政策理论足以揭示政策的决策过程。[4]

---

[1] ［美］詹姆斯·多尔蒂、小罗伯特·普法尔茨格拉夫，阎学通、陈寒溪等译：《争论中的国际关系理论》，北京：世界知识出版社，1987年版，第501页。
[2] James E. Anderson, *Public Policy-Making*, 3th edition, New York: Holt, Rinehart & Winston Publisher, 1984, p.8.
[3] 托马斯·戴伊把决策理论的理性理论、渐进理论纳入公共政策理论中。
[4] 主要的决策理论有理性选择理论、渐进理论、混合规范理论、最佳决策准则理论。

二、主要公共政策理论

常见的公共政策理论是詹姆斯·安德森在《公共决策》一书中提出的五理论说,它们分别是:系统理论、团体理论、精英理论、政治过程理论、制度主义理论。笔者根据对理论的理解,将五种公共政策理论的主要特点、优缺点整理如表2:

表2 主要的公共政策理论特点分析

名称	主要内容	主要优点	主要缺点
系统理论	环境输入系统;系统输出结果,引起环境反馈	分析宏观政策和外部环境对政策影响	未解释决策过程
精英理论	精英制定社会政策,统治大众	有助于对政策主体的理解	不能适应多元社会、忽视大众政治的参与
集团理论	政策是利益集团博弈的结果	有助于理解多元社会的政治参与	忽视政府、官方机构的作用
制度理论	政治制度对政策制定的影响	有助于理解政治制度对政策的影响	忽视政治过程和大众参与
政治过程理论	政策的形成、发展和运作,重视政策形成的过程	有助于理解政策的政治过程	忽视政策对环境的反馈和决策主体

资料来源:作者根据理解绘制而成。

笔者根据研究对象的不同,将五种理论归纳如表3:

表3 主要公共政策理论分类

主要研究对象	主要代表
政策环境	系统理论
决策主体	精英理论
决策过程	制度理论、集团理论、政治过程理论
决策的结果	系统理论

资料来源:作者根据理解绘制而成。

为了解决国会是否掌握非法移民立法权、国会非法移民立法的作用这两个问题，本书采用的是系统理论、制度理论和集团理论。值得指出的是，公共意见虽对国会的非法移民立法发挥影响，但不是本书的研究重点。本书的理论基础主要建立在对美国政治过程的制度性因素与核心要素的考量上，但公共意见会作为立法背景加以阐释。

三、理论方法

（一）系统理论（political systems theory）

系统理论在20世纪60—70年代居于统治地位，有助于分析宏观的公共政策，尤其是外部环境对政策的影响。提出此理论的学者是戴维·伊斯顿，其主要观点是公共政策是政治系统对环境的反应，政策制定的过程就是政治系统把社会的要求转变为政策的过程。[1] 政治系统是社会中可区分的相互关联的机构、活动对社会价值的分配。具体内容如下：

首先，政治输入。政治系统的输入包括环境的要求和环境的支持。要求是个人和机构要求系统采取满足他们利益的行动；支持是个人遵守选举的结果、交纳税收、遵守法律以及接受权威性价值的分配。

其次，政治系统的政策制定和政策输出。政治系统的核心是机构和个人介入政策制定，包括行政官员、立法者、法官，他们把输入转换为输出。输出是权威价值的分配，公共政策是政治系统的输出。

第三，反馈。政治系统的输出对环境和政治系统本身的影响。政策输出产生新的要求和支持，于是产生新政策。简单的系统理论模型如图1所示：

简单的系统理论模型有助于理解政策的形成过程，尤其是外部环境对政策形成的影响。但是模型没有指出具体的外部环境因素有哪些，因而备受学者批评。例如，托马斯·戴伊认为系统理论的缺陷如下：什么环境产生政治体系的要求；政治体系的什么特征把要求转换为公共政策；环境输入怎样影响政治系统的特征；政治系统的特征怎样影响环境；环境的输入怎样影响公

---

[1] David Easton, *A System Analysis of Political Life*, New York: Wiley Press, 1965, p. 384.

政治系统模型

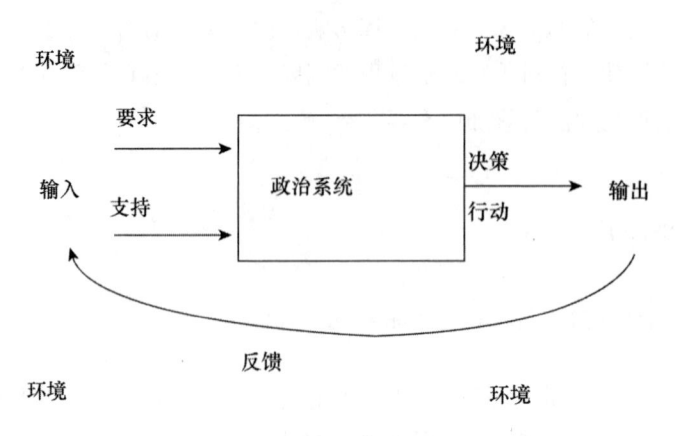

图1　简单的系统理论模型

资料来源：David. Easton, *A Systems Analysis of Political Life*, New York：Wiley Press, 1965, p.32.

共政策的内容；政策怎样通过反馈影响公共政策和政治系统的特征。[1] 为了应对以上批评，伊斯顿进一步完善了政治系统理论，在此基础上建立了动态的、复杂的系统理论。他提出，政治系统的环境因素是政治系统的总体环境，包括社会内部环境和社会外部环境。社会内部环境包括生态系统、生物系统、个人系统、社会系统；社会外部环境包括国际政治系统、国际生态系统、国际社会系统。动态、复杂的系统理论模型如图2所示：

尽管动态、复杂的系统理论模型弥补了简单的系统理论模型的不足，但是此模型缺乏对决策过程的分析，例如政策是如何输出的，以及行政官员、立法人员、司法人员如何把政治输入变为输出等。而阿尔蒙德的结构—功能主义理论弥补了这一缺憾。

阿尔蒙德在1960年出版了《发展中地区的政治》一书，并首次提出结构—功能主义理论。1966年，他在《比较政治学：体系、过程和政策》一书中进一步完善了结构—功能主义。结构—功能主义理论的主要观点是：政治学的核心概念是政治系统，政治系统是一切和政治相关的结构、活动、行为

---

[1] Tomas R. Dye, *Understanding Public Policy*, Englewood Cliffs：Prentice-Hall Publisher, 1980, p.39.

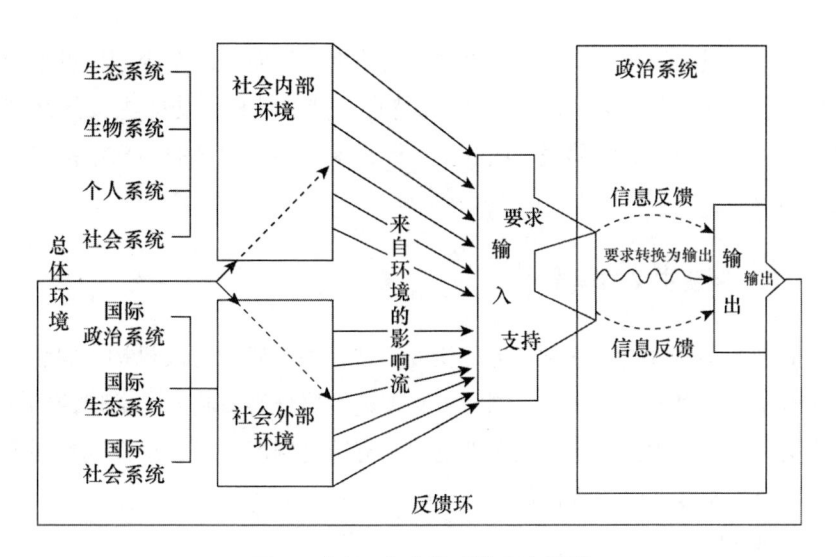

图 2　动态、复杂的系统理论模型

资料来源：［美］戴维·伊斯顿著，王浦劬等译：《政治生活的系统分析》，北京：华夏出版社，1999 年版，第 35 页。

及相互关系的实体；不同类型的政治系统由一定的政治结构组成，现代政治系统的结构主要由利益集团、政党、立法机关、行政机关、政府官员和法院等六部分组成；所有的政治系统都要实施相同的功能，所有的政治结构都要履行不同的功能。阿尔蒙德把政治体系的主要功能分为体系功能和过程功能。体系功能包括政治社会化、政治录用、政治交流；过程功能是决策过程中发挥的作用，具体包括利益表达、利益综合、决策、政策的实施。阿尔蒙德认为政治学不仅研究政治系统的运作、行为、相互之间的关系和作用，还要考虑政治体系的心理方面，即政治文化。[①] 根据结构—功能主义，国会是美国政治系统中的立法机关，属于政治结构。如果把整个政治体系作为一个系统，那么国会这一政治结构将会受到其他政治结构的影响。也有学者将国会作为一个系统来研究。[②] 另外，结构—功能主义强调制度的结构、安排对

---

① ［美］加布里埃尔·A. 阿尔蒙德、小 G. 宾厄姆·鲍威尔著，曹沛霖等译：《比较政治学——体系、过程和政策》，上海：上海译文出版社，1987 年版。

② Leroy N. Rieselbach, *Congressional Politics: the Evolving Legislative System*, Boulder: Westview Press, 1995, pp. 17–35.

公共政策形成的影响。因此，本书将运用戴维·伊斯顿的系统理论模型分析影响国会非法移民立法的外部因素和特点，借助结构—功能主义的某些要素，分析影响国会非法移民立法的制度性因素和国会本身的内部结构对立法的影响。①

（二）制度主义的理论

制度主义研究是政治学古老的研究方法，主要研究行政机构、立法、政党的政策制定以及公共政策。制度主义理论主要分为旧制度主义理论和新制度主义理论。其中，新制度主义理论主要有历史制度主义、理性选择制度主义、社会学制度主义三大流派。

1. 旧制度主义理论

旧制度主义理论最早源于古希腊时期的亚里士多德对国家政体的研究。亚里士多德在《政治学》一书中对古希腊的各城邦进行了实证研究，开创了制度主义研究的先河。亚里士多德在书中提出，政体是所有政治组织的依据，共有三种类型，分别是君主政体、贵族政体、共和政体，以上三种政体根据施政目的，相应地产生僭主政体、寡头政体、平民政体。

在近代政治学发展时期，旧制度主义的学者对制度的研究从国家政体转向国家和国家机构的权力分配方面。例如霍布斯的《利维坦》一书对国家进行了研究，他指出国家是带剑的契约，充满了暴力。卢梭的《社会契约伦》认为国家是在契约的基础上建立起来的，权力的来源在于权力的让渡，人民把权力让渡给政府，从而形成国家。卢梭提出了三种政府的形式，它们分别是民主制、贵族制、君主制。卢梭认为民主制从来没有过，因为民主制的实现需要很多条件，君主制度是最坏的政治制度，贵族制则是最好的制度。孟德斯鸠则提出了权力相互制衡的思想，他认为国家的权力应该实施立法、行政、司法权力的分离，三种权力相互制衡。卢梭人民主权说和孟德斯鸠的三权分立的思想成为后来民主国家建国的基础。例如，美国的"建国之父"据

---

① 阿尔蒙德的结构—功能主义把国会作为政治系统中的一部分，与下面所讲的旧制度主义的整体主义的特点有异曲同工之处，本书将把这一理论用于分析第二章节中影响国会非法移民立法的内部结构因素，以及第三章中影响国会非法移民立法的外部制度因素。

此确立了美国三权分立的政治体制和联邦制。

由此可见，在古典政治学和近代政治学时期，学者对政治制度的研究主要是考虑国家正式的政府机构和立法方面，例如官方机构的立法权力、程序、规则和活动的功能，制度之间的正式关系也会考虑在内。这一时期的制度主义被视为传统的制度主义理论，在19世纪和20世纪前半期居于政治学研究的统治地位。美国的宪法明确规定了其政治制度，即三权分立的政治体制和联邦主义。本书研究国会的非法移民立法，以国会作为决策主体，理应适用于传统的制度主义。传统的制度主义很少解释制度实际运作的过程、公共政策的产生过程、制度结构和公共政策的关系。盖伊·彼得斯对旧制度主义的研究特征做了如下归纳：法律主义，研究政治统治和治理中的法律作用，并把法律放在优先地位；结构主义，政治结构具有重要作用，决定个体行为；整体主义，关注整个政治系统；历史主义，关注政治制度的历史变迁；规范分析，强调政治制度规则、规范的作用。[1]

2. 新制度主义理论

旧制度主义制度分析主要集中于对政党、议会和司法制度等的研究，关注正式的制度。20世纪后期，新制度主义将制度的内涵扩大，转向观念、规则。1984年，詹姆斯·马奇（James G. March）和约翰·奥尔森（John Olsen）在《美国政治科学评论》上发表了《新制度主义：政治生活中的组织因素》一文，揭开了新制度主义政治学研究的序幕。文中，他们在总结当时的政治科学研究方法的特点基础上，提出新制度主义已经出现的观点。[2] 马奇和奥尔森认为当时政治科学研究的主要特点是：社会语境，把政治作为社会的一部分，研究社会环境；简单化，把政治现象作为个人行为结果的汇总，而不是把政治结果归因于制度的结构和相应行为的关系；功利主义，把行为作为实现自我利益的结果，而非责任和义务的结果；功能主义，把历史作为达到平衡的有效机制，较少关注历史发展中的非唯一性和不适应性的可能性；工具主义，把决策和资源的分配作为政治生活的重点，较少关注政治生

---

[1] Peters B. Guy, *Institutional Theory in Political Science: The "New Institutionalism"*, London and New York: Pinter Publisher, 1999, pp. 6 – 11.

[2] James G. March and Johan P. Olsen, "The New Institutionalism: Organizational Factors in Political Life", *The American Political Science Review*, Vol. 78, No. 3, September, 1984, pp. 734 – 749.

活周围的符号、宗教仪式和庆典的含义。马奇和奥尔森认为行为主义政治学的发展,导致政治学忽视对政治生活中的组织要素的研究。因此,他们呼吁重视对制度的研究,利用制度主义的观点分析政治生活。由此可见,新制度主义的主要特点是强调制度在政治、经济中的作用。

新制度主义有众多流派,主要有七分法和三分法。彼得斯·盖伊(Peters B. Guy)在《政治科学中的制度理论:新制度主义》一书中提出新制度主义的七个流派。它们分别是:规范制度主义、理性选择制度主义、历史制度主义、经验制度主义、社会学制度主义、利益代表制度主义和国际制度主义。[①] 霍尔和泰勒在《政治科学与三个新制度学派》一书中提出历史制度主义、理性选择制度主义和社会学制度主义三大流派。[②] 其中,后者的三分法在政治学中比较流行。本书选择的理论是三分法中的历史制度主义和理性选择制度主义,排除社会学制度主义。[③]

历史制度主义认为,制度是正式或者非正式的程序、规则、惯例。它们镶嵌在政治的结构或者政治经济中。历史制度主义的主要特点是把制度和个人的行为概念化;强调制度的发展和运作中的权力不对称;强调制度发展中的路径依赖和无目的的结果;关注制度的相关因素,例如观念。历史制度主义强调历史发展对制度发展的作用,突出国家在政治发展中的核心地位。相关的著作有斯文斯特默的《建构政治学:历史制度主义的比较分析》、[④] 埃文思的《回归国家》。[⑤] 历史制度主义认为制度影响行为的路径有两个:算计路

---

① Peters B. Guy, *Institutional Theory in Political Science: The "New Institutionalism"*, London and New York: Pinter Publisher, 1999.

② Peter A. Hall and Rosemary C. R. Taylor, "Political Science and The Three New Institutionalism", *Political Studies*, 1996, Vol. 44, No. 4, pp. 936-957.

③ 社会学制度主义从更广阔的范围定义制度,它认为制度不仅包括正式的制度、程序和规则,而且包括为人类行为提供意义架构的象征符号系统、认知模式和道德的模板。社会学制度主义的最大特点是通过文化途径来解释政治活动。它明确区分了制度和个人的关系,认为个人通过制度实现社会化,制度通过提供认知、规则影响个人行为。由此可见,社会制度主义强调行为的社会化,有助于揭示行为的社会化过程。所以,社会学制度主义对解释国会的结构功能、议员行为对立法的影响并不直接相关。

④ Sven Steinmo, Katheen Thelen and Frank Longstreth, *Structuring Politics: Historical Institutionalism in Comparative Analysis*, Cambridge: Cambridge University Press, 1994.

⑤ Peter B. Evans eds., *Bring the State Back in New York*, Cambridge: Cambridge University Press, 1985.

径和文化路径。前者认为人类的行为是具有工具性质的并建立在战略考虑的基础之上，个人以追求利益的最大化来实现自己的目标。后者认为人的行为是建立在个人世界观的基础之上，不能否认人类行为的理性，但个人的行为是建立在自己熟悉的规则基础之上的，即路径依赖。根据文化路径，行为的选择取决于当时的情况，而不是完全的利益考虑。

理性选择制度主义认为制度就是某种规则，规则界定和约束政治行为。理性选择的制度主义最初来源于对美国国会制度的研究，关注国会的规则对立法者行为的影响，是对理性选择理论的继承和发展。它首先建立在对理性主义的假设基础之上，假定所有的行为者拥有一定的行动偏好，每个人都想实现利益的最大化。[1] 在行为者实现自己的利益过程中，战略发挥决定作用，战略的考虑受到期望值的影响。政治是共同行动的困境，它产生囚徒困境和公用地的悲剧。最终，行为者通过制度来实现各自的利益。例如国会的规则、程序和委员会的存在为议案的讨论提供了议程设置，限制了议员的投票行为，使选区利益的实现变为可能。因此，国会议员可以利用制度的规则让国会达到均衡，保持稳定的多数派。[2] 以国会的委员会为例，国会议员可根据自己选区的利益，选择不同的委员会。行为者通过制度实现个人利益，如果行为者对制度产生了某种逻辑需要，新的制度就会建立。[3]

理性选择的制度主义成为有效的分析新经济组织的工具，它强调财产权、交易成本的重要性。在国会的规则如何影响议员行为的研究方面，以往的研究强调对国会委员会制度、规则的研究。之后，研究政治的学者从委员会制度转向政党、国会和法院的关系。例如，学者格里·考克斯和马修关注国会的政党结构对国会议员行为的影响，认为国会政党的多数派、政党对国

---

[1] 相关文章看 Kenneth A. Shepsle and Barry R. Weingast, "The Institutional Foundations of Committee Power", *American Political Science Review*, Vol. 81, No. 1, March, 1987, pp. 85–104; Jon Elster and Aanund Hylland, *Foundations of Social Choice Theory*, Cambridge: Cambridge University Press, 1986.

[2] Kenneth A. Shepsle, "Studying Institutions: Some Lessons From the Rational Choice Approach", *Journal of Theoretical Politics*, Vol. 1, No. 2, 1989, pp. 131–147.

[3] James G. March and Johan P. Olsen, *Rediscovering Institutions*, New York: The Free Press, 1989.

会的控制，会对投票的结果产生重要影响；[1] 学者约翰则揭示了国会和法院的关系。[2] 20世纪90年代，理性选择制度主义转向了对国会的联盟行为、政治发展和精英冲突的研究。[3]

本书运用旧制度主义分析国会非法移民立法的宪政结构、三权分立的政治体制和联邦体制对国会非法移民立法的影响；运用新制度主义理论中的理性选择制度主义和借鉴历史制度主义的要素分析国会议员的非法移民立法行为。制度主义理论虽然能够揭示制度因素对国会非法移民立法的影响，但是它没有详细阐述利益集团的因素。鉴于利益集团在美国政治中举足轻重的地位，本书还将运用集团理论分析国会非法移民立法的利益集团因素。

（三）集团理论（group theory）

集团理论最早产生于美国，詹姆斯·麦迪逊是理论的创始人，他在《联邦党人文集》中提出了派别的概念，并把派别作为集团。他认为派别是"部分公民，不论在整体中属于多数，还是少数。他们在共同的欲望或者利益的驱动下采取联合的行动。但是这种行动和其他公民的权利或者社会长远利益背道而驰"。[4] 作为美国的建国者之一，詹姆斯·麦迪逊对政治派别极为反感，认为集团违背公共利益，损害民主。对此，政府应该采取遏制、平衡的战略，控制、协调集团之间的矛盾。

20世纪初，亚瑟·本特利提出了系统的集团理论。他在1908年出版的《政府过程》一书中详细地阐述了集团和政府过程的关系。他认为集团是政府过程的原材料，是美国政治活动的重要组成部分。政府部门是集团作用政治活动的中介，集团通过向立法、行政、司法部门施加压力，影响政治过

---

[1] Gary Cox and Mathew D. McCubbins, *Legislative Leviathan*, San Francisco: Berkeley University of California Press, 1987.

[2] John Ferejohn, "Law Legislation and Positive Political Theory", in Jeffrey S. Banks and Eric A. Hanushek eds., *Modern Political Economy*, Cambridge: Cambridge University Press, 1995, pp. 191 – 215.

[3] 相关的文章有 Michael Laver and Kenneth Shepsle, "Coalitions and cabinet government", *American Political Science Review*, Vol. 84, 1990, pp. 843 – 890; Dogulass C. North and Barry, "Weingast Constitutions and Credible Commitments: The Evolution of Institutions Governing Public Choice in 17th Century England", *Journal of Economic History*, Vol. 49, December, 1989, pp. 803 – 32。

[4] http://www.foundingfathers.info/federalistpapers/fed10.htm.

程。本特利认为集团能修补政府过程的失误，推动公众利益。因此，政府应该推动集团利益的实现并协调集团之间的矛盾。①

20世纪50年代，在本特利的集团理论基础上，戴维·杜鲁门在《政治过程》中进一步阐述了集团理论。与本特利利用集团描述政府不同，杜鲁门的集团理论着重阐述集团本身的特征和性质。他认为，集团是"任何建立在拥有一个或者更多共同看法的基础上，并且向社会其他集团或组织提出某种要求的组织"。② 杜鲁门从人类学和社会心理学的角度认为，各种各样的利益集团的产生是必然的，因为它们代表社会的不同利益。因此，社会群体属于不同的利益集团。政治过程就是不同利益集团之间的博弈和竞争。利益集团要发挥对政治活动的影响，除了向政府部门施加压力之外，还要重视运用公众舆论和宣传策略。

在杜鲁门和本特利之后，集团理论在20世纪50年代逐渐成为政治学重要的理论分析范式。集团理论主要有三种流派，它们分别是多元主义集团理论、精英集团理论、超多元主义的集团理论。

多元主义的理论产生于20世纪50年代，代表人物是阿瑟·本特利、戴维·杜鲁门、罗伯特·达尔。多元主义主要的观点是：政治是由多元的利益集团组成，国家决策被利益集团控制。罗伯特·达尔认为，在决策的关键阶段，集团的意见被倾听，对政治利益的实现尤为重要；③ 集团是不同利益的代表，有利于实现社会利益；集团之间的关系是平等、多元的，没有等级秩序，没有任何一个组织永远处于优势地位，也没有任何一个组织能控制政治权力；利益集团是大众和政府的中介，政治是各利益集团博弈和竞争的结果。

精英主义是和多元主义相反的理论，也产生于20世纪50年代。精英理论批评多元主义政治权力均匀分散的观点，认为这与政治现实不符。精英理论的主要观点认为：精英阶层控制政治的决策和政治过程，它是一个次级政

---

① Arthur Fisher Bentley, *The Process of Government: A Study of Social Pressures*, New Jersey: Transaction Publisher, 1995, pp. 164–199.
② David Truman, *The Governmental Process*, New York: Knopf Press, 1971, p. 33.
③ [美]罗伯特·达尔，顾昕等译：《民主理论的前言》，北京：生活·读书·新知三联书店，1999年版。

府或者政治的铁三角,公众无法影响政治决策;① 集团是精英实现政治利益的重要的制度安排,精英通过集团推广价值观和理念。精英主义理论的主要代表有米尔斯、格兰特·麦肯乃尔等人。米尔斯在《权力精英》一书中指出,统治美国的不是存在竞争关系的多元团体,而是大公司、政治集团、军事集团的精英组成的精英集团。这个集团的成员出身名门、拥有良好的教育,是社会的上层人士,在社会中处于主导地位。② 格兰特·麦肯乃尔认为,私人协会控制美国政府和决策过程,实现国家权力的再分配和重组。③

后多元主义的集团理论产生于20世纪70年代。精英理论过于强调精英,忽视集团在政治决策的作用,这一观点被学者所诟病。20世纪60—70年代,影响美国政治的社会背景呈现出多元化的特点,在全球化的推动下,越来越多的非政府组织在政府的决策中发挥作用。在此情况下,后多元主义重新回归到多元主义的路径,强调集团对政治权力的控制和影响。与此同时,一些学者看到多元主义理论的缺陷,认为它过于简单,提出了新多元主义,即后多元主义。后多元主义的主要观点是:利益集团在政策制定中发挥优先作用,不同集团都想得到自己想要的利益,最后的结果取决于各集团的平衡和妥协。后多元主义集团理论的代表人物是威廉·康纳利和查尔斯·林德布洛姆等人。威廉·康纳利在《多元主义政治理论中》一书中阐述了后多元主义,认为之前的多元主义的研究路径过于简单,主要有竞技路径和裁判员路径,前者把政府作为主要研究对象,后者认为主要的社会集团、大公司、工会在政治过程发挥重要作用,政府的角色是裁判员,负责协调利益集团之间的矛盾。他提出用行为主义的政治学研究多元主义,并注重把多元主义和政治不公正的本质联系起来。④ 查尔斯·林德布洛姆是后多元主义集团理论的积极维护者,他在1977年出版的《政治与市场》一书中强调经济利益集团

---

① [美]威廉·多姆霍夫:《当今谁统治美国——八十年的看法》,北京:中国对外翻译出版公司,1985年版,第85—86页。
② [美]米尔斯·赖特,许荣、王昆译:《权力精英》,南京:南京大学出版社,2004年版。
③ Grant McConnell, *Private Power and American Democracy*, New York: Alfred A Knopf, 1968, pp. 3 – 8.
④ William E. Connolly, "The Challenge to Pluralist Theory", in William E. Connolly, eds., *Pluralism in Political Analysis*, New Jersey: Aldine Transaction, 1969, pp. 3 – 10.

在政治决策中的作用。①

莱瑟姆（Latham）认为，被称为公共政策的东西不过是在某个特定时段集团斗争达到均衡的产物，它代表了各个利益集团之间的平衡。② 集团理论认为团体的互动是政治的核心内容，公共政策是集团斗争的过程，公共政策在任何时候都反映了优势利益集团的利益，被有影响力的利益集团改变。由此可见，集团理论主要研究政策的形成过程，适合研究多元社会的政治。美国利益集团的历史由来已久，它早于美国建国，"在美国独立前，北美殖民地已经有了400个圣公会团体"。③ 二战后至今，利益集团已经渗透美国社会的各个角落，国会的非法移民立法也不例外。影响国会非法移民立法决策的主要利益集团有工会、农业和商业利益集团、少数族裔利益集团等。因此，本书利用集团理论分析各集团如何影响国会的非法移民立法进程，以及由此对国会的非法移民立法权产生的影响。

第四节 研究方法

首先，跨学科运用政治学的公共政策理论，结合历史学的档案文献阅读，全面分析国会非法移民立法的决策过程和历史演变过程。

其次，案例实证研究，以《1996年非法移民改革和移民责任法》《1986年移民政策和改革法》、全面移民政策改革为主要案例，阐释国会内部结构、外部政治制度、利益集团对国会非法移民立法的影响，以求点面结合，小中见大。

第三，在充分调研的基础上，访谈美国移民法专家、移民州州长等，获取第一手资料，综合定性研究与定量研究，利用相关研究文献相互佐证。

---

① Charles Edward Lindblom, *Politics and Markets: The World's Political Economic Systems*, New York: Basic Books, 1977.
② Earl Latham, *The Group Basis of Politics*, Dunedin: Octagon Books, 1965, p. 36.
③ 孙大雄：《宪政体制下的第三种分权》，北京：中国社会科学出版社，2003年版，第16—17页。

第五节　本书结构

本书包括三部分，分别是导论、正文（第一至第五章）和结语。

本书导论部分主要阐述了书稿问题的提出、选题意义、国内研究现状以及书稿的创新之处和研究不足。

本书的第二部分是正文，包括第一、二、三、四、五章。

第一章解析国会非法移民立法的历史演变过程。具体表现如下：20世纪40—60年代，国会出台暧昧不明的法律；80年代国会实施软硬兼施的立法；90年代国会采取保守、严厉的立法；"9·11"后国会采取更加严厉的立法；后"9·11"时代国会致力于全面移民政策改革。

第二章阐释影响国会非法移民立法的内部结构因素，具体阐述了国会的宪政基础、委员会制度、委员会主席以及国会议员对非法移民立法的影响。

第三章分析影响国会非法移民立法的外部制度性因素。根据美国三权分立的政治体制、联邦体制，本章节论述了总统、地方政府、司法机关对国会非法移民立法的影响。

第四章剖析影响国会非法移民立法的利益集团因素。具体而言，从主要利益集团、利益集团影响国会非法移民立法的方式和作用等方面，阐释其对国会非法移民立法所产生的影响。

第五章阐述国会非法移民立法的特点和效果评估。国会非法移民立法的特点是：坚持实用主义原则，实施疏导为主、疏堵结合的措施治理非法移民，出台一元主义和多元主义相结合的移民法。从国会非法移民立法效果而言，国会的立法最终没有达到遏制非法移民的目的；从国会的非法移民立法权角度而言，国会基本掌握非法移民立法权，但是受诸多因素影响。其中，地方政府日益挑战其立法权威，利益集团和政治极化绑架立法进程，制约立法效率。

本书的最后部分是结语，进一步概括了本书的观点并提出未来的研究方向。

第六节　学术创新和不足

一、学术创新

一是研究视角创新，从公共政策理论视角阐释二战后国会的非法移民立法，解析国会内部结构、外部政治制度、利益集团对国会非法移民立法权、立法进程和立法结果的影响，进而弥补国内学界国会研究的短板。

二是资料创新，本书利用国会听证会资料以及调研访谈移民法专家、学者、政府官员，获取大量第一手资料，充实国内学界的美国移民研究。

二、学术不足

受时间、书稿篇幅以及个人能力所限，本书存在以下不足：

一是从国会内部结构、联邦体制、三权分立的政治制度、利益集团角度宏观阐释二战后国会的非法移民立法，但微观分析不足。诸如选举政治对国会非法移民立法影响，本书虽有提及，但未进行详细、深入分析，这也是学界未来需要深入研究的方向。

二是运用公共政策理论中的系统理论、制度理论、集团理论分析二战后国会的非法移民立法，回答了国会是否拥有移民立法权和其移民立法在治理非法移民中的作用问题。但是在阐释国会是否拥有移民立法权问题时，书中对国会内部结构、外部政治制度——总统、司法机关、地方政府、利益集团之间的互动关系缺乏分析，这也需要学界进一步探讨。

第一章　国会非法移民立法历史演变过程分析（1945—2018年）

第一节　国会暧昧不明的非法移民立法（1945—1964年）

第二次世界大战期间，美国国内存在大量农业劳动力需求。为了解决这一问题，应当时农场主的强烈要求，美国政府实施了季节工人项目。项目始于1942年，止于1964年，共持续了22年。在这一项目下，美国农场主雇佣了400万—500万的农业工人。此项目在解决了美国战时农业劳动力不足的同时，也产生了大量非法移民，它由此成为美国非法移民问题的源头。季节工人项目的实施分为三个阶段：第一个阶段是1942—1947年的项目开始时期；第二个阶段是1948—1951年的项目实施的机制化时期；第三个阶段是1952—1964年项目从实施的高潮到结束时期。

一、季节工人项目的实施和非法移民的由来

在季节工人项目实施的第一阶段，大量来自南美洲尤其是墨西哥的移民进入美国的农业领域工作，为美国的农业生产做出了贡献。第二次世界大战期间，由于美国参战，国内体力劳动力纷纷在劳动报酬比较高的军事领域就业，致使农业领域的劳动力严重缺乏。为此，农场主向政府抱怨农业劳动力

缺乏，希望政府实施外国季节工人项目。珍珠港事件后，美国政府同意和墨西哥政府就此问题进行协商。

季节工人项目首先在墨西哥实施。美国吸取了第一次世界大战的教训，因为在第一次世界大战期间，美国单方面实施季节工人项目，导致管理不善。因此在本次的季节工人项目中，美国政府寻求和墨西哥政府合作，具体的实施步骤是美国农业部和雇主协会负责，国务院签约，农业安全部门负责招募和签订合同。美国和墨西哥政府代表雇主和个人签约，然后把合约交给雇主个人，这等于官方合作，雇主承担工人的往返路费和生活费。最终，美墨两国政府在1942年达成一致意见，7月签署合约，8月合约生效。之后，第一批来自墨西哥的农业工人进入得克萨斯州的埃尔帕索，之后在加利福尼亚州的斯托克顿的蔗糖和甜菜生产领域工作。随后，美国政府和巴哈马群岛、巴巴多斯、加拿大、牙买加、纽芬兰分别签署合约，来自这些国家的季节工人也陆续进入美国的农业领域工作。这一时期，超过30万名外国工人在美国的农业领域工作，其中有22万人来自墨西哥。如表4所示：

表4　1942—1947年美国农业部引进的农业工人　　（单位：人）

国家来源	1942	1943	1944	1945	1946	1947	总数
巴哈马群岛		4698	3048	2100	2690	2705	15241
巴巴多斯			908		3087		3995
加拿大			1414	4055	5533	7421	18423
牙买加		8828	15666	17291	7796	1017	50598
墨西哥	4189	52131	62091	49457	32046	19632	219546
纽芬兰			1213	522			1735
总数	4189	65657	84340	73425	51152	30775	309538

资料来源：Wayne D. Rasmussen, *A History of the Emergency Farm Labor Supply Program*, 1943 - 1947, U.S. Department of Agriculture [USDA Agriculture Monograph No. 13], 1951, p.199.

在这一阶段，大约有24个州参与了项目，其中一半工人在加利福尼亚州就业。加利福尼亚州在1945年雇佣了63%的墨西哥工人。其他的几个州，例如华盛顿地区、俄勒冈州也雇佣了墨西哥季节工人。1945年，雇佣季节工人的几个州总共雇佣了78%的墨西哥季节工人。① 这些工人的主要工作是采摘棉花、蔬菜、水果、甘蔗。1944年，他们收获的农作物总价值近500万美元。② 在季节工人对美国农业做出巨大贡献的同时，非法移民也随之产生，尤其是来自墨西哥的非法移民。如表5和表6所示：

表5　1941—1947年移民归化局逮捕、驱逐、要求驱逐的外国人

（单位：人）

时间	逮捕的人数③	驱逐的人数	要求驱逐的人数④
1941	11294	4407	6531
1942	11784	3709	6904
1943	11175	4207	11947
1944	31174	7179	32270
1945	69164	11270	69490
1946	99591	14375	101945
1947	193657	18663	195880

资料来源：1975 INS Annual Report, table 23, p.90.

表6　1940—1947被逮捕的墨西哥非法移民和其占被逮捕非法移民的比例

时间	被逮捕的墨西哥的非法移民	墨西哥非法移民占被逮捕移民的比例（百分比）
1940—1944年⑤	49000	76
1945年	63600	92
1946年	91500	92
1947年	183000	95

资料来源：U. S Immigration and Naturalization Service Annual Reports; Julian Samora, Los Mojados: *The Wetback Story*, Notre Dame: University of Notre Dame Press, 1971, p.46; Leo Grebler, *Mexican Immigration to the United States*, Mexican American Study Project, Los Angeles: University of California, 1965, p.60.

---

① The President's Commission on Migratory Labor, *Migratory Labor in American Agriculture*, Washington, D. C. : U. S Government Printing Office, 1951, pp. 39–40.
② Labor Department Report, 1963, p.32.
③ 第一次记录被逮捕的外国人是1925年。在1960年之前，被逮捕的外国人代表实际被捕的外籍人士的总数；从1960年开始，数据代表被驱逐的外国人的总数，包括不是故意违反移民法的船员。
④ 要求被驱逐的外国人人数记录开始于1927年。
⑤ 1942年的数据无效。

非法移民的产生主要源于以下原因：其一，由于此次项目属于官方合作，墨西哥政府借此机会提出保证工人权利的要求，美国政府满足了其要求，增加了保障性条款。例如，对工人免除识字率、交纳人头税等要求，墨西哥工人免于服兵役、不能遭受任何歧视、保障他们的交通和生活费用以及他们享有与美国农业工人平等的待遇。[①] 保护性的条款导致墨西哥民众纷纷申请来美工作。对墨西哥人而言，如果能以合法身份入境美国就提出工作申请，否则就偷渡。其二，美国国内存在为非法移民提供就业机会的渠道。例如，果农不喜欢季节工人项目，认为美国政府采取过多的措施保护季节工人的利益，他们因此选择雇佣非法移民。当时没有对雇佣非法移民的雇主实施惩罚，所以非法移民伴随着季节工人项目入境美国。1947年有10万名非法移民入境，这主要是果农单方面雇佣墨西哥季节工人所致。后来这批非法移民在1947年的合法化运动中只有3.1万人获得合法身份。[②]

1948—1951年是季节工人项目实施的机制化时期。在这一阶段，美国招募的季节工人数量不断上升。如表7所示：

表7　1948—1951年美国招募的季节工人　　（单位：人）

时间	总数	墨西哥	英属西印度	巴哈马	加拿大	其他
1948[③]	44916	35345	2421	1250	5900	
1949	112765	107000	1715	1050	3000	
1950	76525	67500	4425	1800	2800	
1951	203640	192000	6540	2500	2600	

资料来源：*The Migratory Farm Labor Problem in the United States*, 87th Cong. 2d sess. S. Rept. No. 1225, Washington, D. C.：U. S Government Print Office, 1962, p. 10.

[①] U. S Congress Senate Committee on the Judiciary the Immigration and Naturalization System of the United States, Report 81st, 81st Cong., 2d sess. S. Rept. 1515, 1950, p. 579. (Cited as S. Rept. 1515, 1950).

[②] *Temporary Worker Programs, Background and Issues: A Report Prepared at the Request of Senator Edward M. Kennedy, chairman, Committee on the Judiciary,* United States Senate, for the use of the Select Commission on Immigration and Refugee Policy; prepared by the Congressional Research Service, Library of Congress, Ninety-sixth Congress, second session; [prepared by Joyce Vialet and Barbara McClure]. Washington: U. S. Govt. Print. Off., 1980, p. 15, 96th Congress, 2d session. Committee print. Feb. 1980. pp. 121 - 144.

[③] 1948—1961年的数据来自美国劳工部。

随着季节工人的增加，非法入境美国的移民数量也在上升，例如 1951 年逮捕的非法移民比 1948 年增加了 2 倍多。如表 8 和表 9 所示：

表 8　1948—1951 年逮捕的外国人、被驱逐的外国人、要求驱逐的外国人

（单位：人）

时间	逮捕的外国人[①]	被驱逐的外国人	要求驱逐的外国人
1948 年	192779	20371	197184
1949 年	288253	20040	276297
1950 年	468339	6628	572477
1951 年	509040	13544	673169

资料来源：*The Migratory Farm Labor Problem in the United States*, 87th Cong. 2d sess. S. Rept. No. 1225, Washington, D. C.：U. S Government Print Office, 1962, p. 10.

表 9　1948—1951 年逮捕的墨西哥人数量及其在逮捕人数中所占的比例

时间	被逮捕的墨西哥非法移民（人）	被逮捕的墨西哥人所占比例（%）
1948 年	179400	94
1949 年	278500	96
1950 年	458200	98
1951 年	500000	98

资料来源：U. S Immigration and Naturalization Service, Annual Reports；Julian Samora, *Los Mojados：The Wetback Story*, Notre Dame：University of Notre Dame Press, 1971, p. 46；Leo Grebler, *Mexican Immigration to the United States*, Mexican American Study Project, Los Angeles：University of California, 1965, p. 60.

季节工人项目实施的第三个阶段是 1951—1964 年。为了满足朝鲜战争对劳动力的需求，1951 年美国国会颁布了《第 78 号公共法》，以保证项目的继续实施。这一阶段具体分为两个阶段：1951—1959 年项目的扩张时期，在这一时期，季节工人项目的实施达到高潮。1956 年，季节工人甚至达到 44.5

[①]　第一次记录被逮捕的外国人是 1925 年，在 1960 年之前，被逮捕的外国人代表实际被捕的外籍人士的总数；从 1960 年开始，数据代表被逮捕的外国人的总数，包括不是故意违反移民法的船员。

万人。这些季节工人在全美39个州工作，其中94%的工人在加利福尼亚州、得克萨斯州、阿肯色州、亚利桑那州、新墨西哥州工作。他们主要负责棉花、糖、水果、蔬菜等农产品的采摘工作。此时，大约有5000名农场主加入了项目。① 1959—1964年是项目减少和结束时期。20世纪60年代项目减少和结束的主要原因是农业领域的机械化生产减少了对农业劳动力的需求。例如，1958年只有34%的棉花生产依靠机器生产，但是到了1963年，72%的农作物采取机器化的生产。1979年，加利福尼亚州1/3的葡萄运用收割机进行收获。因此，从1959年开始，季节工人的数量开始下降。如表10所示：

表10　1952—1964年招募的季节工人①　　（单位：人）

年份	总数	墨西哥	英属西印度	巴哈马	加拿大	其他
1952年	210210	197100	4410	3500	5200	
1953年	215321	210380	4802	2939	6200	
1954年	320737	309033	2159	2545	7000	
1955年	411966	398850	3651	2965	6700	
1956年	459850	445197	4369	3194	6700	390②
1957年	452205	436049	5707	2464	7300	685②
1958年	447513	432857	5204	2237	6900	315②
1959年	455420	437643	6622	2150	8600	405②
1960年	334729	315846	8150	1670	8200	863②
1961年	310375	291420	8875	1440	8600	40②
1962年	217010	194978	11729	1199	8700	404②
1963年	209218	186865	11856	1074	8500	923②
1964年	200022	177736	14361③	②	7900	25

资料来源：*The Migratory Farm Labor Problem in the United States*, 87th Cong. 2d sess. S. Rept. No. 1225, Washington, D. C. : U. S Government Print Office, 1962, p. 10.

备注：①表格不包括少量的巴斯克以及其他工人。②表示1956年有390名日本人；1957年有652名日本人和33名菲律宾人；1958年有315名日本人；1959年有400名日本人和5名菲律宾人；1960年和1961年只有日本人；1962年有279名日本人和125名菲律宾人；1964—1965年只有日本人。③巴哈马人被列为英国的西印第安人。

① Labor Department Report, 1963, p. 42.

与此同时，参加季节工人项目的农场主的人数也从1959年的5万人下降到1962年的3.5万人。

虽然机械化的生产导致季节工人的数量的下降，但农业领域仍存在就业机会。1963年，95%的季节工人在亚利桑那州、加利福尼亚州、得克萨斯州未能实现大规模机械化生产的领域，从事葡萄、生菜、橄榄油等的采摘工作。

在季节工人项目实施的第三个阶段，非法移民问题最严重。例如，在1954年，也就是季节工人项目实施的第七年，美国非法移民的数量居然超过了300万。这些非法移民主要分布在加利福尼亚州、亚利桑那州、得克萨斯州等边界地区。美国西南部边境州的农业生产主要依靠非法移民。其中，墨西哥的非法移民仍是主要来源。如表11和表12所示：

表11　1952—1964年移民归化局逮捕、驱逐和要求驱逐的外国人

（单位：人）

时间	逮捕的外国人①	驱逐的外国人	要求驱逐的外国人
1952年	528815	20181	703778
1953年	885587	19845	885391
1954年	1089583	26951	1074277
1955年	254096	15028	232769
1956年	87696	7297	80891
1957年	59981	5082	63379
1958年	53474	7142	6600
1959年	45336	7988	56610
1960年	70684	6829	52796
1961年	88823	7438	52383
1962年	92758	7637	54164
1963年	88712	7454	69392
1964年	86597	8746	73042

资料来源：1975 INS Annual Report, table 23, p.90.

① 第一次记录被逮捕的外国人记录是1925年，在1960年之前，被逮捕的外国人代表实际被捕的外籍人士的总数；从1960年开始，数据代表被驱逐的外国人总数，包括不是故意违反移民法的船员。

表12 1952—1964年被逮捕的墨西哥非法移民以及其占被逮捕非法移民总数的比例

时间	逮捕的墨西哥非法移民（人）	墨西哥非法移民所占比例（%）
1952年	543500	100
1953年	865300	98
1954年	1075200	99
1955年	242600	96
1956年	72400	83
1957年	44500	74
1958年	37200	70
1959年	30200	67
1960年	29700	42
1961年	29800	34
1962年	30300	33
1963年	39100	44
1964年	43800	51

资料来源：U. S Immigration and Naturalization Service, Annual Reports; Julian Samora, Los Mojados: *The Wetback Story*, Notre Dame: University of Notre Dame Press, 1971, p. 46; Leo Grebler, *Mexican Immigration to the United States*, Mexican American Study Project, Los Angeles: University of California, 1965, p. 60.

为了减少美国境内的非法移民，艾森豪威尔政府在1954年开展了"湿背运动"。[①] 1955年美国移民归化局声称"湿背客"不存在。由此，自1954年起，被逮捕的非法移民数量直线下降。1954年，移民归化局的报告指出非法移民超过100万，但是1956年移民归化局声称美国境内的非法移民只有7200人左右。[②]

由上可知，季节工人项目在满足了美国国内劳动力需求的同时，也产生了非法移民问题，尤其是墨西哥的非法移民问题。季节工人项目结束后，美国的非法移民处于不断上升的趋势，从1964年的86597人上升到1969年的

[①] "湿背客"是个贬义词，专指非法入境的墨西哥移民。20世纪40—50年代，很多墨西哥人趁着美墨边境的格兰德河某些河段水少的时候偷渡到美国，因而得名。"湿背运动"则指驱逐非法移民的运动。

[②] INS Annual Report, 1956.

283557 人。① 另外，根据移民归化局 1970 年的报告显示，在 1965—1970 年被驱逐的总共 1251466 名非法外国人中，71% 为墨西哥人。另外，来自墨西哥的非法移民每年都处于上升趋势，从 1965 年的 50% 上升到 1970 年的 80%。② 面对季节工人项目导致的非法移民问题，就连美国的劳动力经济学家弗农·布里格斯也不得不承认，伴随着季节工人项目而来的是大量非法移民的蜂拥而至。另外，很多季节工人滞留过期，成为后来的非法移民。因此，从一定程度上而言，是美国自己制造了二战后的非法移民问题。③

二、国会模糊不清的非法移民立法

在季节工人项目实施的 20 多年间，国会的非法移民立法体现出明显的模糊不清的特点，具体表现如下：

首先，在季节工人项目实施的第一个阶段，国会颁布了一系列有利于项目实施的法案，对由此产生的非法移民问题漠不关心。例如，1943 年国会颁布了《第 45 号公共法》，提供总额为 2610 万美元来保证农业生产和收割。资金截至 1943 年的 12 月 31 日。《第 45 号公共法》是第一个关于季节工人项目的法律。整部法律的主旨是通过拨款的方式保护农业生产。法律的具体内容包括：第一项是财政部向农业劳动力缺乏的各州实施拨款，拨款总额为 900 万—1305 万美元。这笔资金主要用于农场主招聘、安置、培训工人；为工人提供后勤保障和工资支出；后勤服务和支付给其他公共、私人机构的服务费用。第二项是其他方面的支出，具体包括两部分：第一部分是不超过 1305 万美元用于其他方面的支出，这些支出包括贷款、工人的健康医疗、生活津贴、住房以及必要的设施和服务等。第二部分是不超过资金的 2% 用于就业服务费用和行政开支。法案的第三项对资金的使用做了限制，诸如政府

---

① INS Annual Report, 1969.
② U. S Department of Justice, *Annual Report of the Immigration and Naturalization Service*, 1970, p. 11.
③ Vernon M. Briggs, "Labor Market Aspects of Mexican Migration to the United States in the 1970s", in S. R. Ross eds., *Views Across the Border*, Albuquerque: University of New Mexico Press, 1978, p. 207.

机构不得挪用资金等。①

由此可见,《第45号公共法》的全文都在采取各种措施吸引国外劳动力,保护农业生产,对季节工人项目所导致的非法移民问题只字不提。后来,法律宣布延长季节工人项目至1947年。另外,法律还规定,雇主无需经过墨西哥政府的同意,在移民局的认可下,就可征募季节工人。

1944年2月14日,国会颁布了《第229号公共法》,重申了《第45号公共法》的内容,并把季节工人和西半球的移民分开。1945年国会颁布了《第124号公共法》,允许墨西哥工人可以在铁路行业就业。1947年4月国会通过了《第40号公共法》,宣布项目延长到1947年12月31日。由此可见,在季节工人项目实施的第一阶段,国会颁布的法律都旨在更有效地招募季节工人。而当非法移民出现时,国会却无心解决。

其次,在季节工人项目实施的第二个阶段,国会立法的宗旨仍然是积极支持项目的实施,并拓展了季节工人就业的领域。另外,国会也注意保护国内工人的利益和惩治非法移民。例如:1949年,国会修改了《第45号公共法》,允许季节工人可以在伐木行业就业;1951国会颁布了《季节工人条例》,规定限制利用行政权将非法移民转变为合法的季节工人,那些合法入境但是延期滞留变为非法移民的季节工人、非法入境但是在美国居住5年以上的墨西哥人除外。法律还规定,雇主雇佣季节工人必须遵循以下条件:美国国内的确存在劳动力短缺;外国劳动力不会影响美国国内工人的福利;季节工人享受美国国内劳动力同等的待遇。之后,国会在1951年颁布了《第78号公共法》,法律的主要内容是:保护美国国内外农业工人的利益,例如为农业工人提供交通和紧急医疗补偿;协助雇主和农业工人进行协商;季节工人就业的领域不得影响国内工人的福利和待遇。另外,法律还倡导雇主采取吸引国内工人的措施。例如,对国内工人实施优于外国工人的工作待遇和工作时间,但雇佣非法移民的雇主被排除在外。《第78号公共法》是一个妥协的法律,农场主需要大量季节工人,但是工会要求保护国内工人利益。对此,国会进行妥协,既保障季节工人的利益,又注重保障国内工人的利益。

针对非法移民问题,国会也颁布了惩治非法移民的法律。例如,《第78

---

① http://www.ccrh.org/comm/moses/primary/bracero.html.

号公共法》规定运输、包庇、窝藏非法移民的行为是违法的，但是没有提及雇佣非法移民的行为是否违法的问题。由此可见，在这一阶段，国会关注的是季节工人不能影响美国工人的福利问题，而对季节工人带来的消极影响则采取了避重就轻的态度。

第三，在季节工人项目实施的第三个阶段，国会虽然颁布了打击非法移民的法律，但是制裁雇主政策始终未列入立法。1952年2月，国会讨论得克萨斯州参议员哈利·基尔格（Harry Kilgore）提出的有关惩治非法移民问题的议案（S1851）。议案的主要内容是惩治包庇、运输非法移民的行为，但是雇佣非法移民不算包庇。① 此条款被称之为"得州条款"。在众议院，来自美国西南部边境的议员强烈反对议案中有关在边境地区的25英里内实施行政警告的规定，他们认为议案受到了来自墨西哥的压力。这一规定被众议院废除，之后修改过的议案最终在参众两院通过。1952年3月，杜鲁门总统签署议案，S1851变为《第283号公共法》。法律的主要内容是：对运输和包庇非法移民的人员罚款2000美元，或者被判5年监禁，或者二者兼有。

三、原因解读

国会之所以在非法移民问题上表现出暧昧不明的态度，主要是基于以下原因：

其一，美国国内农业劳动力严重缺乏，导致农业领域存在对农业工人的极大需求。这是国会在非法移民问题上暧昧不明的最主要原因。1942年12月，《纽约时报》一篇名为《农业危机》的文章写道：如果农业劳动力短缺的问题不解决，它就会变得日益严重。根据农业部门的评估，截至1943年7月1日，农业工人的数量将减少100万；10月，农业劳动力将减少130万。但是，1943年农业生产需要的劳动力为200万，届时农业生产将面临严重的劳动力不足问题。为了解决这一问题，政府必须招募150万名工人。与此同

---

① *Assisting in Preventing Aliens from Entering or Remaining in the United States Illegally*, S. Rep. No. 1145, 82d Cong., 2d Sess., February 4, 1952.

时，由于劳动力短缺，农业工人平均每年的工资也在上涨，1942年他们的平均年薪是1052美元，相当于美国国内工业工人年薪（1766美元）的60%。[1]实际上，美国国内农业劳动力的短缺问题伴随了整个季节工人项目的过程。当美国国内需要农业劳动力时，国会积极推动实施季节工人项目；而当美国国内对农业劳动力的需求减少时，国会及时终止了季节工人项目。

其二，在整个季节工人项目实施期间，墨西哥政府积极配合和支持，成为项目实施的有力外部因素。在项目实施的第一个阶段，墨西哥政府大力配合；在项目实施的第二个阶段，墨西哥政府认可了雇主和个人直接签署协议取代官方合作的新方式；在第三个阶段，当美国国会为延长还是结束季节工人项目争辩不休时，墨西哥政府支持项目继续实施。例如，1963年6月，美国众议院否决了延长项目的议案后，墨西哥驻美大使向美国政府表达了继续延长项目的意愿。由此可见，在季节工人问题上，墨西哥一直是项目的积极支持者。墨西哥政府对项目支持的主要原因在于墨西哥从中可以获得巨额的外汇收入，季节工人项目成为墨西哥获得美元外汇的最大来源。1961年，墨西哥工人从美国带回2694.5万美元；1962年为2806.4万美元。[2] 除了外汇以外，墨西哥季节工人还把在美国学到的棉花生产技术带回墨西哥，提高当地的生产力。在非法移民问题上，墨西哥积极支持美国采取严厉的打击措施，甚至支持参议员道格拉斯在20世纪50年代提出的惩罚雇佣非法移民雇主的措施。墨西哥认为只有实施制裁雇主政策，才能有效解决非法移民问题。但是由于受美国国内强大的农场主利益集团的压力，制裁雇主政策迟迟没有实行。另外，从第二次世界大战结束到1965年期间，非法移民虽然出现，但是其严重程度和对社会的影响程度并不大。此时，在移民政策改革问题上，国会关注的是移民限额问题，而非非法移民问题。

---

[1] "Farm Labor Crisis", *The New York Times*, December 15, 1942.
[2] Mildred Russell, *Mexico 1963: Facts, Figures, Trends*, Mexico: Barco Nacion Al de Cornercio Exterior SA, January first, 1963, p.287.

第二节　国会恩威并用的非法移民立法
（1965—1986年）

20世纪70年代中期以后，大量非法移民接踵而至。由此，非法移民开始成为美国社会的热点问题。在乱象丛生的非法移民问题这一历史背景下，国会于1986年颁布了第一部治理非法移民的法律——《1986年移民改革和控制法》。

一、乱象丛生的非法移民问题

面对日益严峻的非法移民问题，美国政府手足无措。20世纪80年代的非法移民问题乱象丛生，具体表现如下：

首先，非法移民数量不断上升，日益成为美国社会的热点问题。1965年，国会颁布了《移民改革法》，废除了移民的民族限额制度，实施全球限额。这一政策招致愈来愈多的移民，大量非法移民也随之而来，尤其是墨西哥的非法移民。70年代以后，非法移民的数量急剧增长，从1965年的11.0371万人增加到1983年的124.8万人。如表13所示：

表13　1965—1983年的非法移民数量

时间	非法移民数量（人）
1965年	110371
1975年	756919
1977年	1033427
1978年	1047687
1979年	1069400
1983年	1248000

资料来源：Nathan Glazer eds., *Clamor at the Gates: the New American Immigration*, San Francisco: ICS Press, 1985, p.143.

另外，1966—1975 年的 10 年间，被驱逐的非法移民增加了 453%，比 1961 年增加了 762%。① 非法移民主要来源于中美洲和亚洲等地，主要来源国为墨西哥、海地、多米尼加、危地马拉、哥伦比亚、秘鲁、厄瓜多尔、菲律宾、韩国、泰国、希腊、印度、伊朗、尼日利亚。如表 14 所示：

表 14　美国与主要非法移民来源国人口状况②

国家	1976 年中期人口（百万）	每年人口增长率（百分比）	15 岁以下人口比例（百分比）	城市人口比例（百分比）
美国	215.3	0.8	27	74
墨西哥	62.3	3.5	46	61
多米尼加共和国	4.8	3.0	48	40
海底	4.6	1.6	41	20
牙买加	2.1	1.9	46	37
危地马拉	5.7	2.8	44	34
哥伦比亚	23.0	3.2	46	64
波多黎各	16.0	2.9	44	60
厄瓜多尔	6.9	3.2	47	39
菲律宾	44.0	3.0	43	32
韩国	34.8	2.0	40	41
泰国	43.3	2.5	45	13
希腊	9.0	0.4	25	53
印度	620.7	2.0	40	20
伊朗	34.1	3.0	47	43
尼日利亚	64.7	2.7	45	16

资料来源：*Domestic Council Committee on Illegal Aliens Report*, Population Data: Population Reference Bureau, Washington D. C.: December 1976, p. 46.

---

① Joyce C. Vialet, *Illegal Aliens: Analysis and Background Prepared for the Use of the Committee on the Judiciary*, U. S. House of Representatives, by the Education and Public Welfare Division, Congressional Research Service, Library of Congress, Ninety-fifth Congress, First Session, Washington D. C.: U. S. Government Print Office, 1977, p. 2.

② 在表 14 中，3 个非法移民的输出国——加拿大、英国、中国被忽略了，不知道为什么委员会遗漏了以上 3 个国家。

在非法移民的主要来源国中，墨西哥非法移民所占比例最大。1965年，被驱逐的墨西哥非法移民是5.53万名，占当年被逮捕总人数的51%。[①]之后，这一数字不断上升，从1966年的65%上升到1975年的89%。如表15所示：

表15 1966—1975年被驱逐的外国人财政报告

时间	被驱逐的外国人总数（人）	被驱逐的墨西哥人数量（人）	墨西哥所占比例（百分比）
1966年	138520	89751	65
1967年	161608	108327	67
1968年	212057	151705	72
1969年	283557	201636	71
1970年	345353	277377	80
1971年	420126	348178	83
1972年	505949	430213	85
1973年	655968	576823	88
1974年	788145	709959	90
1975年	766600	680392	89

资料来源：U.S Immigration and Naturalization Service, *Annual Reports*, Fiscal Years 1966–75.

非法移民主要分布在美国西南部的边境地区和某些大城市，例如加利福尼亚州、得克萨斯州、洛杉矶、埃尔帕索、纽约州、新泽西州、芝加哥、迈阿密、丹佛、底特律。非法移民主要有两个来源：一个是非法入境者，这一问题在西南边境比较突出；另一个是合法入境但是签证过期者，这一问题主要存在于纽约等一些大城市。

其次，档案造假猖獗，雇佣非法移民的市场异常火爆。自1965年后，有关档案造假的生意发展起来，偷渡者往往利用假档案非法入境美国。造假的档案主要有婚姻造假、绿卡造假、护照造假、社保卡造假等。其中，婚姻

[①] Julian Samora, *Los Mojados: The Wetback Story*, Notre Dame: University of Notre Dame Press, 1971, p. 46; Leo Grebler, *Mexican Immigration to the United States*, Mexican American Study Project, Los Angeles: University of California, 1965, p. 60.

造假尤为夸张。20世纪70—80年代婚姻造假的生意非常红火，一些生意人出售假的婚姻证明，帮助那些非法入境美国的墨西哥人。为了非法入境美国，很多非法移民和不认识的美国常住居民或者美国公民假结婚，有的甚至结婚多次。例如，在佛罗里达州被捕的一个妇女曾被安排结婚14次，其中，她和6名不同男子结婚。该妇女还帮助她的女儿和3名男子结婚，协助她的丈夫和2名女子结婚。由此可见，为了非法入境美国，非法移民无所不用其极。伴随着档案造假市场的红火，假档案的市场价格也非常昂贵。1970年假婚姻证明的花费是1000美元，1980年租用绿卡的一次性费用也是1000美元。另外，非法移民的求职市场非常红火，连美国的政府部门也雇佣了非法移民。1975年，移民归化局发现有2名非法移民在总部工作。美国联邦调查局（FBI）在新泽西和纽瓦克的大楼也发现了至少2名非法移民，作为联邦调查局的工作人员粉刷自由女神像。[1]

第三，面对日益增加的非法移民，美国移民归化局束手无策。具体表现为：其一，移民归化局不清楚大致准确的非法移民数量。[2] 1972年，在众议院司法委员会举行的听证会上，移民归化局估计美国境内的非法移民大约有101.3万名。[3] 当时的移民局局长雷蒙德·法雷尔由于没有控制非法移民备受批评。1973年他卸任，伦纳德·查普曼接任。伦纳德·查普曼在任期间，移民归化局评估的非法移民数量为130万人。[4] 之后，1974年7月，伦纳德·查普曼告诉《美国新闻和世界报道》，美国境内的非法移民介于200万至300万之间，最多达到1000万，大体猜测是500万、600万或者700万。[5] 他补充道："如果我们今天说有500万—600万，这个数字即将达到1000万，在不久的将来，它可能达到1500万或者更多。"[6] 1974年12月，伦纳德·查普曼告诉《纽约时报》，美国境内的非法移民有600万—700万人，将来可能会

---

[1] *The New York Times*, July 4, December 22, 1977.

[2] 非法移民由于其隐蔽性，很难得到具体准确的数值，但是大致准确的数字可以通过调查的方式获得。

[3] Illegal Aliens, *A Review of Hearings Conducted During the 92d Congress by Subcom* No. 1, Committee on Judiciary. House, Congress-Session: 93 – 1, February, 1973.

[4] Vernon Briggs, *The Mexico-United States Border: Public policy and Chicano Economic Welfare*, Center for the Study of Human Resources, Austin: University of Texas, 1974, p. 10.

[5] *U.S News and World Report*, July 22, 1974, p. 27.

[6] Ibid.

升至1000万—1200万人。① 由此可见，移民归化局在非法移民的数量估算问题上反复无常，难以确定大致准确的数字。这是移民归化局在非法移民问题上一直疏于管理所致。

其二，边境和文档管理一片混乱。虽然移民归化局在20世纪80年代增加了电子设备，加强边境管理，但是涣散的管理制度导致边境管理一片混乱。1981年，移民归化局声称他们不能追踪3000万名外国人的出入境记录。同年，超过60万外国人的出入境记录出现错误，他们的档案和最初入境美国的记录不匹配。另外，移民归化局对留学生的档案管理也捉襟见肘。自1965年开始，外国留学生签证过期的现象增多，尤其是来自伊朗和以色列的留学生。1979年伊朗人质危机发生后，卡特总统让移民归化局统计在美学习的伊朗留学生的情况，但是移民归化局难以完成任务，不得不把它转交给学校和研究机构，让他们负责。此外，1982年有超过30万国留学生在美学习，后来其中的一部分延期滞留，变成非法移民。

二、原因解读

乱象丛生的非法移民问题主要由以下原因导致：

首先，移民输出国和输入国的"推和拉"政策，是导致产生墨西哥非法移民问题的最根本原因。对移民输出国而言，存在输出移民的需求，对移民接受国而言，存在接受的需要。美国和墨西哥两国经济的互补性推动了非法移民的增长。一方面是美国体力劳动力缺乏，另一方面是墨西哥大量的年轻体力劳动者寻找就业机会。因此，美国国内对体力劳动者的需求成为吸引墨西哥非法移民的最大动力。例如，1965年，在农忙时节，加利福尼亚州需要7万名农业劳动者，但是每小时1.40美元的待遇（比1964年增长了40%）未能招纳到足够的工人。美国国内的工人认为工作过于低贱，待遇太低。同年5月，加利福尼亚州就业服务部门的负责人在回答记者采访时说，加利福尼亚州正面临几千名农业工人的短缺的现象。② 1966—1969年，美国4年的

---

① *The New York Times*, December 31, 1974.
② *The New York Times*, March 14, 1965.

平均失业率是3.8%、3.8%、3.6%、3.5%。但是在体力劳动密集型行业，一直存在劳动力短缺现象。自1965年伊始，墨西哥政府为了推动工业化，鼓励美国的企业到墨西哥北部边界投资。结果美国很多工厂搬往南部边境地区，推动了墨西哥边境地区的发展。1970年，550个工厂雇佣了8000名墨西哥工人。[1] 美国南部边境地区后来成为非法移民的"蓄水池"。另外，墨西哥国内生育率上升、经济不景气、人口死亡率下降，出现大量剩余劳动力。与此同时，墨西哥政府实施发展资本密集型产业、忽视劳动密集型产业的经济政策，导致国内就业岗位缺乏。尤其是农村的很多年轻人到墨西哥的城市、边境城市以及美国寻找机会。此外，20世纪70—80年代，墨西哥入境美国的合法途径减少。1976年移民法修改以后，墨西哥的移民限额减少，新移民法规定每个国家每年只有2万个名额。1972年，38.5万名墨西哥移民入境美国，只有2.7万人获得工作许可。[2] 而且，季节工人项目引起链式反应，很多墨西哥人想去美国寻找更好的生活。

其次，从地缘政治来看，美国和墨西哥的边境漫长，增加了美国边境管理的难度。两国的边境长达3000多公里，如此漫长的边境防不胜防。90%被遣返的非法移民千方百计想再次偷渡。根据美国移民归化局的报道，1978年约有100万名偷渡者。20世纪70年代末和80年代初期，每天在美墨边境巡逻的人员达到300人，但仍不能阻止非法移民进入。非法移民除了通过美墨边境偷渡外，还寻求从美国和加拿大的边境非法进入。因为从美国北部边境非法入境比南部边境要更加容易。[3] 1983年，美国移民归化局报道，从美加边境非法入境的人员日益增多，偷渡者只需交纳1500—2000美元就可偷渡到美国。

第三，美国国内缺乏严格的惩罚非法移民的法律和措施，助长了非法移民不断滋长的势头。例如，缺乏惩罚雇佣非法移民的法律，导致雇佣非法移民的现象比比皆是。另外，美国移民局执法过于软弱，致使协助运输非法移民和走私的犯罪行为屡见不鲜。蛇头往往利用卡车、船只等交通工具协助非

---

[1] Federal Reserve Bank of Dallas, *Business Review*, July 1975, p. 2.
[2] Walter A. Fogel, *Mexican Illegal Alien Workers in the United States*, Institute of Industrial Relations, Los Angeles: University of California, 1978, p. 39.
[3] 美国北部边境疏于管理，移民归化局在南部边境投入的人力、物力更多。

法移民偷渡到美国,一旦被抓,较轻的惩罚措施往往让他们屡教不改。美国移民局在打击边境走私问题上也是如此。1976年,移民归化局声称逮捕了9600名走私者,1979年,这一数字上升到1.92万名。但是,被抓的人中只有1/3被判监禁,剩下的人只是交纳数额不多的罚金就被释放。由此可知,以上因素导致非法移民如洪水般涌向美国境内。

三、软硬兼施的《1986年移民改革和控制法》

面对严峻的非法移民问题,在经济不景气和失业率日益增加的推动下,美国社会各界对非法移民问题展开了激烈的争论。一方面,公众和媒体日益关注非法移民问题,希望政府采取措施制止非法移民涌入美国。根据NBC 1981年的调查和1982年罗珀舆论中心(Roper)的调查显示,2/3的人主张限制移民。在1986年之前,多数民众主张政府应采取严格控制非法移民的政策。他们担心非法移民抢占美国人的工作,分享公共福利。在1982年的民意调查中,84%的公众严重关切非法移民的数字。在盖勒普1977年和1983的民意调查中,支持政府采取制裁雇主措施的公众从72%上升到79%。[①] 1975年的《纽约时报》指出,根据移民局的估计,每年有600万—700万的非法移民入境,他们来美国的主要目的是寻找更好的生活,因此必须实施制裁雇主政策。[②]

另一方面,利益集团对非法移民的观点相互冲突。和非法移民问题利益息息相关的拉美裔利益集团坚持自由和开放的移民政策。在非法移民问题上,他们虽然主张采取打击措施,但是倾向温和打击而非强硬打击的政策。在移民当局实施大规模的驱赶政策时,大量少数族裔利益集团纷纷表示反对。1970年和1971年,美国移民归化局袭击了纽约城的中国餐馆,引发华裔美国人社团的不满。1972年,代表墨西哥人利益的奇卡诺领导人声称政府的行为是非法的。但是工会和有关人口和环境组织主张严厉打击非法移民。

---

① Thomas J. Espenshade, "An Analysis of Public Opinion toward Undocumented Immigration", *Population Research and Policy Review*, Vol. 12, No. 3, September, 1993, p. 189.

② William V. Shannon, "The Illegal Immigrants", *The New York Times* (1923 – Current file), January 14, 1975, p. 32.

他们认为非法移民增加美国国内人口、影响工人待遇、破坏罢工和环境。

与此同时，美国政府为控制非法移民，也采取了一些措施。其一，移民局采取措施，积极应对非法移民问题。移民归化局改变以往对非法移民问题放任自流的态度，将边境控制作为其首要任务。在移民归化局局长伦纳德·查普曼写给总检察长的信件中，提到大量非法移民涌入美国是移民局面临的最严重问题，为此，移民归化局将把边境控制放在优先位置。① 其二，政府积极寻求和墨西哥政府的合作，共同打击非法移民。1974年美国总统福特与墨西哥总统埃切维里亚会晤，两国一致认为应该采取统一行动，打击非法移民。1976年两国在华盛顿召开会议，共同商讨解决非法移民问题。另外，1976年美国最高法院裁定，加利福尼亚州和其他州可以出台法律，阻止非法移民的流动；同年最高法院裁定在边境检查和控制方面，如果移民执法部门怀疑驾驶无证件车辆的人员为非法移民，那么他们有权检查该车辆。②

虽然美国政府为控制非法移民做了种种努力，但是这些并不能有效制止非法移民。在此情况下，出台新的移民法势在必行。在《1986年移民改革和控制法》出台之前，美国历史上没有一部针对非法移民或者是大量阐述非法移民问题的法律。自20世纪70年代开始，国会就寻求移民政策改革。各方经过16年的妥协和协调，终于在1986年国会出台了《1986年移民改革和控制法》。此法实际上是一部妥协的法律，体现出对非法移民恩威并用的政策特点。具体表现如下：

首先，采取严厉打击非法移民的措施。具体包括：其一，加强边境管理，增加对移民归化局的拨款。"国会授权移民归化局1987年的拨款为4.22亿美元，1988年的财政拨款为4.19万美元，其中至少有1.84万美元用于加强边境巡逻。"③ 其二，实施制裁雇主政策，这是美国移民法历史上首次把制裁雇主政策引入法律。具体内容是，不论雇主的公司规模多大，雇佣非法移民的雇主都要接受处罚。第一次违反法规，雇佣一个非法移民，罚款250—2000美元；第二次违反法规，罚款2000—5000美元；第三次违反法规，罚款3000—1万美元；第四次违反法规，监禁6个月，并罚款3000美元；为了

---

① INS Annual Report 1974, p. iii.
② *Domestic Council Committee on Illegal Aliens Report*, December, 1976, p. 86.
③ http://www.uscis.gov/ilink/docView/PUBLAW/HTML/PUBLAW/0-0-0-15.html.

更好地实施制裁雇主政策，要求雇主检查雇佣人员的美国护照、公民或者入籍归化证明、社会保障卡、有效的外国护照、长住居民身份卡、出生证明或者其他证明；雇主要做档案记录和调查；雇佣非法移民的雇主必须做3年记录，并且在雇佣移民1年结束后，也要做跟踪记录。如果雇主违反这一规定，将被罚款100—1000美元。但是雇主对雇佣工人造假身份证件不负责任。

其次，赦免非法移民和制定非歧视措施。《1986年移民改革和控制法》赦免了270万非法移民，其中70%来自墨西哥。① 赦免政策的具体措施是：1982年1月1日之前持续居住在美国的外国人，不晚于1987年5月6日，在12个月内申请暂时居民身份。这些人在接受暂时身份18个月以后，如果能够掌握美国历史知识和拥有较好的英语水平，那么他们就可申请长久居民身份。赦免政策主要有两项：合法化工人项目和特别工人项目。合法化工人项目的内容是1982年1月1日之前居住在美国的非法移民，在满足一定条件后，可成为暂时合法居民，申请成功18个月之后成为合法的长期居民。当时大约有180万人满足合法化项目的要求。该项目实施的时间是1987年5月5日至1988年5月5日。特别工人项目的对象是在美国农业领域内工作3年的非法移民，他们在至少工作90天后，或者在最后一年内至少工作90天后，可获得暂时居住身份。该项目的申请人可在1—2年时间内获得长期居民身份。特别工人项目实施的时间是1987年5月5日至1988年11月30日，比第一个项目延长6个月，当时大约有130万人申请这一项目。

另外，为了防止制裁雇主政策产生消极影响和由此带来的歧视，法律规定了反歧视的具体措施。诸如：因为民族起源和市民身份而歧视求职者的行为是非法的，这个条款适用于美国公民、长久居民、难民、合法化的移民和即将变为公民的合法移民。法律规定，在司法部下创立特别法律顾问，接受和处理与移民相关的不公正待遇的投诉。投诉者必须在事件发生后的180天以内，向司法部提供相关证据。如果雇主对自己因种族不同而歧视求职者的行为感到愧疚，那么第一次违反的最高罚金是1000美元，之后的最高罚款为2000美元。另外，法律要求美国政府责任办公室（GAO）在法案实施的前3

---

① Pia M. Orrenius and Madeline Zavodny, *Do Amnesty Programs Encourage Illegal Immigration? Evidence from IRCA*, Federal Reserve Bank of Dallas Woking Paper No 2001-19, November, 2001.

年内，每年研究制裁雇主政策导致的种族歧视问题。根据此条款，如果美国政府责任办公室发现存在大量的制裁雇主政策导致的歧视现象，那么国会将在 30 天以内废除这项法律。根据 1990 年的报告，美国政府责任办公室的确发现了大量的证据，证明制裁雇主政策导致大量的歧视问题，但是国会并没有采取进一步的行动。①

第三，实施 H2A 项目和季节工人项目，以满足美国国内劳动力的需求。H2A 项目是针对农业劳动力的项目。在 H2A 政策下，劳工部必须保证雇佣的外国工人不影响和损害国内工人的利益，诸如就业、福利和待遇等。国会授权季节工人项目 7 年的时间，项目申请者的数量不超过 35 万人。在法律实施之前的季节工人至少在美国境内工作 90 天，才可申请暂时身份，但是他们 2 年内不能申请永久居民身份。法律实施之后的季节工人，在法律颁布的 3 年之内至少在美国境内工作 90 天，方可申请暂时的合法身份，获得暂时合法身份的工人在 1 年之后，才可变为永久居民。

由上可知，《1986 年移民改革和控制法》是一部自相矛盾的法律。它既包括严厉打击非法移民的措施，例如边境控制和制裁雇主政策，又有对非法移民的妥协之举，诸如赦免政策、防止歧视性的条款。法律的矛盾性折射出美国社会对非法移民问题爱恨交织的复杂心理，即一方面享受非法移民带来的廉价劳动力，另一方面却痛恨非法移民增加的社会负担。这种心理也影响了以后的立法。

从之后法律实施的效果来看，在短期内，《1986 年移民改革和责任法》似乎达到控制非法移民的目的。但是从长期来看，它并没有真正达到目的。因此，《1986 年移民改革和责任法》是一部利弊并存的法律。具体表现如下：

首先，从整体来看，在法律实施的短时间内，非法移民的数量有所下降，但是之后依然上升。如图 3 所示：

---

① Nancy Humel Montweiler, *The Immigration Reform Law of 1986*: *Analysis*, *Text and Legislative History*, Washington, D. C.: Bureau of National Affairs, 1986, pp. 25 – 53.

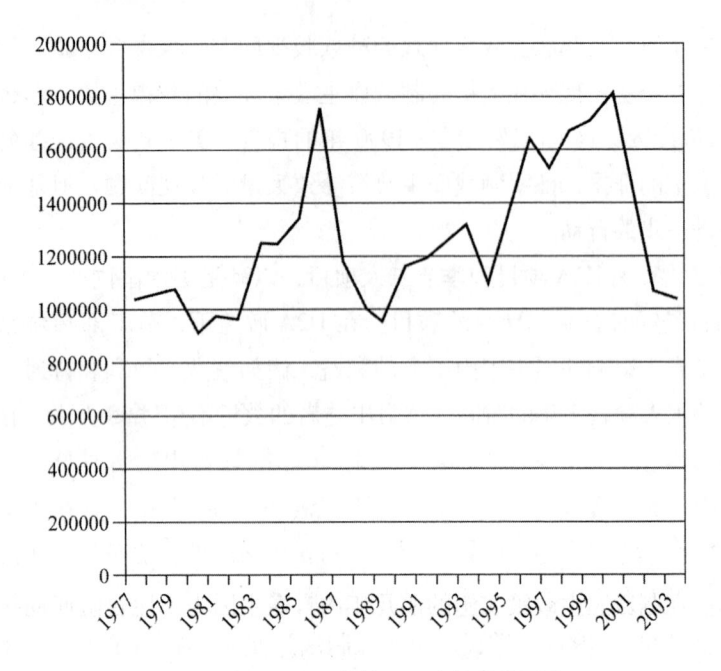

图 3　1977—2003 年被驱逐出境的外国人

资料来源：Department of Homeland Security, *Yearbook of Immigration Statistics*.

由图 3 可知，1986—1988 年，被驱逐的非法移民不断减少。为此，美国政府责任办公室在 1987 年的评估报告中指出，法律实施的短期效果是令人满意的。但是，1988 年后，被驱逐的非法移民开始回升；1993 年，被驱逐的非法移民上升到 130 万，这个数字接近 1985 年的水平。[①] 非法移民短期内数量下降，并非完全归功于法律中打击非法移民的措施。赦免政策的实施也是导致非法移民减少的重要原因。1986 年，移民归化局逮捕的非法移民达到 170 万人，到了 1989 年，这个数字下降到 90 万人。根据人口学家的分析，数字下降一半的原因归于赦免政策。[②]

其次，制裁雇主政策实施无力，最终没有控制非法移民的数量上升。制

[①] Susan Gonzalez Baker, "The 'Amnesty' Aftermath: Current Policy Issues Stemming from the Legalization Programs of the 1986 Immigration Reform and Control Act", *International Migration Review*, Vol. 31, No. 1, Spring, 1997, pp. 5 – 27.

[②] Ibid.

裁雇主政策主要目的是阻止非法移民就业。但是在实施过程中，它并未得到有效的贯彻。政策的不连贯、边境调查和巡逻缺乏力度、移民归化局滥用职权等问题都影响了制裁雇主政策的实施。另外，侧重对违反政策的雇主进行教育而非惩罚，也影响了政策的实施。1986年城市机构评估当年的非法移民的人口是300万—500万。1980—1986年，非法移民每年增长20万。[①] 1997年移民归化局评估非法移民的人口有500万，非法移民每年的人口增长是27.5万人。[②] 由此可见，制裁雇主政策并未达到减少非法移民的目的。

制裁雇主政策之所以没有达到预期效果，主要是以下原因造成的：其一，它缺乏有效的核实非法移民真实身份的措施。制裁雇主政策的具体实施步骤是：雇佣者在申请工作时要提供以下证明：证明自己是美国公民的有效证明或者是可以在美国就业的工作授权证明。被雇佣的人员在就业之前必须签署经移民归化局或者劳工部门审核的表格。表格审核过关后，被雇佣者方可工作。在制裁雇主政策实施的前几年内，雇主因为不愿冒险雇佣拉美裔工人，致使非法移民的数量下降。但是之后，由于文件造假盛行，雇主难以判断求职者的真实身份，非法移民的数量因而又不断上升。其二，美国国内存在对廉价非法移民劳动力的需求，有些雇主为了降低劳动力成本，选择雇佣非法移民。在制裁雇主政策出台之前，全美有11个州已经实施了此政策，它们是加利福尼亚州、佛罗里达州以及拉斯维加斯等城市。但是政策没有得到有力实施，[③] 这说明制裁雇主政策并不受欢迎。学者奇西克（Chiswick）认为制裁雇主政策是"无牙的老虎"，它不会解决非法移民问题，因为缺乏对外国人有效和严格的审查体系，加之猖獗的档案造假，雇主制裁政策在治理非法移民问题上失效了。[④]

第三，赦免政策在治理非法移民问题上同样未发挥作用。在赦免政策的申请中，71%的申请者来自墨西哥。其中，特别农业工人项目81%的申

[①] Nicholas Laham , *Ronald. Reagan and the Politics of Immigration Reform*, New York: Praeger Press, May 30, 2000, p.126.

[②] Congressional Quarterly Almanac, 99th Congress, 1st Session, Washington, D. C.: Congressional Quarterly, 1986, p.118.

[③] Michael Fix and Paul T. Hill, *Enforcing Employer Sanctions: Challenges and Strategies*, Washington, D. C.: Urban Institute; Lanham, MD: Distributed by University Press of America, 1990, p.5.

[④] Ibid.

请者来自墨西哥。合法化项目的通过率是93%，特别农业工人的通过率是87%，55%的申请者为男性，70%的年龄介于20—44岁之间。赦免项目的合法化项目主要在移民州、移民地区开展，例如加利福尼亚州占54%、得克萨斯州占19%、伊利诺伊州占7%、纽约州占6%；特别农业工人项目的实施比例是，加利福尼亚州占54%、佛罗里达州占14%、得克萨斯州占7%、亚里桑那州占5%。① 由上可知，农业领域的非法移民是赦免的主要对象。赦免政策的实施满足了美国国内劳动力的需求，无疑有利于美国经济的发展，但是它并未解决非法移民问题。根据达拉斯联邦储备银行的报告，赦免政策既没有鼓励非法移民，但从长期来看，也没有控制非法移民。② 一言以蔽之，赦免政策在解决非法移民问题上并无效用。

《1986年移民改革和控制法》首次把制裁雇主政策列入法律，希望切断非法移民入境美国的动力，但是由于并没有建立起有效的身份识别体系，猖獗的文件造假导致制裁雇主政策失败。即使如此，《1986年移民改革和控制法》为国会后来的非法移民立法提供了大致框架：一是实施制裁雇主政策，从经济上打击非法移民；二是实施赦免政策，为美国经济发展所需要的体力劳动力提供合法化的渠道。

第三节　国会日益收紧的非法移民立法
（1987—2000年）

在《1986年移民改革和控制法》产生的短期效应之后，美国境内的非法移民开始反弹，其数量不断上升，非法移民问题依然严峻。例如，1985—1990年，每年非法入境的移民占全部移民的40%，其中，墨西哥非法移民占

---

① Pia M. Orrenius and Madeline Zavodny, "Do Amnesty Programs Encourage Illegal Immigration? Evidence from IRCA", *Federal Reserve Bank of Dallas Woking Paper No 2001 - 19*, November, 2001.
② Ibid.

墨西哥移民总数的80%，1990年墨西哥的非法移民达到144.5万人。①

一、非法移民问题依然严峻

首先，从非法移民的来源看，墨西哥非法移民仍是主流。但是相比70年代，墨西哥非法移民的比例开始下降，来自中美洲的非法移民开始增加。如表16所示：

表16　1990年移民归化局评估的非法移民的主要来源国和百分比

来源国	非法移民数量（千人）	非法移民的百分比（％）	排名
所有国家合计	3197	100	
墨西哥	1678	52.5	1
萨尔瓦多	262	8.2	2
尼加拉瓜	60	1.9	8
危地马拉	87	2.7	5
中国	27	0.8	17
菲律宾	89	2.8	3
越南	0	0.0	76
哥伦比亚	46	1.4	9
牙买加	31	1.0	15
洪都拉斯	38	1.2	10
海地	61	1.9	7
波兰	88	2.7	4
印度	19	0.6	23
特拉尼达	26	0.8	18
英国	5	0.2	45
秘鲁	13	0.4	25

---

① David W. Haines and Karen E. Rosenblum, eds., *Illegal Immigration in America: A Reference Handbook*, Westport: Greenwood Press, 1999, p.29.

续表

来源国	非法移民数量（千人）	非法移民的百分比（%）	排名
加拿大	69	2.2	6
厄瓜多尔	33	1.0	12
葡萄牙	25	0.8	19
伊朗	31	1.0	13
爱尔兰	31	1.0	14
巴哈马	24	0.7	20
其他加勒比国家	27	0.9	16

资料来源：David W. Haines and Karen E. Rosenblum, eds., *Illegal Immigration in America: A Reference Handbook*, Connecticut: Greenwood Press, 1999, p. 29.

由表16可知，墨西哥的非法移民仍居榜首。其次是萨尔瓦多、菲律宾、波兰和危地马拉的非法移民。在前10名中，来自中美洲国家的非法移民居多。20世纪90年代，墨西哥的非法移民占非法移民总数的40%—50%，来自萨尔瓦多的非法移民占10%。[1]

其次，非法移民的教育程度仍然普遍偏低，主要在劳动密集型产业就业，他们影响了美国工人的就业。1990年的人口调查显示，25%外国出生的成年人的学历不到9年级，41%外国出生的25岁以上的成年人没有高中学历。根据康奈尔大学布里格·斯弗农的研究显示，非法移民对劳动力市场的影响主要是在低技术领域，低技术的就业岗位在20世纪80年代没有增加，在90年代经济衰退的情况下变得更加糟糕。[2] 因此，大量非法移民涌入美国，影响了美国国内低技术领域的劳动力就业。

第三，非法移民主要分布的地区是加利福尼亚州、佛罗里达州、纽约州、伊利诺伊州。如表17所示：

---

[1] *Impact of Illegal Immigration on Public Benefit Programs and the American Labor Force: Hearing Before the Subcommittee on Immigration and Claims of the Committee on the Judiciary*, House of Representatives, One Hundred Fourth Congress, First Session, April 5, 1995, pp. 13–24.

[2] Ibid., p. 93.

表17　1995年各州的非法移民——移民归化局的统计人口

州的居住地	非法移民 数值（千人）	非法移民 百分比
美国合计	4725	100%
加利福尼亚州	1901	40%
佛罗里达州	330	7%
伊利诺伊州	274	6%
新泽西州	127	3%
纽约州	507	11%
得克萨斯州	657	14%
其他州	929	20%

资料来源：David W. Haines and Karen E. Rosenblum, ed., *Illegal Immigration in America*: *A Reference Handbook*, Westport: Greenwood Press, 1999, p. 101.

由表17可知，以上几个州的非法移民占全美非法移民总数的80%。其中，加利福尼亚州的非法移民占全美非法移民总数的40%。一些大城市也是非法移民的主要聚集地。例如，洛杉矶拥有全美1/3的非法移民，纽约、芝加哥、迈阿密也拥有大量的非法移民。[1]

《1986年移民改革和控制法》实施以后，美国减少了200多万非法移民，但是为什么在90年代非法移民又急剧反弹？除了传统移民理论中的"推和拉"政策和地缘政治的因素外，其他方面的原因包括：北美自由贸易协定的实施，推动了加拿大、美国、墨西哥之间的人员往来；猖獗的档案造假，致使大批非法移民持有假证件，"合法"入境和寻找工作；合法化的季节工人携带非法的家人入境，增加了非法移民的数量。另外，1980年国会颁布《难民法》后，美国境内有160万难民。[2]当时有40万名难民等待合法化，这部分人成为可以工作的非法移民。进一步的事实是，从非法移民的来源来看，

---

[1] Impact of Illegal Immigration on Public Benefit Programs and the American Labor Force: Hearing Before the Subcommittee on Immigration and Claims of the Committee on the Judiciary, House of Representatives, One Hundred Fourth Congress, First Session, April 5, 1995, pp. 13-24.

[2] Joyce C. Vialet, *Immigration*: *Reasons for Growth*, 1981-1995, CRS Reports-Digital Collection, Febuary 12, 1997, Education and Public Welfare Division, CRS, Publication-No: 97-230 EPW, Congress-Session: 105-1, 1997.

90年代大量非法移民的增加，主要源于边境管理的不当和移民归化局缺乏有效的身份核查体系，因为非法入境和签证过期变为非法移民的人员比例各占一半。① 因此，要提高打击非法移民的效率，国会新的立法必须要从提高边境管理的效果，建立有效的追踪、核查移民真实身份的体系入手。

二、州政府不堪重负

日益增加的非法移民，导致州政府的公共财政支出不断增加。由此，州政府不堪重负。根据移民政策项目城市研究机构的研究报告，非法移民每年导致的财政赤字是20亿美元。② 20世纪90年代，加利福尼亚州、佛罗里达州、亚利桑那州、新泽西州、伊利诺伊州饱受非法移民之害，州政府的财政入不敷出。以加利福尼亚州的圣地亚哥为例，根据1993年加利福尼亚州参议院的报告显示，圣地亚哥每年用于非法移民司法、医疗、社会公共服务方面的花费为7000万美元，相当于当地16.7%的税收。③ 1996年，加利福尼亚州州长在众议院移民政策改革的听证会上抱怨，州政府已为非法移民支付了180亿美元。为此，加利福尼亚州出台了《187提案》，但是被联邦法院否决了。④ 1995年，在参议院司法委员会举行的非法移民和控制税收花费的听证会上，佛罗里达州的州长汉·劳顿（Hon Lawton）抱怨州政府每年用于移民

---

① Joyce C. Vialet, *Immigration: Reasons for Growth*, 1981 – 1995, CRS Reports-Digital Collection, Feb. 12, 1997, Education and Public Welfare Division, CRS, Publication-No: 97 – 230 EPW, Congress-Session: 105 – 1, 1997.

② *Impact of Illegal Immigration on Public Benefit Programs and the American Labor Force: Hearing Before the Subcommittee on Immigration and Claims of the Committee on the Judiciary*, House of Representatives, One Hundred Fourth Congress, First Session, April 5, 1995 United States, Congress, House, 1996, pp. 13 – 24.

③ *Proposals to Reduce Illegal Immigration and Control Costs to Taxpayers: Hearing Before the Committee on the Judiciary*, United States Senate, One Hundred Fourth Congress, First Session, on S. 269 March 14, 1995, United States, Congress, Senate, Committee on the Judiciary, Washington: U. S. G. P. O Supt. of Docs., Congressional Sales Office, 1996, pp. 305 – 306.

④ *Field Hearing on Public Benefits, Employment, and Immigration Reform: Hearing Before the Committee on Economic and Educational Opportunities*, House of Representatives, One Hundred Fourth Congress, second session, hearing held in San Diego, CA, February 22, 1996, United States, Congress, House, Committee on Economic and Educational Opportunities. Washington: U. S. G. P. O. Supt. of Docs., Congressional Sales Office, 1996. pp. 27 – 28.

健康、教育、防止犯罪方面的费用过高,达到10亿美元,[①] 其中非法移民是财政支出的主要对象。根据笔者对佛州前州长鲍伯·格拉汉姆(Bob Graham)的采访,在他担任佛州州长(1979—1986年)期间,州政府用于非法移民的财政支出总额并不大,主要是教育和医疗卫生支出。每年州政府用于每个非法移民学生身上的教育花费是5000美元,另外还有医疗支出。[②] 由此可见,不到10年时间,佛罗里达州用于非法移民的财政支出发生了翻天覆地的变化。在伊利诺伊州,州政府用于非法移民公共支出的费用总额是1.87亿美元,570万美元用于非法移民的公共健康支出,300万美元用于非法移民的教育支出,4800万美金用于非法移民的医疗援助。[③]

非法移民消耗的主要财政支出是教育和紧急医疗援助。根据美国的联邦体制,教育和紧急医疗支出主要由州政府和当地政府负责。在紧急医疗援助中,非法移民享受的比例是82.22%。在教育方面,非法移民学生消费的费用是1.019亿美元,其中2920万美元是州政府买单,6620万美元是地方政府买单。因此,9540万美元的教育花费联邦政府并没有承担。[④] 虽然非法移民也交纳各种税收,但是在美国的税收体系中,联邦政府所占的税收比例远大于州政府,那些享受廉价劳动力的雇主所交纳的税收多被联邦政府获得。因此,州政府承担非法移民的成本,联邦政府享受其利益。

为了减少非法移民带来的财政负担,深受非法移民问题之害的几个州一方面在国会呼吁加强实施移民政策,减少非法移民。例如,得克萨斯州的参议员哈赤森(Hutchison)主张增加6000名边境巡逻人员,建立留有移民手

[①] *Proposals to Reduce Illegal Immigration and Control Costs to Taxpayers*: *Hearing Before the Committee on the Judiciary*, United States Senate, One Hundred Fourth Congress, First Session, on S. 269 March 14, 1995, United States. Congress. Senate. Committee on the Judiciary. Washington: U. S. G. P. O Supt. of Docs. , Congressional Sales Office, 1996, p.46.

[②] 鲍伯·格雷厄姆(Bob Graham)曾任佛罗里达州州长(1979—1986年);国会参议员(1987—2005年),服务于情报委员会。2012年1月20日,笔者在晚上7:10—7:20于弗吉尼亚大学米勒中心对其进行了采访。

[③] *Increasing Costs of Illegal Immigration*, *Special Hearing*, Committee on Appropriations. Senate, June 22, 1994, p.6.

[④] Ibid.

印的档案系统，对非法移民实施威慑、逮捕和禁止他们享受公共福利等措施。① 亚利桑那州的参议员汉乔恩·凯尔（HonJon Kyl）则呼吁加强边境控制。② 另一方面，州政府呼吁联邦政府给予财政援助。1996年，克林顿总统拨款1亿美元用于移民儿童的教育，非法移民儿童也包含其中。与此同时，克林顿拨款1.5亿美元用于非法移民的紧急医疗援助。由此，在1996年的联邦预算体系下，联邦政府对州政府的援助扩展到教育、紧急医疗援助等领域。③

非法移民除了给各州带来巨额的公共财政支出之外，其犯罪问题也令各州政府颇为头疼。全美45%的非法移民居住在加利福尼亚州，有160万—230万人。其中，非法移民占加利福尼亚州服刑人员的15%。④ 根据移民局的估计，大约有6.9926万名外国出生的人员在州政府的监狱被关押，其中80%（包括大量非法移民）即大约有5.564万人被驱逐，其余人员是合法居民或者美国公民。1995年，移民局驱逐了4.9311万名非法移民，其中大约有3.2万人是因为犯罪被驱逐。1980—1996年，联邦政府和州政府羁押的罪犯达到10万名，每年约有4.5万名犯罪的外国人被逮捕，约有5万人被驱逐。⑤

三、加利福尼亚州《187提案》

面对非法移民导致州政府的巨额财政支出，1994年加利福尼亚州的共和

---

① *Proposals to Reduce Illegal Immigration and Control Costs to Taxpayers*: Hearing Before the Committee on the Judiciary, United States Senate, One Hundred Fourth Congress, first session, on S. 269 March 14, 1995, United States, Congress, Senate, Committee on the Judiciary, Washington: U. S. G. P. O Supt. of Docs., Congressional Sales Office, 1996, pp. 6–8.

② Ibid., pp. 1–3.

③ *Impact of Illegal Immigration on Public Benefit Programs and the American Labor Force*: Hearing Before the Subcommittee on Immigration and Claims of the Committee on the Judiciary, House of Representatives, One Hundred Fourth Congress, first session, April 5, 1995, United States, Congress, House, 1996, pp. 18–20.

④ Ibid., pp. 4–6.

⑤ *Immigration in the National Interest Act of 1995*, Serial Set Digital Collection, Committee on the Judiciary, House, March 4, 1996, p. 119.

党政府出台了《187提案》。法案的主要内容是：所有政府机构必须调查被怀疑违反移民法的个人，如果有充足的证据证明某人是非法移民，那么政府机构必须向加利福尼亚州的司法部和联邦移民服务归化局报告；本地政府不得逃避责任；如果政府机构怀疑任何个人有为非法移民获取利益的行为，那么政府机构要将此事写入报告；享受社会公共福利的人员只能是美国公民或者是合法移民；享受公共医疗和公共健康设施的人员只能是美国公民或者合法移民；享受公立中小学教育资源的人员只能是美国公民或者合法移民；截至1996年，所有学校都要核实每个入学儿童和其父母或者监护人的真实身份，禁止非法移民学生在公立学校就读，如果怀疑学生的亲属是非法移民，那么学校有责任向政府的移民机构报告；州政府的检察院必须追踪外国人的记录、核实其档案和身份；对档案造假者和滥用假身份证明的人员实施罚款或者监禁。

由此可见，《187提案》严格禁止非法移民享受社会公共福利，尤其是禁止非法移民享受中小学的公共教育资源，一经发现，非法移民学生就被驱逐出校。如此严格的法律一经出台，立即引起全美轰动。支持者认为加利福尼亚州每年用于非法移民的花费高达30亿美元，其中一半用于非法移民学生，因此州政府理应采取严格的限制措施。[1] 反对者认为《187提案》是对少数族裔的歧视，学校、教会、少数族裔团体是主要的反对者。其中，少数族裔团体的态度最坚决、活动最活跃。主要的拉美裔少数族裔团体——墨西哥裔美国人合法防御和教育基金以及美国市民自由联盟，他们甚至联合向州政府提出诉讼，认为《187提案》违背宪法。[2] 除此之外，其他州政府包括科罗拉多州的丹佛也抵制《187提案》。[3] 墨西哥政府亦谴责此法律。

加利福尼亚州《187提案》的出台产生了广泛的社会影响，它导致整个美国社会对非法移民的敌视和当时移民政策改革的保守主义倾向。20世纪90

---

[1] Jeffrey R. Margolis, "Closing the Doors to the Land of Opportunity: The Constitutional Controversy Surrounding Proposition 187", in *The University of Miami Inter-American Law Review*, Vol. 26, No. 2, pp. 368–369.

[2] Patrick J. McDonnell, "Davis Won't Appeal Prop 187 Ruling, Ending Court Battles", *Los Angeles Times*, July 29, 1999, p.1.

[3] Marcelo M. Suarez-Orozco, "California Dreaming: Proposition 187 and the Cultural Psychology of Racial and Ethnic Exclusion", *Anthropology & Education*, Vol. 27, No. 2, p. 161.

年代整个反移民的倾向从加利福尼亚州扩展到其他边境城市和小镇，例如宾夕法尼亚州的黑泽尔顿市采取了更为严格的法律。《187提案》的出台，反映出州政府和联邦政府在控制非法移民问题上的权力之争。一直以来，联邦政府认为移民问题尤其是非法移民属于美国的国家安全问题，理应由国会出台法律。但事实是非法移民对联邦政府的经济影响并不大，州政府不满国会出台的移民法而自寻出路。州政府和联邦政府的非法移民立法权之争，在20世纪90年代随着非法移民数量的急剧增加而日益加剧。

四、保守的《1996年非法移民改革和移民责任法》

在非法移民急剧增加、各州政府不堪重负以及加利福尼亚州出台强硬的《187提案》的社会背景下，1996年美国国会出台了《1996年非法移民改革和移民责任法》。该法具有极强的保守性，以严格限制移民的政策特点著称，具体表现如下：

首先，严格限制外国人入境美国的时间，如果违反将受到严厉惩罚。法律对外国人合法和非法入境美国均有详细且苛刻的规定，具体如下：以非移民身份入境美国的任何外国人如果非法逾期居留180—365天，将在3年内不得再次入境美国；如果非法逾期居留365天，将在10年内不得再次入境美国。在这一期间，他们将不能得到移民或非移民的任何签证；因过去滞留美国而被取消签证的任何人，将无机会再次入境美国。无论1996年9月30日之前还是之后，以非法移民身份入境的外国人再次入境美国时，不得使用最初的签证。1997年4月1日法案生效后，合法入境延期滞留和非法入境的非法移民将会被驱逐。除此之外，法律提高非法入境的罚金，1997年4月1日后非法入境的外国人最高罚金为250美元。非法入境美国最高可判监禁5年和驱逐出境。[①]

其次，合法入境美国的外国人要满足健康要求和拥有资金担保人。对入境美国的外国人的健康要求是：所有申请入境美国和申请入籍归化的外国人

---

① Austin T. Fragomen, "The Illegal Immigration Reform and Immigrant Responsibility Act of 1996: An Overview", in *International Migration Review*, Vol. 31, No. 2, Summer, 1997, pp. 438–460.

在入境美国之前必须接受疫苗注射,防止各种传染性疾病,例如流行性腮腺炎、麻疹、风疹、乙型肝炎等。对资金担保人的要求是:年龄至少18 岁;年收入至少是联邦政府规定的贫困线的125%,例外是为子女和配偶申请的资金担保人的收入可以降低到联邦政府规定的最低贫困线的100%。如果是为自己的亲戚申请入境美国,可寻找共同的担保人,共同担保人要满足第一个要求。① 1997 年单身贫困线的年收入是7890 美元;两个人家庭的贫困线是年收入1 万美元;三个人家庭的贫困线是年收入1.333 万美元;四个人的家庭贫困线是年收入1.605 万美元。因此,1997 年单身的资金担保人必须拥有9862 美元的年收入;两个人家庭的资金担保人必须拥有1.3 万美元的年收入;三个人家庭的资金担保人必须拥有1.6662 万美元的年收入;四个人家庭的资金担保人必须拥有2.0062 万美元的年收入。②

第三,采取各种措施,提高边境管理的成效。为了有效加强对出入境的管理,法律规定,在未来5 年时间内增加1000 名边界巡逻人员,并计划在2000 年达到1 万名;更新移民局的巡逻设备,增加直升飞机和四轮汽车在夜间的巡视;建立有效的追踪外国人出入境记录,出入境的卡片必须有明确的生物标志,例如手印、指印等;提高飞机、电话监测系统的有效性;建立和实施自动化的出入境管理系统,用于收集其本人的出入境信息,这些信息要与其本人的其他信息相匹配。另外,法律要求移民归化局在每个州的人员至少达到10 人,各州移民执法部门的官员要接受培训。除此之外,法律要求移民归化局在未来3 年内雇佣300 人调查外国人的偷渡和非法雇佣问题。

第四,严苛的驱逐政策和建立电子核查身份体系,可提高雇佣身份裁决的有效性。法律实施严苛的驱逐政策,一旦发现外国人有文件造假行为,例如护照、档案、市民身份造假,就会立即遭到驱逐,法律也鼓励外国人自愿离境。申请自愿离境可避免被驱逐,但是要满足以下条件:申请者已经在美国停留至少1 年,在5 年内拥有良好的品德,因为特殊原因没被逮捕;申请者有意愿和渠道离开美国。③《1986 年移民改革和控制法》因为没有为雇主建立有效的雇佣身份裁决体系,制裁雇主政策失败了。因

---

① http://www.americanlaw.com/1996law.html.
② http://migration.ucdavis.edu/mn/more.php?id=1223_0_2_0.
③ http://www.visalaw.com/96nov/3nov96.html#section%202.

此,《1996年非法移民改革和移民责任法》从中吸取了教训,重视提高雇佣身份裁决体系的有效性。法律为此采取了两项措施:一是简化核查有效雇佣身份的文件数量,提高雇佣核查的效率。法律规定只有社会保险卡、绿卡、美国护照、移民归化局的雇佣授权卡可作为有效的工作证明;出生记录、市民身份、入籍报告、国外护照均视为无效的工作证明。[①] 二是建立核查雇佣身份的电子系统,此系统是雇主通过打免费电话的方式来判定求职者提供的文件是否属实。每个合法求职者拥有一个有效的社会保险卡,如果求职者是合法的,那么他的社会保险卡和社会保障局的号码是一致的。此项目秉承雇主自愿加入的原则。系统首先在非法移民问题比较突出的5个州推行试点。这5个州是加利福尼亚州、佛罗里达州、伊利诺伊州、得克萨斯州和纽约州。

《1996年非法移民改革和移民责任法》以保守和严苛著称,那么,它是否达到了控制非法移民的目的呢?事实证明,法律颁布后,非法移民的数量不但没有下降,反而持续上升。根据美国统计局移民研究中心的数据,1990—2000年,非法移民的数量一直处于上升趋势,从1990年的35万人上升到2000年的70万人。[②] 由此可见,《1996年非法移民改革和移民责任法》并没有达到减少非法移民的目的。那么,是什么原因导致该法在实践中失效了呢?事实证明,法律中缺乏可操作性的措施和无效率的法律实施导致该法有名无实。具体表现如下:

首先,法律中旨在提高边境管理有效性的出入境电子跟踪系统的第110条款在现实中面临诸多困难,缺乏可操作性。法律颁布以后,由于技术原因和现实条件,此系统迟迟难以建立。为此,国会不得不一再推迟最后的截止日期。例如,法律规定在该法案颁布2年后,建立一个外国人出入境的电子跟踪体系,国会规定的截止日期是1998年9月25日。但是之后美国移民归化局没有在规定的时间内完成。1998年,第105届国会对建立出入境电子跟

[①] Carolyn Wong, *Lobbying for Inclusion: Rights Politics and the Making of Immigration Policy*, Palo Alto: Stanford University Press, 2006, p. 135.

[②] James R. Edwards, "Two Sides of the Same Coin: The Connection Between Legal and Illegal Immigration", *Center for Immigration Studies*, February, 2006, http://www.cis.org/articles/2006/back106. html.

踪系统的态度是：要么延长截止时间，要么废除截止日期，要么就废除第110条款。① 之后，《1999年紧急补偿授权议案》延长了截止日期，规定移民归化局最迟在2001年3月31日建立陆地、海洋港口的出入境跟踪系统，而空中边境的出入境跟踪系统要最迟在1998年10月15日就建立起来。但是后来国会在2000年6月又修改了第110条款，规定分阶段建立和实施在海洋、空中、陆地边境的电子跟踪系统。② 由此可见，建立和实施电子跟踪系统进程异常拖沓。而其中的最大原因是此系统在现实中面临诸多困难。

一是资金不足。移民归化局评估建立此系统，仅基础设施的费用就需要20亿—30亿美元。相比之下，国会给移民归化局提供的拨款不足以建立出入境跟踪系统。例如，国会在1998年给移民归化局用于此系统的拨款是13万美元。另外，国会也计划额外拨款2000万美元用于移民归化局在1999年继续实施此项目，但是这批资金后来没有兑现。1999年，移民归化局财政办公室指出，建立出入境电子跟踪体系的资金不足。

二是陆地边境的出入境电子跟踪体系缺乏有效落实。通过陆地进入美国是非法入境的主要方式，这理应是边境检查的重点。但是自北美自由贸易区建立以后，美国、墨西哥、加拿大实现市场一体化，一些国会议员担心如果实施严格的陆地边境管理，会影响贸易区的边境贸易和商业发展。因此，在这种担忧下，陆地边境的电子跟踪系统的建立和实施的截止日期不仅晚于空中和水上边境，而且边境检查的力度不够，尤其是美国的北部边境。正如来自爱荷华州的共和党议员史蒂夫·金（Steve King）所言，1999年的法律虽然加强了边境管理，但主要是南部边境，很多非法移民后来选择从加拿大非法入境，单纯的边境控制并不能减少非法移民。③

---

① William J. Krouse and Ruth Ellen Wasem, *Immigration: Visa Entry/Exit Control System*, CRDC-ID: CRS-1998-EPW-0073, CRS Reports—Digital Collection, November 9, 1998, Publication-No: 98-89 EPW, Congress-Session: 105-2 (1998).

② Stephen R. Vina, *Statutory Analysis of Section 110 of the Illegal Immigration Reform and Immigrant Responsibility Act of 1996 (The Integrated Entry-Exit System)*, CRDC-ID: CRS-2003-AML-0331, DOC-TYPE: CRS Reports—Digital Collection, Publication-No: M-111303, November 13, 2003, Congress-Session: 108-1 (2003).

③ Rep Zoe Lofgen holds a Hearing on Immigration Reform, Section: Capitol Hill Hearing Testimony, Committee on House Judiciary Subcommittee on Immigration, Citizenship, Refugees, Border Security, and International Law, Headline "Shortfalls of 1986 Immigration Reform legislation".

其次，雇佣身份裁决体系的准确率存在问题。1996年的非法移民政策改革要求建立一个雇佣身份裁决体系来核实求职者的真实身份，有利于制裁雇主政策的实施。但前提是必须保证系统的正确性。遗憾的是在实践中，此系统频频出错。系统的错误包括非法工人和合法工人的错误率。前者指非法工人通过体系测试所占的比率，后者指合法工人没有通过体系测试所占的比例。由于文件造假，2008年4—6月，非法工人的错误率达到54%。系统最初建立时，合法工人的错误率达到1%，2008年4—6月合法工人的错误率下降到0.8%。造成合法工人错误率的主要原因在于输入错误。根据《纽约时报》的报道，在移民规划局的数据库中有65万个错误。① 为了提高雇佣身份裁决体系的准确率，美国市民和移民服务部门在2007年发起了一个带有图片的电子扫描工具的活动。如果雇主提供雇佣者的有效雇佣授权文件、美国护照或者绿卡，那么电子扫描工具就会起作用。

第三，签证过期难以掌控。据移民归化局的报告，每年签证过期的人数达到200万，签证过期导致的非法移民占总数的41%。② 非法移民每年增加的人数是27.5万，其中12.5万人是因为签证过期变为非法移民的。1996年有1万人因签证过期而被逮捕，其中5200人在1998年被驱逐，2/3是拉美裔。③ 司法部认为签证过期导致产生大量非法移民的原因有两个：一是移民归化局难以掌握可靠的有关非法移民的信息、数据资料。二是移民规划局不能通过有效的内部管理措施来区分、定位、逮捕以及驱赶签证过期的非法移民。

另外，边境巡逻人员的不足也是一大原因。1996年，有2.8亿人越过美墨边境，当时大约有1.42万个边境巡逻机构负责边境的检查工作，这意

---

① *Proposals to Reduce Illegal Immigration and Control Costs to Taxpayers*: Hearing before the Committee on the Judiciary, United States Senate, One Hundred Fourth Congress, first session, on S. 269 March 14, 1995, United States, Congress, Senate, Committee on the Judiciary, Washington, D.C.: U.S. G.P.O Supt. of Docs, Congressional Sales Office, 1996, p. 181.

② *Illegal aliens in the United States*: Hearing before the Subcommittee on Immigration and Claims of the Committee on the Judiciary, House of Representatives, One Hundred Sixth Congress, First Session, March 18, 1999, United States, Congress, House, Committee on the Judiciary, Subcommittee on Immigration and Claims, Washington, D.C.: U.S. G.P.O. Congressional Sales Office, 2000, pp. 45–48.

③ Ibid., p. 1.

味着每一个边境巡逻机构负责1.97万名入境人员。因此，边境巡逻的人力明显不足。① 为此，移民归化局不断增加移民管理机构。1993年移民管理机构有3965个，1997年增加到6878个，移民归化局1998年的目标是增加到7400个。② 除此之外，在20世纪90年代末，美国的经济处于蓬勃发展时期，存在大量的工作岗位，因此导致非法移民冒着生命危险前往美国。移民法专家戴维·马丁认为这是1996年非法移民继续增加的主要原因之一。③

20世纪90年代，在非法移民的立法问题上，国会开始注重细节，重视实质性问题的解决。如果说《1986年移民改革和控制法》只是从宏观上对非法移民问题软硬兼施，那么90年代出台的法律已经更加具体化，借助先进的技术控制非法移民，例如实施雇佣身份核查体系项目和出入境的跟踪体系。虽然这两个体系的建立和实施存在一定的难度，但是相比之前的法律，国会在非法移民立法方面已朝着更加具体化的方向迈进。

第四节 "9·11"后国会更加严厉的非法移民立法（2001—2018年）

一、屡禁不止的非法移民

《1996年非法移民改革和移民责任法》颁布后，严格的出入境管理措施并没有制止住非法移民。相反，非法移民的数量仍不断上升。"9·11"后非

---

① 来自得克萨斯州的众议员Hon Silve Strereyes在105届国会上的发言Border Security and Deterring Illegal Entry into the United States: Hearing Before the Subcommittee on Immigration and Claims of the Committee on the Judiciary, House of Representatives, One Hundred Fifth Congress, first session, April 23, 1997, United States, Congress, House, Committee on the Judiciary, Subcommittee on Immigration and Claims, Washington, D. C.: U. S. G. P. O, pp. 5 – 6。
② Ibid., p. 25.
③ 2012年2月13日，笔者在弗吉尼亚大学法学院采访戴维·马丁教授（David Martin）。马丁教授1980—1982年在国务院的人权和人道主义事务部门担任助理秘书长和特别助理；1995—1998年担任移民归化局的总顾问；2009—2011年1月担任国土安全部副总顾问。

法移民的主要特点如下：

首先，非法移民数量持续上升。目前美国国内的非法移民已超过1000万，其中大部分是在2000年后入境的。如表18所示：

表18　2000—2009年美国境内的非法移民（评估）　（单位：百万）

时间	评估的数字	范围
2009年	11.1	10.6—11.6
2008年	11.6	11.1—12.1
2007年	**12.0**	11.5—12.5
2006年	11.3	10.8—11.8
2005年	**11.1**	10.6—11.6
2004年	**10.4**	9.9—10.8
2003年	9.7	9.2—10.2
2002年	9.4	9.0—9.9
2001年	**9.3**	8.8—9.7
2000年	8.4	7.9—8.8

备注：范围代表90%的可能性，黑色粗体数字代表前一年的统计学变化。
资料来源：http：//www.pewhispanic.org/2010/09/01/ii-current-estimates-and-trends-2/.

由表18可知，2000年后，非法移民人数持续上升，从2000年的840万增加到2009年的1110万。另外，非法移民在移民总数中一直维持较高的比重，大大超过合法的暂时移民的比例。2008年，非法移民占美国境内外国出生的总人口的30%。[1] 2010年，这一数字为28%。[2] 如表19和表20所示：

---

[1] Jeffrey Passel and D'Vera Cohn, *A Portrait of Unauthorized Immigrants in the United States*, April 14, 2009, http：//www.pewhispanic.org/2009/04/14/a-portrait-of-unauthorized-immigrants-in-the-u-nited-states/.

[2] http：//www.pewhispanic.org/2011/02/01/ii-current-estimates-and-trends/.

表19　2008年在外国出生的人口

在外国出生的人口	人口	
	总数（百万）	比例
	39.9	100%
合法移民总数	28.0	70%
入籍归化的公民	14.2	36%
合法的长久居民	12.3	31%
合法的暂时移民	1.4	4%
非法移民总数	11.9	30%

资料来源：http：//www.pewhispanic.org/2009/04/14/a-portrait-of-unauthorized-immigrants-in-the-united-states/.

表20　2010年在外国出生的人口

在外国出生的人口	人口	
	总数（百万）	比例
	40.2	100%
合法移民总数	29.0	72%
入籍归化的公民	14.9	37%
合法的长久居民	12.4	31%
合法的暂时移民	1.4	4%
非法移民总数	11.2	28%

备注：数字可能不等于总数。

资料来源：Pew Hispanic Center, http：//www.pewhispanic.org/2011/02/01/ii-current-estimates-and-trends/.

其次，非法移民的主要来源国仍是墨西哥和中南美洲国家。在西南边境逮捕的来自非墨西哥的非法移民中，超过一半的人员来自中南美州，其中居于前列的是危地马拉、洪都拉斯、萨尔瓦多。[1] 另据皮尤研究中心的研究显

---

[1] *Border Security and Deterring Illegal Entry into the United States: Hearing Before the Subcommittee on Immigration and Claims of the Committee on the Judiciary*, House of Representatives, One Hundred Fifth Congress, First Session, April 23, 1997, p.25.

示，自2005年起，中南美洲的非法移民有下降的趋势，但是墨西哥的非法移民并没有减少。2007—2009年来自加勒比海、中南美洲以及南美洲的非法移民减少了22%。相比之下，2007年，墨西哥的非法移民占全美非法移民的60%，达到700万。2009年，墨西哥的非法移民虽然总数略微下降，减少到670万左右，但是其比例仍然维持在60%；其他拉美国家的非法移民的比例为20%，大约有220万；东亚和南亚的非法移民大约有120万，占11%。[①]

第三，非法移民仍主要分布在传统的移民州，诸如加利福尼亚州、纽约州、佛罗里达州、伊利诺伊州、得克萨斯州等。如表21所示：

表21　2009年非法移民在各州的分布　　　（单位：千人）

地点	评估的人口	范围
全美非法移民总额	11100	10600—11600
加利福尼亚州	2550	2450—2700
得克萨斯州	1600	1450—1750
佛罗里达州	675	600—750
纽约州	650	600—700
伊利诺伊州	525	475—575
新泽西州	475	425—550
佐治亚州	425	375—475
亚利桑那州	375	325—450
北卡罗来纳州	275	230—325
马里兰州	250	210—300
弗吉尼亚州	240	210—275
科罗拉多州	210	180—230

备注：州的范围表示估计范围的上下误差（数据建立在3月的人口调查的基础上）。
资料来源：http://www.pewhispanic.org/2010/09/01/ii-current-estimates-and-trends-2/.

但是随着移民的流动，非法移民的分布也有所变化。2008—2009年，亚

[①] Jeffrey S. Passel and D'Vera Cohn, "U. S. Unauthorized Immigration Flows Are Down Sharply Since Mid-Decade", *Pew Research Center*, http://pewresearch.org/pubs/1714/annual-inflow-unauthorized-immigrants-united-states-decline, September 1, 2010.

利桑那州、科罗拉多州、犹他州的非法移民有所下降。如表22所示：

表22　2008—2009年非法移民下降的地区　　（单位：千人）

地　区	2009	2008	变化
南部大西洋	1950	2550	-600
佛罗里达州	675	1050	-375
弗吉尼亚州	240	300	-65
山区	1000	1200	-160
内华达州	180	230	-50
亚利桑那州、科罗拉多州、犹他州	700	825	-130

备注：变化仅仅是2008—2009年的数据变化，非法移民的评估是大致估计，美国南部"大西洋人口"统计的范围包括哥伦比亚特区、特拉华州、佛罗里达州、佐治亚州、马里兰州、北卡罗来纳州、南卡罗来纳州、弗吉尼亚州、西弗吉尼亚州。山区地区包括亚利桑那州、科罗拉多州、蒙大拿州、内华达州、新墨西哥州、犹他州、怀俄明州、爱达荷州（数据建立在对人口调查的评估基础之上）。

资料来源：http://www.pewhispanic.org/2010/09/01/us-unauthorized-immigration-flows-are-down-sharply-since-mid-decade/.

2009年，59%的非法移民居住在加利福尼亚州、得克萨斯州、佛罗里达州、纽约州、伊利诺伊州、新泽西州。这说明尽管一些传统的移民州的非法移民数量有所下降，但是非法移民也开始往新的地区流动。

第四，从非法移民的人口特点来看，男性居多，年龄多在18—60岁之间。根据皮尤研究中心的报告显示，2008年3月，有630万男性非法移民、410万女性非法移民。① 其中，年龄在18—39岁的男性非法移民占整个非法移民人数的35%。② 另外，非法移民的生育率也较高，2003年非法移民的子女有430万，其中270万出生在美国，达到63%。③ 之后，这一比例不断增

---

① Jeffrey Passel and D'Vera Cohn, "A Portrait of Unauthorized Immigrants in the United States", *Pew Hispanic Center*, April 14, 2009, http://www.pewhispanic.org/2009/04/14/a-portrait-of-unauthorized-immigrants-in-the-united-states/.
② Ibid.
③ Ibid.

加。2008年，非法移民子女共有550万，其中有400万出生在美国，达到73%。① 2009年3月至2010年3月，至少父母一方是非法移民的家庭出生的婴儿达到350万，占这一时期全美婴儿出生率的8%，剩下的分别是美国公民的婴儿出生率占74%，合法移民的子女出生率占17%。② 面对非法移民子女如此高的出生率，美国国内一些人提出修改宪法中有关将出生地作为国籍的规定，支持者和反对者势均力敌，各占46%，其中有67%的共和党人、48%的独立党人、30%的民主党人支持修宪。③ 这些非法移民子女属于美国公民，有权享受社会福利，因而增加了美国的财政支出。另外，由于美国国土安全部驱赶非法移民，这些儿童和自己的家人被迫分离，造成家庭悲剧。

二、国会反恐立法和打击非法移民相结合

"9·11"之前，严峻的非法移民形势致使总统小布什积极寻求移民政策改革，但是，"9·11"改变了这一切。它不仅导致小布什的季节工人项目暂时搁置，而且使美国国内的移民政策改革朝向更加保守和严格的方向转变。"9·11"的袭击者是以学生身份来美国学习和参观的外国人，事件发生以后，移民局成为社会各界首当其冲的批评对象。"9·11"后，美国的外交政策转向以反恐和防止大规模杀伤性武器为首要目标。为了捍卫国家安全，美国国会颁布法令加强边境控制、采取各种措施反恐、提高打击非法移民的力度。至此，国会的非法移民立法进入反恐怖主义和打击非法移民相结合的时代。

"9·11"后，美国国会相继颁布了极其严厉的反恐立法，它们分别是《情报改革和防止恐怖主义法》《爱国者法》《提高边境安全和签证入境改革法》《2005年真实身份识别法》。其中，前3个法律主要是整合各种信息资源

---

① Jeffrey Passel and D'Vera Cohn, "A Portrait of Unauthorized Immigrants in the United States", *Pew Hispanic Center*, April 14, 2009, http://www.pewhispanic.org/2009/04/14/a-portrait-of-unauthorized-immigrants-in-the-united-states/.

② Jeffrey Passel and D'Vera Cohn, "Unauthorized Immigrant Population: National and State Trends, 2010", *Pew Hispanic Center*, February 1, 2011, http://www.pewhispanic.org/2011/02/01/iii-births-and-children/.

③ Ibid.

和情报，加强边境安全，打击恐怖主义、非法移民犯罪和走私活动。《2005年真实身份识别法》试图建立一个全国范围内的身份识别卡，以提高识别恐怖主义分子身份的能力（参见附录三）。

此外，国会在2002年通过《国土安全法》，拆分移民归化局，成立国土安全部，负责移民和国土安全事务。以上法律在严厉打击恐怖主义的同时，也因侵犯人权而备受争议。其中《2001年爱国者法》和《2005年真实身份识别法》的某些条款争议最大。在《2001年爱国者法》中，备受争议的条款是国家安全邮件，即美国的国家行政机构包括美国联邦调查局、中央情报局、国防部在没有司法授权的情况下可以对个人邮件、金融活动实施监控、追踪和调查。反对者认为这违背宪法的第一和第四修改案。之后，此条款修改为让司法机关介入审查，但是2007年地区法院以违背宪法为由，推翻了国家安全邮件的重新授权。2001年后，爱国者法案得到3次授权，第一次是2005年的《美国爱国者和恐怖主义防御授权案》，议案重新授权《美国爱国者法》和2004年的《情报改革和防止恐怖主义法》，对恐怖主义分子实施死刑和采取新的措施打击金融恐怖主义。第二次授权是2006年的《美国爱国者额外的授权修改案》。第三次是2010年2月总统奥巴马签署命令将议案延长1年。

在《2005年真实身份识别法》出台之前，州政府全权负责颁发居民的驾照，但是法律颁布之后，州政府的这一权力受到限制。反对者认为此法和州政府的权力相违背。更有反对者认为，法律的最终目的是建立全国的身份识别卡制度，而这严重地侵犯了人权。一些少数族裔的利益集团和人权组织大力反对，奥巴马政府也表示反对。另外，国会严厉打击恐怖主义的立法，把反恐和打击非法移民结合，造成了人道主义灾难。一方面，反恐范围的扩大，导致国土安全局无限期地拘留移民；另一方面，《2005年真实身份识别法》限制州政府给非法移民颁发驾照，导致非法移民生活困难，交通事故频频发生。令人感到讽刺的是，迄今为止，没有充足的证据证明恐怖分子是从美国和墨西哥的边境入境的。例如，据美国2006年的调查显示，没有恐怖分子从美国的南部边境入境。[①] 恰恰相反的是，有资料显示有恐怖分子从美国

---

① Peter Beinart, "The Wrong Place to Stop Terrorists", *The Washington Post*, May 4, 2006.

北部边境入境。① 恐怖分子主要来自中东、中亚等地，美国的非法移民则主要来自南美洲，他们来美国的主要目的是寻找工作和拥有更好的生活。由于非法移民能提供美国经济发展所需要的体力劳动力，因此在后"9·11"时代，美国国会开始酝酿全面的移民政策改革。

三、后"9·11"时代国会全面移民政策改革和《梦想法案》

（一）破碎的移民体系

"9·11"后国会采取的严格控制边境措施并未减少非法移民。因此，2005年后，国会开始考虑全面的移民政策改革。此次改革是在美国破碎的移民法体系的背景下产生的。

首先，在严峻的非法移民形势下，地方政府不满联邦政府的无所作为，纷纷挑战联邦政府的移民法，激化地方政府和联邦政府移民立法权之争的矛盾（第三章第二节）。另外，年轻非法移民的高等教育权问题亟待解决（第三章第二节），这也是《梦想法案》提出的主要原因。非法移民的教育问题是地方政府最头疼的问题之一。目前，在全美境内的1100万—1200万的非法移民中，年轻的非法移民占16%，大约有200万。② 非法移民的中小学教育问题在1996年的移民政策改革中已得到解决，但是非法移民的高等教育问题仍是目前移民法的法律盲点（第三章第二节、第三节）。

其次，农业劳动力不足的问题亟待解决。非法移民是美国农业劳动力的主要来源，农场主不能招募足够的合法农业工人，因此只能招募非法移民。但是当非法移民被国土安全部驱逐出境后，农场主只能选择关闭农场。2004年美国总统小布什提出的季节工人项目遭到国会否决后，农场主不满政府的无所作为，一些人只好到南美洲开辟农场。例如，加利福尼亚州的农业劳动力主要来自墨西哥。2007—2008年，有156万亩的农场因为缺乏劳动力被迫

---

① Sam Howe Verhovek, "2nd Man Sought for Questioning in Bomb Plot", *New York Times*, December 19, 1999.

② Dawn Konet, *Unauthorized Youths and Higher Education: The Ongoing Debate*, September, 2007, http://www.migrationinformation.org/Feature/display.cfm? ID=642.

关闭。后来,一些农场主干脆把农场转移到墨西哥。其中,至少8.4165万亩农场开设在墨西哥的巴哈、索诺拉、瓜纳华托等地区。为此,加州的参议员抱怨这导致美国失去了2.2285万份工作和50亿—90亿美元的经济损失。①

第三,企业主认为当前的合法移民限额不能满足经济发展的需要,呼吁政府实施开放限额的制度。一些主要依靠移民的企业,例如软件公司希望政府增加合法移民的名额,实施开放的技术移民政策。谷歌人力管理负责人拉斯·洛博克曾在国会有关移民政策改革的听证会上呼吁政府每年增加6.5万个H1B签证。他指出,毫无疑问的是,谷歌的发展依靠移民,公司招聘员工的原则是全球招聘,不受国籍限制。谷歌支持国会全面的移民政策改革,但是政府的H1B签证不能满足公司发展的需要,刚毕业的学生不能获得签证。为此,谷歌只好对他们实施培训,工作一年之后再申请H1B签证。②

第四,在当前屡禁不止的非法移民浪潮的冲击下,公众积极支持国会全面的移民政策改革,而且多数人希望国会立即采取行动。根据2010年5月13—19日"美国之音"进行的民意调查显示,67%的公众希望国会尽快实施移民政策改革,③ 多数公众认可非法移民的合法化措施。根据《华盛顿邮报》和ABC新闻的调查显示,越来越多的公众支持非法移民合法化,2007年有49%的公众支持非法移民合法化,2009年这一数字提高到61%。公众普遍认为,非法移民在交纳一定罚金和在满足其他条件的情况下,可实现合法化。另据《纽约时报》和CBS的调查显示,65%的受访者支持非法移民在美国生活和工作,44%的受访者支持他们申请公民身份,21%的受访者支持他们以

---

① "Sen. Charles E. Schumer Holds a Hearing On Comprehensive Immigration Reform in 2009, Can We Do It and How?", http://political-transcript-wire.vlex.com/vid/schumer-comprehensive-immigration-reform-67531003.

② *Comprehensive Immigration Reform: Business Community Perspectives*, CIS-NO: 2007 - H521 - 51, Committee on Judiciary, House, DOC-TYPE: Hearing Retrieve the full text of testimony, Cong-Sess: 110 - 1, June 6, 2007.

③ Ruy Teixeira, *Public Opinion Snapshot: Comprehensive Immigration Reform and the Arizona Law*, June 7, 2010, http://www.americanprogress.org/issues/public-opinion/news/2010/06/07/8017/public-opinion-snapshot-comprehensive-immigration-reform-and-the-arizona-law/.

暂时工人身份在美国生活。①

由此可见，美国当前的移民法已经不能适应现实的需要，一场全面的移民政策改革势在必行。

（二）难产的全面移民政策改革和难以圆梦的《梦想法案》

2005年12月，众议院通过了《2005年保护边界、反对恐怖主义以及控制非法移民》。法律含有严厉打击非法移民的条款，导致了2006年春天的大规模示威游行，民众要求国会公正地对待非法移民。随后，参议院否决了这一法律，并开始考虑实施全面移民政策改革。

国会全面的移民政策改革主要包括合法移民政策改革、移民实施改革和非法移民政策改革。其中，非法移民政策改革是本次改革的重头戏，主要是严厉打击非法移民和实施合法化。合法移民政策改革主要是增加移民签证，满足美国经济发展的需要。移民实施改革主要是加强边境控制、提高制裁雇主和电子裁决体系的有效性，实施国外农业工人项目等。国会全面移民政策改革方式有两种：一揽子式的改革和单项改革。然而，这两种不同方式的改革均在现实中遭遇挫折。2006年后，有关全面移民政策改革的议案不断提交国会，但迄今为止，一揽子式的全面移民政策改革仍无进展。单项的移民政策改革也在2010年宣告失败。在当前全面移民政策改革难产的情况下，国会的移民政策改革只能诉诸于具体的移民实施改革，加强边境管理和加大惩罚非法移民的力度。例如，2006年，在全面移民政策改革失败后，国会通过了隔离墙修建法案，在美国和墨西哥的边境筑起篱笆墙。

在非法移民政策改革中，《梦想法案》最受关注。《梦想法案》最早是由共和党人奥林·哈奇和民主党人理查德·德宾在2001年8月1日联合提出的。它最初的内容是：在法案颁布时，年龄在35岁以下，入境美国时的年龄在16岁以下，拥有高中学历或者大学学历，没有犯罪记录，拥有良好的道德品质的非法移民，可以通过在美国大学学习和在军队服务两年的方式实

---

① "Change and Continuity: Public Opinion on Immigration Reform", *Immigration Reform Forum*, 2007, http://immigrationforum.org/images/uploads/PollingMemo09.pdf.

现合法化。自议案提出后，《梦想法案》在2003年和2005年多次进入国会讨论议程，但是一直处于被搁置的状态。[①] 直到2007年，《梦想法案》才最终进入立法程序。《梦想法案》的合法化方式实际上有两种，一是让年轻的非法移民享受高等教育权，实现合法化。二是一些保守的议员只想让非法移民服兵役，解决服役人员不足的问题，但是不允许他们享受高等教育权。2007年，国会考虑采纳国防部的议案，以实现在军队服兵役的非法移民的合法化，但到了秋末，国会没有采取进一步的行动。2007年10月，参议院否决了《梦想法案》，投票的结果是44∶52。当时有4名支持议案的议员没有投票。他们分别是：亚利桑那州的共和党议员麦凯恩因为忙于总统竞选缺席、马萨诸塞州的民主党议员爱德华·肯尼迪由于健康原因缺席、加州的民主党参议员芭芭拉和康涅狄克州的民主党人参议员克里斯托弗·多德（Christopher Dodd）因为其他原因缺席。之后，众议员里维拉（Rivera）在110届国会引入HR3823，提出让年轻非法移民通过在军队服务的方式获得长久居民的身份，但是不能享受高等教育权；满足条件的外国人通过废除驱逐条款获得有条件的非移民身份，国土安全部不得驱逐申请者；申请者需要满足的条件是：至少在美国持续居住5年，最初入境美国的年龄不超过16岁，具有良好的道德品质，在法案颁布时不超过30岁，拥有高中学历或者高等教育学历、没有被驱逐的历史，特殊情况除外。[②] 议案后来也没有通过。

2010年，《梦想法案》再次成为国会的热点。众议院通过了含有《梦想法案》的《2010年明确驱逐法》。法律对《梦想法案》的规定是：不废除联

[①] 147 CONG. REC. 8581 (2001) (statement of Sen. Orrin Hatch). S. 1291, 107th Cong. (2001) (as introduced in the Senate); S. 1291, 107th Cong. (2001) (as reported in the Senate); Student Adjustment Act, H. R. 1918, 107th Cong. (2001) (as introduced in House). All House and Senate bills can be searched online through the THOMAS system, *available at* http://thomas.loc.gov. DREAM Act of 2003, S. 1545, 108th Cong. (2003) (as introduced in the Senate); DREAM Act of 2003, S. 1545, 108th Cong. (2003) (as reported in the Senate); Student Adjustment Act, H. R. 1684, 108th Cong. (2003) (as introduced in the House); S. REP. NO. 108—224 (2004) (as reported by S. Comm. on the Judiciary) (regarding the proposed amendment of the Illegal Immigration Reform Act of 1996). DREAM Act of 2005, S. 2075, 109th Cong. (2005) (as introduced in the Senate); American Dream Act of 2006, H. R. 5131, 109th Cong. (2006) (as introduced in the Hose); Comprehensive Immigration Reform Act of 2006, S. 2611, 109th Cong. (2006) (as placed on calendar in the Senate).

[②] Andorra Bruno, *Unauthorized Alien Students: Issues and "Dream Act." Legislation*, Domestic Social Policy Division, Congress-Session: 112-2, CRS Reports Digital Collection March 21, 2012.

邦法律有关禁止州政府给予非法移民州内学费的规定，也不禁止州政府出台给予非法移民州内学费的规定，满足条件的年轻非法移民可获得5年有条件的非移民身份，在这期间，他们可以工作和旅行；成功的申请者可以享受学生贷款、联邦政府支持的工作和学习项目、学生服务，不能享受的服务是美国的税收奖励和针对健康计划的减免项目；5年有条件的合法身份可再次延长或者终止。如果存在以下行为，他们的合法身份将被终止。具体包括：公共犯罪，在服兵役期内有不道德的行为，不再拥有良好道德，以及参与种族、宗教、社会或者政治性的迫害活动，违背联邦政府或者州政府的法律。在满足一定条件下，合法身份可再延长5年。这些条件是：在第一个5年内拥有良好的道德记录，没有参加种族、宗教、社会、政治性的迫害或者违反联邦政府或者州政府的法律；一直居住在美国，至少完成2年的本科课程，或者拥有高等教育学历，或者在美国军队服务2年；提供曾经就读的每个中小学学校的名单。申请者在交纳2000美元后，方可申请长久居民身份。在申请长久居民身份之前，申请人还需要满足以下条件：达到入籍归化和联邦税收的要求；提交证明身份的数据；接受法律和背景调查。成功的申请者在获得长久居民身份3年后，方可申请入籍归化。后来，众议院通过了议案，然而却被参议院否决。2010年之后，有关《梦想法案》的议案不断被议员提出。但是，迄今为止，议案迟迟没有通过，年轻的非法移民难以圆梦。

当前，国会对于《梦想法案》存在严重的分歧，支持者认为年轻的非法移民在入境美国时无法自己做出决定，因为他们当时是跟随自己的父母入境。为此，他们没有必要为父母的过错买单。还有支持者认为这些年轻人将来迟早会对美国的经济发展做出贡献，所以应该给予他们接受高等教育的权利。反对者则认为这是赦免政策，是奖励违反移民法的行为。反对者以共和党议员居多。全面的移民政策改革之所以难产，主要原因在于两党对此存在巨大分歧，难以达成共识。

关于当前全面移民政策改革，美国国内多方政治力量纷纷介入，在政党政治主导下，围绕非法移民政策改革开展了激烈的博弈和角逐。

首先，政党主导改革进程。20世纪90年代以来，政党在非法移民政策改革中发挥了重要的作用。当前，政党成为全面移民政策改革最重要的决定因素。政党因素重要性的提高和政党的分化程度对全面移民政策改革产生了消极作用，严重影响了改革的进程和效率。20世纪90年代后，两党在移民政策改革问题上开始出现分化（参见第二章第三节），两党分化在全面移民政策改革中进一步凸显，其分裂程度前所未有。两党的中间派日益无交集，共和党越来越右，民主党越来越左，两党均向各自的极端发展，导致几次重大的移民政策改革均以失败告终。

其次，总统与国会的斗争更加激烈。自奥巴马政府上台以来，美国总统频繁使用移民政策改革行政命令。这说明在非法移民政策改革问题上，府会矛盾和斗争日趋激烈和复杂。

在两次大选中依靠少数族裔支持获胜的奥巴马，在两任内致力于解决非法移民问题，积极推动国会通过非法移民政策改革。但是，共和党议员并不配合，尤其是第二任期内面对共和党控制的国会，奥巴马的非法移民政策改革更显得无能为力。之后的移民政策改革行政命令更是陷入僵局。特朗普上台后，面临一个共和党控制的国会，但是他并未积极推动国会实施移民政策改革，而是采取优先选择行政命令的方式，这说明在移民政策问题上，特朗普与国会合作的意愿比奥巴马还低，他更希望自己掌握移民政策改革的主导权。

另外，因为政党主导的移民政策改革进程缓慢，州政府和联邦政府围绕非法移民立法权的矛盾日趋激烈（参考第三章第二节），相关司法诉讼不断增加，最高法院的介入力度提高；利益集团对国会的游说更加积极。农场主利益集团、少数族裔利益集团以及工商业利益集团主张自由的移民政策改革，但是保守的利益集团反对《梦想法案》，担心获得合法化身份的非法移民会导致更多的移民涌入美国，挑战美国的文化认同和主流价值观，加剧白人的人口危机。根据移民研究中心的数据显示，大约有199.8万名非法移民符合《梦想法案》居住时间和年龄要求，其中包括85.9万名年龄在18岁以下的儿童。移民研究中心估计，大约142.6万名非法移民拥有高中学历，可以申请长久居民身份。如果实施《梦想法案》，满足条件的非法移民有215万，其中的43%即约有93.4万人是年龄在18岁以下的中小学学生。[1]

---

[1] "This Time, It's Different", *The Economist*, November 24, 2012, http://www.cis.org/dream-act-cost.

而且，如果国会通过《梦想法案》，届时将有200万左右的非法移民实现合法化，这一数字和1986年赦免的非法移民人数大致相当。鉴于1986年赦免政策的不成功经验，共和党在这一问题上始终不松口，认为它就是赦免。因此，《梦想法案》一直难以通过。

2012年11月，奥巴马成功赢得总统连任后，国会全面的移民政策改革和《梦想法案》迎来曙光。根据英国《经济学家》周刊的报道，共和党参议员林赛·格雷厄姆和民主党参议员查尔斯·舒默已经开始重新讨论两年前被遗弃的法案。鉴于共和党在这次总统大选中较低的拉美裔选民的支持率，共和党议员开始总结教训，一些坚决反对《梦想法案》的保守派议员也开始软化先前的强硬立场，奥巴马对2013年新年之初国会通过全面移民政策改革表示了谨慎、乐观的态度。①

2013年6月，一个由两党国会议员组成的8人移民政策改革小组宣布了移民政策的实施方案，其中包括《梦想法案》。但是参议院通过后，共和党控制的众议院并未举行表决。2014年美国国会中期选举以后，共和党控制了参众两院，全面的移民政策改革的进程更加缓慢。共和党内主张严厉打击非法移民的派别占绝对的主流态势。共和党从中赢得白人选民的支持，不仅仅在2014年中期选举中大获全胜，而且除了白宫外，共和党也控制了地方政府、地方议会以及国会，全面移民政策改革再次陷入僵局。

（三）右翼民粹主义兴起背景下的全面移民政策改革

2015—2016年，在移民政策改革问题上，国会一直未有重大的举动。在共和党控制国会两院的政治背景下，国会议员在合法移民政策改革问题上不时有相关议案提出。2015年，犹他州的参议院财政委员会主席哈奇提议把高科技签证配额由一年6.5万个增加到11.5万至19.5万个，让高科技公司更容易雇佣更多科技和工程领域的外国人才。该法案同时建议放宽某些高科技劳工和家属永久居留身份的限制。此议案得到技术公司的支持，技术公司并派人前往华盛顿从事政治游说。然而最终，议案在参议院并未获得表决。

---

① "This Time, It's Different", *The Economist*, November 24, 2012, http://www.economist.com/news/united-states/21567106-election-drubbing-changes-minds-time-its-different.

2016年美国总统大选中，右翼民粹主义兴起，这股力量不仅导致特朗普在大选中获胜，而且导致《梦想法案》在国会多次受阻。右翼民粹主义对特朗普的移民政策改革产生了重要影响。特朗普执政第一年，废除暂时驱逐年轻非法移民的行政命令。相比之下，国会仍然寻求全面的移民政策改革。但是在共和党控制国会的2017年，给予年轻非法移民临时保护或者公民身份的议案均未获得通过。2018年2月，有多个相关议案均在参议院被否决。

长远而言，《梦想法案》有通过的必要，因为赦免的对象是在美国长大的年轻非法移民。他们能说流利的英语，接受美国文化，母国对他们而言只是一个遥远的记忆。因此，对他们而言，移民同化不是问题。为此，支持者认为应该给予他们在美国生活的机会，但是同时应对合法化的非法移民增加种种限制措施。比如，实施《梦想法案》以后，合法化的非法移民是否享受社会公共福利，合法化多久才可以申请公民等。然而，在右翼民粹主义对特朗普政府施加重要影响的背景下，《梦想法案》短期内难以实现。2018年年初，在民主党议员和特朗普就《梦想法案》讨价还价时，特朗普本来同意支持《梦想法案》，但是受国内右翼力量的影响又突然改变主意，增加和民主党交易的砝码，最终引发政府关门。因此，满足《梦想法案》的年轻非法移民未来可能未必被驱逐出境，但是合法身份却将久拖不决。

根据戴维·伊斯顿的系统理论模型，笔者将二战后国会的非法移民立法的历史演变过程制作成表23。

表23 二战后国会非法移民立法历史演变过程

外部因素	要求和支持	输出	反馈（评估）	输出特点分析
国际因素：二战、朝鲜战争、墨西哥支持季节工人项目；国内因素：农业劳动力缺乏	农场主要求实施季节工人项目，满足农业劳动力需求	《第45号公共法》《第229号公共法》《第78号公共法》《第283号公共法》	满足农业发展的需求，但是产生了非法移民问题	模糊不清

续表

外部因素	要求和支持	输出	反馈（评估）	输出特点分析
非法移民成为社会热点，美国移民局束手无策	公众要求政府严厉打击非法移民，利益集团主张软硬结合	《1986年移民改革和控制法》	短期有效，但是长期无效	软硬兼施
非法移民形势依然严峻；州政府不堪重负；加州出台《187提案》	美国社会各界要求国会严厉打击非法移民	《1996年非法移民改革和移民责任法》	以严厉著称的法律，没有达到减少非法移民的目的	严厉控制
恐怖主义成为美国最大威胁	美国社会各界要求政府加强边境控制，打击恐怖主义	《情报改革和防止恐怖主义法》《爱国者法》《提高边境安全和签证入境改革法》《2001年反恐法》《2005年真实身份识别法》。	反恐的扩大化侵犯人权，造成非法移民人道主义灾难，非法移民仍屡禁不止	进一步严厉控制
破碎的移民体系导致美国社会对移民政策的不满	国会正寻求全面的移民政策改革，实施《梦想法案》	美国社会各界呼吁移民政策改革		适度放松和《梦想法案》受阻

由表23可知，二战后至今，随着非法移民问题的日益突出，国会相继出台有关法律，立法的过程经历了模糊不清、软硬兼施、严格控制、进一步严厉控制和适度放松的历史演变阶段。在整个非法移民立法过程中，国会时而实施合法化的政策，时而采取严格的控制措施，时而二者相结合，体现出恩威并用的立法特点。国会严厉打击非法移民的主要措施包括边境管理、制裁雇主政策和雇佣身份电子核查体系。事实证明，国会恩威并用的打击非法

移民措施并没有达到减少非法移民的目的。例如，以严厉著称的《1996年非法移民责任和移民改革法》出台后，非法移民依然屡禁不止；合法化措施更是没有减少非法移民的流动，却间接导致了非法移民的增多。国会软硬兼施的法律为什么没有解决非法移民问题，反而使之日益恶化？国会实施软硬兼施的法律原因何在？事实证明，经济因素是非法移民屡禁不止的最大原因。在一些低技术水平的农业、建筑业、餐饮业等行业存在对廉价体力劳动力的需求，这成为非法移民冒险入境美国的最大吸引力。非法移民问题本身所富有的争议性则是国会采取软硬兼施立法的主要原因。受经济因素的影响，非法移民在美国是一个颇具争议的话题。一部分人（商业主、企业主、农场主）从廉价的劳动力中获得利益；另一部分人（地方政府）却不得不支付非法移民带来的巨大成本；还有一部分人（少数族裔利益集团、人权组织）反对政府过于严厉打击非法移民的措施，认为应该给予非法移民人道主义关怀。因此，不同的意见导致国会在涉及非法移民立法时的关注点有所不同，从而最终形成了国会或软、或硬、或二者相结合的非法移民立法。美国国会的内部结构、三权分立的政治体制、联邦制度、利益集团政治，成为影响美国国会非法移民立法决策过程的重要因素。

第二章　影响国会非法移民立法的内部结构因素分析

第一节　宪政基础

一、国会立法权

国会的非法移民立法权来源于宪法。美国宪法第一条第一项规定："本宪法所授予之立法权，均属于参议院与众议院组成之合众国国会。"另外，国会的非法移民立法权还源于宪法赋予的以下几方面的权力：商业权，国会有权通过法律调整对外商业。凡是涉及各个国家之间交通往来的事务都属于商业问题，移民实现了跨国流动，因此也属于商业问题；宣战权，国会有权对外宣战；入籍归化权，国会有同意入籍归化的权力；外交事务权，国会拥有对外交往的权力。[1] 在一定程度上，移民和外交事务密切相关。因此，国会可利用外交事务权调整移民问题。国会立法的具体程序是：国会议员向参（众）两院提交议案——参（众）两院委员会审核通过提交大会讨论——参（众）两院举行听证会——参（众）两院议员辩论、通过——总统签署法案——法律生效。总统在签署法律之前，议案必须得到参众两院的支持。只

---

[1] Alexander T. Aleinikoff, David A. Martin, *Immigration and Citizenship*, *Process and Policy*, 7th (*American Casebook*), New York: Thomson/West, January, 2008, pp. 188–200.

要有任何一方反对，总统都不能签署法案。宪法赋予国会的立法权对国会的非法移民立法具有重要的意义。

其一，它保证了国会直接的非法移民立法，为治理非法移民问题提供了法律保证。国会公共政策的立法有三种类型：调整型政策立法，即国会保护公众免于遭受某些私人活动的危害，例如国会在食品、贸易、安全、卫生方面的立法。国会直接的非法移民立法就属于调整型立法；分配型政策立法，政府将公共财政用于公共支出，例如交通立法，"一个人的猪肉是另一个人的牛排"；再分配型政策的立法，即政府将一部分人的财政收入用于另一部分人，例如，财产税和福利制度。二战之前，国会直接的移民立法主要聚焦在外国人入境美国的原则和移民的限额问题上。由于这一时期不存在非法移民，国会未就非法移民问题进行专门的立法。二战后，随着非法移民问题的出现和日益恶化，国会相继出台了两部专门的非法移民立法：《1986年移民改革和控制法》和《1996年非法移民责任和移民改革法》。以上两部法律确立了国会治理非法移民问题的基本思路：即采取强化边境控制、实施制裁雇主政策和赦免政策相结合的措施。尽管宪法赋予国会当之无愧的非法移民立法权，但是它日益受到地方政府的挑战（详细参见第三章第二节）。

其二，当国会直接的非法移民立法难产时，国会可实施间接的非法移民立法，以减少非法移民问题带来的危害。间接的非法移民立法多属于调整型政策立法和再分配型政策法律。美国总统约翰·肯尼迪曾经说过：在国会，否决一项议案很容易，但是通过一项议案却很难。[①] 在选区利益、政党政治、意识形态、利益集团等因素的影响下，国会参众两院的500多名议员就某一个问题很难达成一致意见。此时，国会的立法进程就会大受影响，民主政治带来的弊病也暴露无遗。在此情况下，国会可寻求间接的非法移民立法。例如，20世纪70年代面对严峻的非法移民问题，国会虽然有心出台非法移民的法律，但是议员在制裁雇主和赦免政策方面的巨大分歧，导致国会的非法移民立法难产。因此，国会只能通过实施间接的非法移民立法，以达到间接治理非法移民问题的目的。

---

① Donald Bruce and Johnson, Jack L. Walker, "President John Kennedy Discusses the Presidency", in Donald Bruce and Johnson eds., *The Dynamics of the American Presidency*, New York: Wiley Press, 1964, p. 144.

在《1986年移民改革和控制法》颁布之前，国会颁布了一系列法律，对故意雇佣非法移民的行为实施处罚，限制非法移民享受公共福利，避免非法移民进一步消耗公共财政。例如《1972年社会保险法》修改案规定，社会保险只适用于在美国工作的合法移民或者合法居民。外国人申请必须提供合法证据，否则最高罚款1000美元或者监禁一年，或者两项惩罚兼有。1974年，国会修改了《1963年农业劳动注册法》，规定对故意雇佣非法移民并未注册的建筑商实施处罚，具体的惩罚措施是：罚款最高1万美元或者监禁3年，或者二者兼有。另外，1996年国会颁布了《1996年福利改革法》（也称为《1996年个人责任与工作机会协调法案》），限制非法移民享有失业补偿等社会福利。虽然以上法律不能从根本上打击非法移民，但是它们对减少非法移民带来的消极影响具有积极作用。值得指出的是，一些法律也具有种族歧视的色彩。例如在国会颁布的劳工相关立法中，非法移民不能享受美国劳工法案的保护。美国的劳工签证政策把工作权利和合法的居留权相关联，致使非法移民在利益受到侵犯时，不能寻求法律保护。2002年，美国最高法院在霍夫曼复合材料公司案件中裁定，非法移民不能享有罢工和向违反劳工保障的雇主提出抗议的权利。① 最高法院的这一判决引发工会强烈反对，认为最高法院几乎认可奴隶制度，严重侵犯了非法移民的人权。

二、财政预算权

国会除了享有宪法赋予的立法权外，还享有财政权。国会的财政权被称为"钱袋子"，麦迪逊曾经说过："国会'钱袋子'的权力是最有效的武器，它代表人民，纠正错误，是贯彻政策的有益措施。"② 麦迪逊之后的参议员——来自怀俄明州的民主党人罗伯特也认为，财政预算权是国会的最大立法权。国会的财政预算权来自1787年美国宪法第一条第九款的规定："未经

---

① 一名来自墨西哥的非法移民在美国全国关系劳工委员会的帮助下，向先前的工作过的工厂——霍夫曼复合塑料公司追讨所欠工资，最后败诉。这名非法移民还加入了美国全国关系劳工委员会，并参加示威和游行。Hoffman Plastic Compounds, Inc. v. National Labor Relations Board (NLRB) (535 U.S. 137 (2002)).

② Walter J. Oleszek eds., *Congressional Procedures and the Policy Process*, 8th, Washington, D.C.: CQ Press, 2011, p.45.

国会的拨款，不得从国库支钱；一切公款往来，应有常规说明和往来账目，定期公布。"

国会财政预算的程序包括：授权和拨款。授权是财政预算的第一步，一般限制在一年或者一年多的时间内进行。拨款的授权需要经过参众两院的批准。拨款的议案有三种类型：一般拨款、应对紧急状况的增补拨款、继续拨款。国会的拨款委员会负责拨款事项。

宪法赋予国会的财政权是国会非法移民立法的重要经济保证。国会的财政拨款主要用于边境管理、内部管理以及补偿州政府因为非法移民而增加的财政支出。具体表现如下：

首先，国会不遗余力地支持边界拨款。边境方面的财政拨款是国会在治理非法移民问题上最重要的支出项目。其原因在于大多数的非法移民是通过美国的陆地边境入境。另外，边境安全事关美国的国家安全，尤其是"9·11"后，边境管理尤为重要。自20世纪70年代非法移民成为美国社会的热点问题以来，国会不断增加边境巡逻方面的拨款。例如，1998年国会出台《1998年提高边境保护和移民法》，给予移民归化局1999年的拨款数额为9158.4万美元，2000年为1.19555亿美元。这些资金主要用于边境巡逻，具体包括在西南边境城市建立535个巡逻机构，在北部陆地边境建立375个巡逻机构；增加100名边境巡逻人员，为每一个巡逻机构配备相应设施；在陆地边境增加100个配有警犬巡视的设备点；在边境地区、贩卖毒品比较严重的城市增加40个情报分析站等。[①] 另外，国会对移民归化局和海关实施部门给予额外拨款，用来保障充足的工作人员和更新设备。国会对移民归化局1999年的额外拨款为1.13604亿美元，给美国海关服务部门1999年的额外拨款为1.6亿美金。[②] 1989—2011年国会对边境控制的拨款持续增加，其数额从1989年的2.32亿美元上升到2002年的13亿美元，增长幅度是1450%，考虑到通货膨胀的因素，增幅是750%。2012年的拨款数额约为36亿美元。[③]

[①] *Border Improvement and Immigration Act of 1998*, CIS-NO: 98 – S523 – 3, Committee on Judiciary, June 1, 1998.

[②] http://capitolwords.org/date/1998/07/30/S9506 _ border-improvement-and-immigration-act-of – 1998/.

[③] Marc R. Rosenblum, "Border Security: Immigration Enforcement Between Ports of Entry", *Specialist in Immigration Policy*, January 6, 2012.

如图 4 所示：

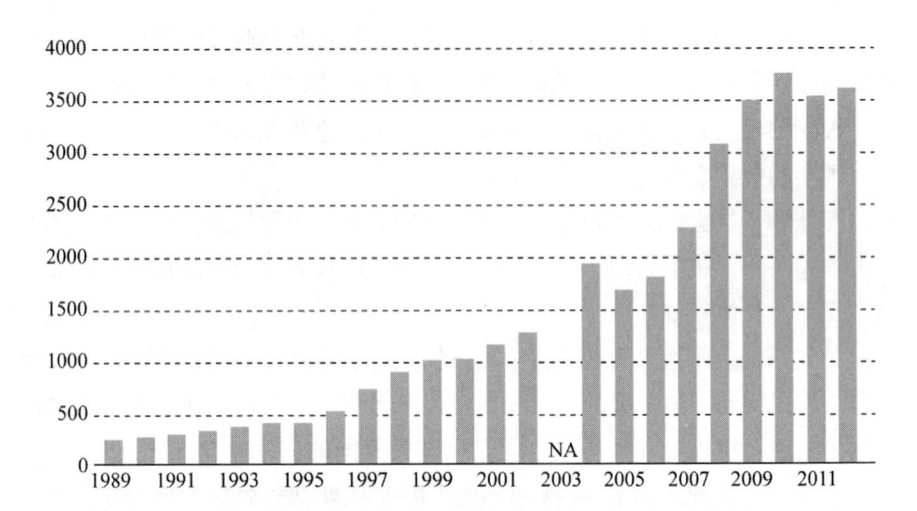

图 4　1989—2011 年美国边境巡逻的拨款（单位：百万美金）

资料来源：Appropriations as enacted reported in INS Congressional Budget Justification FY1991 – FY2002；H. Rept. 108 – 280（FY2004），H. Rept. 108 – 774（FY2005）；H. Rept. 109 – 241（FY2006）；H. Rept. 109 – 699（FY2007）；Explanatory Statement to Accompany P. L. 110 – 161 Div. E（FY2008）；Explanatory Statement to Accompany P. L. 110 – 329（FY2009）；H. Rept. 111 – 298（FY2010）；S. Rept. 112 – 74（FY2011）；and H. Rept. 112 – 331（FY2012）.

备注：1989—2002 年拨款，考虑到司法部每年的拨款和移民归化局的薪金；2004—2012 年的拨款反映了边界安全和入境港口的费用、国土安全部每年的拨款费用和海关边境保护局的薪水支出；2003 年的数据无效，因为 2003 年移民归化局边界管理的总费用是 28.81 亿美元，这一数字高于 2001 年的 25.41 亿美元和 2002 年的 27.4 亿美元；国土安全部成立以后，之前的海关调查局和美国边境巡逻局合二为一，成立了海关和边境保护局。因此，2003 年之前的数据不能和 2004 年以后的数据进行比较；2005 年的数据包括了来自《第 109—113 号公共法》中 1.24 亿美元的补充拨款；2006 年的数据不含有《第 109—234 号公共法》所规定用于美国边境巡逻的具体费用；国土安全部在 2008 年的财政预算报告中指出，2006 年边境巡逻部门接受了 19 亿美元的拨款；2010 年的数据包含《第 111—230 号公共法》中的 1.76 亿美元的补充拨款。

由图 4 可知，1989—2010 年，国会在边境巡逻方面的拨款持续上升，尤其是 2003 年后，拨款大幅度增长，这反映出"9·11"后国会在边界拨款方面的倾斜。

庞大的边境巡逻支出主要用于新增的边境巡逻机构、基础设施和新技术的运用。1980—2010 年，美国北部和西南部边境设置的边境巡逻机构数量急增，其中西南边境的增长幅度最大。如图 5 所示：

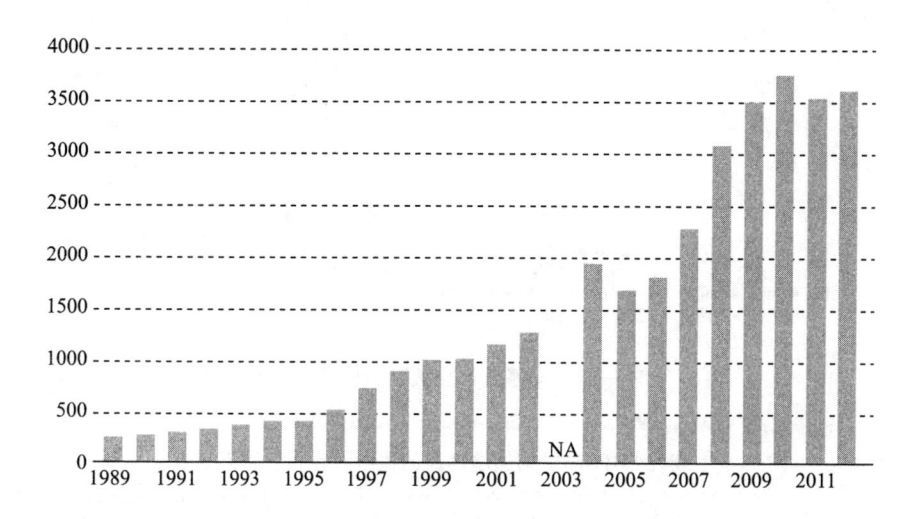

图 5　1980—2010 年美国边境巡逻的机构数量

资料来源：1980—1991：CRS presentation of data from Syracuse University Transactional Records Access Clearinghouse；1992—2011：CRS presentation of data provided by USBP Congressional Affairs.

2010 年以后，边境巡逻的机构继续增加。2012 年，西南边境的巡逻机构达到 2.137 万个，比 1992 年增加了 6 倍。[①] 随着边界巡逻机构数量的增加，负责边境巡逻的海关和边境保护部门的财政预算也大幅度增加。例如，2012 年，它的财政预算是 1.18 亿美元，相比之下，2003 年的财政预算只有 5900 万美元。[②] 另外，国会用于基础设施和修建边界隔离墙方面的拨款也持续增加，如图 6 所示：

[①] U. S. Department of Homeland Security, *Budget-in-Brief*: *FY 2012*, p. 9.
[②] U. S. Department of Homeland Security, *Budget-in-Brief for Fiscal Years 2005*, p. 13；U. S. Department of Homeland Security, *Budget-in-Brief*: *FY 2012*, p. 21.

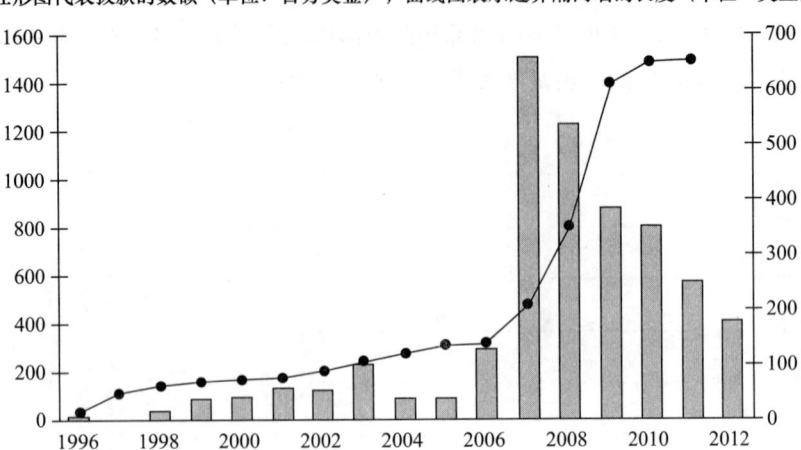

柱形图代表拨款的数额（单位：百万美金）；曲线图表示边界隔离墙的长度（单位：英里）

图6　1991—2012年基础设施拨款和边界隔离墙长度①

资料来源：FY1996 - FY2002 tactical infrastructure funding is from the FY2003 INS Congressional Budget Justification；FY1996 construction funding is from P. L. 104 - 134. FY1997 funding is from P. L. 104 - 208；FY1998 construction funding is from P. L. 105 - 119；FY1999 construction funding is from P. L. 105 - 277；FY2000 construction funding is from the FY2001 INS Congressional Budget Justification and H. Rept. 107 - 278；FY2001 and FY2002 construction funding are from the FY2002 INS Congressional Budget Justification；FY2003 Construction and tactical infrastructure funding is from the FY2005 DHS Congressional Budget Justification；FY2004 - FY2005 construction and tactical infrastructure appropriations are from the FY2006 DHS Congressional Budget Justification；FY2006 construction and tactical infrastructural appropriations are from the FY2007 DHS Congressional Budget Justification；FY2007 construction and Border Security Fencing, Infrastructure, and Technology (BSFIT) appropriations are from P. L. 109 - 234 and P. L. 109 - 295；FY2008 BSFIT appropriation is from P. L. 110 - 161；FY2009 BSFIT appropriation is from P. L. 110 - 329 and P. L. 111 - 5；FY2010 BSFIT appropriation is from P. L. 111 - 83 and P. L. 111 - 230；FY2011 BSFIT appropriation is from P. L. 112 - 10；FY2012 BSFIT appropriation is from P. L. 112 - 74.

备注：2003年，移民归化局的移民调查部门、美国海关服务部门的海关调查部门以及美国的边境保护部门被整合到边境保护和海关部门，这一部门隶属国土安全部。因此，2003年之前的数据不能和2004年以及之后的数据进行比较；1996—2002年的数据包括美国边境保护部门的建设和战略基础设施费用，建设的资金主要用于在边境建立的大量项目，具体包括修建隔离墙、汽车障碍物、边境检查点等。1998—2000年的财政预算用于圣地亚哥的隔离墙、边境照明以及埃尔森特罗、图森、埃尔帕索、玛法等地区的道路工程；2007—2012年的数据包括国土安全部提供给海关边境保护部门的隔离墙、基础设施和技术的总费用，这笔费用主要用于建设隔离墙、修建道路、汽车障碍物的基础设施和提高边境技术等方面。

---

① 1英里等于1.6093公里。

由图 6 可知，1996—2007 年，国会对边界巡逻的拨款呈现稳定增长的趋势，2007 年更是达到最高峰。之后，国会对边境巡逻的拨款缓慢下降，但是仍远远大于 2007 年之前的拨款数额。与此同时，修建的边境隔离墙不断延长，其费用也不断增加。尤其是 2006 年后，边境隔离墙的长度和费用快速增加。此外，在边境管理运用高科技方面也消耗大量公共财政。例如，边境巡逻队曾利用监控信息系统，系统于 1998 年启用。系统的目的是运用远程的视频管理设备管理边境。2011 年，国土安全部启用远程视频监控系统，把移动的监控系统安装在卡车车厢内，进行追踪检测。虽然国会不惜重金强化边境管理，但是仍然难以阻止大量非法移民入境，其中最重要的原因是美国和墨西哥的经济差距。[①] 尽管边境管理在打击非法移民方面成效不大，但它仍然是打击非法移民的必要措施。

其次，国会大力拨款用于提高国内移民管理。为了提高核实外国人真实身份的有效性。《1996 年非法移民改革和移民责任法》首次实施雇佣身份电子裁决体系。根据法律，总检察院要建立一个可靠的信息保障系统，用于核实被雇佣者的真实身份。目前，国土安全部负责此项目。为了推广和提高体系的准确性，国会为项目的实施提供了大量拨款。2004 年 12 月，项目在全国范围内实行后，国会在 2005 年和 2006 年，对项目的拨款都维持在 1 亿美元左右；2007 年国会拨款 1.14 亿美元；2008 年国会拨款 6000 万美元。[②] 虽然 2008 年国会拨款的数额有所下降，但是 2009 年国会对电子身份裁决体系的拨款又恢复到 1 亿美元以上。其中，2009 年国会用于该项目的拨款是 1 亿美元，2010 年的拨款是 1.37 亿美元，2011 年为 1.034 亿美元。[③] 与此同时，越来越多的雇主在 2000 年之后加入该项目。2006 年 1 月 31 日，5272 名雇主注册了此项目，代表 2.271 万个招聘网站；2009 年 1 月 10 日，注册电子身份裁决体系的雇主达到 24.4135 万名，代表 41.411 万个招聘网站；2011 年 1 月 22 日，24.4135 万名雇主注册，代表 83.6718 万个招聘网站。截至 2011 年 1

---

① BI Reyes, "Holding the Line?", *Public Policy Institute of California*, 2002, http://www.ppic.org/content/pubs/report/R_702BRR.pdf.

② 转引自 Andorra Bruno, *Electronic Employment Eligibility Verification*, March 13, 2009, http://www.policyarchive.org/handle/10207/bitstreams/18744.pdf, P. L. 110 – 329, September 30, 2008。

③ 转引自 Andorra Bruno, *Electronic Employment Eligibility Verification*, May 3, 2012, http://www.fas.org/sgp/crs/misc/R40446.pdf, December 23, 2011。

月22日，共有24.4135万名雇主加入项目。①

第三，国会在补偿州政府因为非法移民导致的庞大财政支出方面也较为慷慨。例如，《1986年移民改革和控制法》出台后，近300万的非法移民获得赦免。赦免后的非法移民将获得一些社会公共福利，具体包括教育、卫生医疗等。这些福利势必增加州政府的财政负担。为此，国会在1988—1992年的4年间，向州政府提供10亿美元的财政援助，用于州政府因为赦免政策增加的财政支出。20世纪90年代，面对非法移民导致的社会犯罪率上升的问题，国会颁布《1994年犯罪法》（《第103—317号公共法》），拨款180亿美元，在6年内用于援助州政府应对非法移民犯罪问题导致的财政支出。

另外，国会还拨款支持联邦政府大规模地驱逐非法移民。根据美国进步中心的研究显示，在2005—2010年的5年时间内，联邦政府用于驱逐非法移民的费用约为2850亿美元。②

虽然国会拥有宪法赋予的财政预算权，但是国会难以驾驭和掌握繁杂的财政预算信息。相比之下，行政机关更容易运作财政预算。因此，为了提高财政预算的效率和准确性，美国的财政预算制度逐渐形成了总统提出财政预算、国会审批通过的程序。20世纪70年代之前，国会的财政预算权基本上被总统控制。70年代国会改革后，总统的财政权被削减，国会重新掌握和加强了财政预算权。③ 自70年代以来，在治理非法移民的财政预算问题上，国会和总统的分歧不大。因为二者在打击非法移民的物质投入方面都较为慷慨，甚至有时国会更加大方。例如，20世纪70年代，面对日益严峻的非法移民问题，国会给移民归化局1977年的财政拨款为2.34亿美元，比总统的

---

① E-Verify: *Preserving Jobs for American Workers*, Hearing Before the Subcommittee on Immigration Policy and Enforcement of the Committee on the Judiciary, House of Representatives, 112th Congress, 1st session, Febuary 10, 2011, p. 23.

② Marshall Fitz, Gebe Martinez and Madura Wijewardena, *The Costs of Mass Deportation: Impractical, Expensive, and Ineffective*, Washington, D. C.: Center for American Progress, March, 2010, p. 3.

③ 谭融：《权力的分配与权力的角逐——美国分权体制研究》，天津：天津大学出版社，1994年版，第126—135页。

财政预算多1240万美元。① 由上可知，宪法赋予国会的立法权和财政预算权为国会的非法移民立法提供了法律依据和经济保证。

第二节 制度因素

一、委员会制度

国会每天接受大量而繁杂的议案，不可能每项议案都要经过大会讨论表决。为了提高国会的运作效率和体现民主政治，议案要首先经过委员会的筛选，才能提交国会大会讨论。因此，国会是通过委员会制度进行运作的。正如威尔逊所言，国会开会是国会在公开展览，委员会开会才是国会在工作。②国会两院的委员会众多，主要有四种类型：常设委员会、特别委员会、联合委员会、会议委员会。常设委员会是指两院负责国会日常立法方面的委员会，各常设委员会下设小组委员会，负责具体的立法事务，是国会立法的主要场所；特别委员会是国会为调查某一问题而设立的临时性委员会，它往往向国会提交调查报告，成为国会搜集信息和资料的重要来源；联合委员会是参众两院共同联合设置，目的是解决共同问题。当两院就某一问题存在巨大分歧时，为了消除分歧，寻求共识，国会往往建立常设委员会；会议委员会主要负责组织大会辩论等方面的工作。在国会的非法移民立法中，发挥作用的是参众两院的司法委员会和移民小组委员会，它们属于常设委员会。另外，国会为调查非法移民问题还设置了特别委员会。常设委员会和特别委员会为国会的非法移民立法均发挥了积极作用。

首先，常设委员会负责议程设置，保证了立法的正常进行。常设委员会

---

① Joyce C. Vialet, *Illegal Aliens: Analysis and Background*, Prepared for the use of the Committee on the Judiciary, U. S. House of Representatives, by the Education and Public Welfare Division, *Congressional Research Service*, Library of Congress, Ninety-fifth Congress, First Session; Washington, D. C.: U. S. Government Print Office, 1977, p. 33.

② Wilson James, *Congressional Government*, New York: Meridian Press, 1956, p. 69.

的主要职责是审核议案、举行听证会、搜集信息和资料、向大会提交报告等。因此，常设委员会分担了国会的职能，保障了立法的正常程序。目前，国会负责非法移民立法的常设委员会是众议院的移民政策和实施小组委员会和参议院的移民、难民和边境安全小组委员会。以上小组委员会分别属于众议院和参议院的司法委员会。司法委员会和移民小组委员会负责具体移民议案的审核，决定是否提交国会大会讨论通过，保障了国会正常的立法程序。

其次，委员会成员的教育程度和专业水平较高，并且和选区利益密切相联，有利于立法切合现实利益。国会议员接受教育程度较高，多数具有法律知识背景，专业化的知识背景有利于立法的专业化。例如，在2011年的第112届国会，92%的众议员和99%的参议员拥有大学文凭，2/3的人拥有研究生学位；24%的人拥有医学学位。[1] 167名众议员和55名参议员是从法学院毕业的。[2] 在第112届国会中，参众两院的司法委员会和移民小组的成员也拥有较好的教育背景和专业知识。如表24和表25所示：

表24　第112届国会参议院司法委员会移民、难民、边境安全小组成员的选区、教育背景

民主党议员			共和党议员		
姓名	选区	教育背景	姓名	选区	教育背景
查尔斯·舒默	纽约州	哈佛法学院	约翰·考宁	得克萨斯州	圣玛丽大学法学院；弗吉尼亚大学法学院
帕特里·克莱希	佛蒙特州	乔治城大学法学中心	查格·格拉斯利	爱荷华州	爱荷华大学政治学博士
戴安娜·范斯坦	加利福尼亚州	斯坦福大学	奥林·哈奇	犹他州	匹兹堡大学法学院

---

[1] Roger H. Davidson, Walter J Oleszek and Frances E. Lee, *Congress and Its Members*, 13th Edition Washington, D. C. : CQ Press College, July 15, 2011, p.111.

[2] Junnifer E. Manning, "Membership of the 112th Congress: A Profile", *Congressional Research Service Report No. R41647*, March 1, 2011.

续表

民主党议员			共和党议员		
姓名	选区	教育背景	姓名	选区	教育背景
迪克·德宾	伊利诺伊州	乔治城大学法律中心法学博士	乔恩·卢埃林凯尔	亚利桑那州	亚利桑那大学法学博士
谢尔登·怀特豪斯	罗得岛州	弗吉尼亚大学法学	杰夫·弗莱克	阿拉巴马州	杨百翰大学
法兰肯	明尼苏达州	哈佛大学			
理查德·布卢门撒尔	康涅狄格州	耶鲁法学院			

资料来源：作者结合相关资料整理完成。http://en.wikipedia.org/wiki/United_States_Senate_Judiciary_Subcommittee_on_Immigration,_Refugees_and_Border_Security; Jennifer E. Manning "Membership of the 112 th Congress: A Profile", *Congressional Research Service Report No. R41647*, March 1, 2011。

表25 第112届国会众议院议院移民和实施小组的成员的教育和选区

民主党议员			共和党议员		
姓名	选区	教育	姓名	选区	教育
埃尔顿·格拉利	加利福尼亚州	大学未毕业	佐伊·洛夫格伦	加利福尼亚州	圣克拉拉大学法学院
史蒂夫·金 副主席	爱荷华州	西北密苏里州立大学	希拉·杰克逊李	得克萨斯州	弗吉尼亚大学法学院
丹·兰格伦	得克萨斯州	乔治城大学法律中心	麦克辛·沃特斯	加利福尼亚州	加利福尼亚州州立大学
路易·戈默特	得克萨斯州	贝勒大学法学院	佩德罗	波多黎各选区①	乔治·华盛顿大学法学院

---

① 表示代表美属波多黎各。自1917年以来，波多黎各人就成为美国公民。但该岛居民不能在美国总统大选中投票，在参议院没有代表，在众议院仅有有限的几名代表。2012年12月，波多黎各举行公投，多数民众支持波多黎各成为美国第51个州。

续表

民主党议员			共和党议员		
姓名	选区	教育	姓名	选区	教育
特雷·高迪	南卡罗来纳州	南卡罗来纳州大学法学院	约翰·科尼尔斯	密歇根州	韦恩州立大学法律本科
丹尼斯·A. 罗斯	佛罗里达州	桑福德大学坎伯兰法学院			
拉马尔·S. 史密斯	得克萨斯州	耶鲁大学；南卫理公会大学法学院			

资料来源：本书作者结合相关资料完成。http://en.wikipedia.org/wiki/United_States_House_Judiciary_Subcommittee_on_Immigration_Policy_and_Enforcement, Junnifer E. Manning "Membership of the 112 th Congress: A Profile", *Congressional Research Service Report No. R41647*, March 1, 2011。

由表24和表25可知，从教育背景来看，参众两院的移民小组委员会的成员多毕业于法学院，其中不少毕业于名校；从选区的来源看，委员会的成员多来自非法移民问题比较突出的几个州，诸如纽约州、加利福尼亚州、亚利桑那州、伊利诺伊州、得克萨斯州、犹他州等。相对非移民选区的国会议员，移民选区的议员在较高的知识背景和专业水平下，结合着选区利益，使得最终的立法更能体现美国现实的需要。

第三，临时委员会搜集信息、资料，为国会的非法移民立法提供信息依据。由于获取非法移民的相关信息有一定困难，在非法移民问题未成为美国社会的热点之前，很多国会议员对此知之甚少。20世纪70年代，面对日益严峻的非法移民问题，国会对非法移民的数量、危害程度、分布区域等很多信息几乎一无所知。在此情况下，国会一方面积极组织听证会调查非法移民问题，获取相关信息；另一方面，国会和卡特总统共同合作于1978年成立了移民和难民问题委员会，负责调查移民问题。委员会由16人组成，4人来自卡特总统的一般政策委员会；4人来自参议院；4人来自众议院；4人来自移民政策实施的相关行政部门（他们分别是总检察长，食品、卫生和人道主义服务署长，劳动署署长，国务卿）。委员会在1981年出台了报告。报告指出，美国每年的非法移民是350万—600万人，国内制止非法移民措施的缺失，恶化了非法移民问题。为此，报告推荐实施制裁雇主政策，建立能够有效证明求职者真实身份的系统。另外，委员会强烈推荐实施严格的劳工立法；主张国会加大对移民归化局的拨款和实施移民归化局 24 小时巡逻制度；委员会认为没有必要实施新的季节工人政策，因为里根总统执政期间已经实施了招募 5 万名工人的政策；委员会还建议赦免一部分在美国的非法移民，目的是减少非法移民的数量和避免对非法移民的剥削。[①] 委员会的报告最终为 20 世纪 80 年代的移民政策改革提供了有效的信息和资料，它所推荐的制裁雇主政策、赦免政策也被后来的《1986 年移民改革和控制法》所采纳。

20 世纪 90 年代，为了解决非法移民问题，实施移民政策改革，国会在 1990 年成立了移民政策改革委员会，负责研究治理非法移民问题。该委员会由 54 人组成，分为不同的小组。边境管理小组由加利福尼亚州的共和党人罗伊斯负责；工作实施小组由佐治亚州的共和党人迪尔（Deal）负责；移民的政治利益和公共利益小组由佛罗里达州的共和党人戈斯（Goss）负责；政治难民小组由佛罗里达州的共和党人麦科勒姆（Mccollum）负责；驱逐问题小组由加利福尼亚州的民主党人古德·拉特（Good Latte）负责。以上小组就具体的非法移民问题向委员会提出了意见。[②] 1995 年 6 月 30 日，委员会提交的报告认为，非法移民给美国社会带来了一系列危害，具体包括导致社会犯罪率上升、增加财政负担、抢占工作、违背劳动法等。对此，委员会提出的意见是：单纯的边境控制已经不能控制非法移民，必须结合边境控制、限制非法移民享受社会公共福利、建立雇佣裁决体系的政策。最终，委员会超过 80% 的建议在后来的 HR2202 议案中得到体现。该议案是《1996 年非法移民改革和移民责任法》的主要来源。

二、委员会小组和主席

司法委员会和移民小组的议程设置权保证了立法的正常程序，但是具体

---

① Vernon M. Briggs, Jr., "Report of the Select Commission on Immigration and Refugee Policy: A Critique", *Faculty Publications-Human Resource Studies*, 1982, http://digitalcommons.ilr.cornell.edu/hrpubs/36.

② *Immigration in the National Interest Act of 1995*, Serial Set Digital Collection, Committee on the Judiciary, House, March 4, 1996, p.512.

的议程设置权是由司法委员会主席和移民小组委员会主席负责，委员会的运作具有浓厚的个人色彩。他们有权决定何时召开听证会讨论审议议案、哪些人员参加听证会、何时提交报告供大会讨论等。如果委员会主席和移民小组委员会主席对议案感兴趣，那么他们会很快就议案举行听证会，议案审核通过后就会提交国会大会讨论。反之，如果委员会主席和移民小组委员会主席不关心议案或者反感议案的某些条款，他们就会一味地拖延举行听证会的时间，不让议案审核通过，议案就此夭折，难见天日。但是之后，议员可再次提交议案，让委员会重新审核、批准。然而，即使议案以后有幸通过，议案成为法律的时间效率已大受影响。

20世纪70年代以前，国会各委员会主席拥有较大权力，几乎控制了整个委员会。为了减少个人因素对国会立法的影响，国会在70年代实施了改革，设置成立各委员会小组，让委员会小组主席分享委员会主席的权力，致使委员会主席的权力被削减。① 即使如此，国会的立法仍具有较强的个人因素。在国会的非法移民立法过程中，司法委员会主席和移民小组委员会主席截然不同的立法意见和主张对立法进程产生了重大影响。影响具体表现为：委员会主席积极推动立法，立法效率得到提高；委员会主席延缓听证会，立法进程受到阻碍。其中，对国会非法移民立法进程产生重大影响的委员会主席主要有彼得·罗迪诺、詹姆斯·伊斯特兰、爱德华·肯尼迪、查尔斯·舒默。如表26所示：

表26 对国会非法移民政策改革产生重大影响的司法委员会主席

主要代表	主要职务	主要事迹
彼得·罗迪诺	1973—1987年任众议院司法委员会主席；1971年的众议院移民小组委员会主席	推动制裁雇主政策立法和70—80年代的移民政策改革，最终推动国会通过《1986年移民改革和控制法》
詹姆斯·伊斯特兰	1965—1977年同时兼任参议院司法委员会主席和移民小组委员会主席职务	利用职务之便，强烈反对制裁雇主政策，是参议院70—80年代非法移民政策改革的主要阻碍者

---

① 谭融：《权力的分配与权力的角逐——美国分权体制研究》，天津：天津大学出版社，1994年版，第120—124页。

续表

主要代表	主要职务	主要事迹
爱德华·肯尼迪	1979—1981 年担任参议院司法委员会主席职务；1987—1993 年，任第 107 届、第 108 届、第 110 届国会的参议院移民小组委员会主席	赦免政策的首次提出者，推动 80 年代移民政策改革和 2007 年的全面移民政策改革
查尔斯·舒默	第 111 届（2009—2010 年）和第 112 届（2011—2012 年）参议院移民小组委员会主席	推动目前的全面移民政策改革和《梦想法案》

资料来源：以上表格由作者结合资料归纳完成。

彼得·罗迪诺是来自纽约州的民主党众议员，在他担任众议院司法委员会主席和众议院移民小组委员会主席期间，对 20 世纪 70—80 年代的非法移民政策改革做出了突出贡献。他利用职务之便，积极致力于制裁雇主政策立法和移民政策改革。他和工会有着密切的联系，因而支持制裁雇主政策、反对临时工人项目，他是最早在 70 年代提出制裁雇主政策的国会议员。他在任期间，经常举行有关讨论制裁雇主政策的听证会。结果，在罗迪诺的领导下，众议院很快在 1972 年 9 月和 1973 年 3 月通过了实施制裁雇主政策的立法。[1] 后来由于参议院的阻挠，制裁雇主政策迟迟不能通过。但是罗迪诺并不气馁，而是继续积极推动移民政策改革。为了推动制裁雇主政策的最终立法，他当时和众议院移民小组委员会的主席——来自宾夕法尼亚州的民主党人乔舒亚·艾尔伯格（见附录二）联合制定制裁雇主的议案。议案的主要内容是：非法移民损害美国工人的福利，增加政府负担，因此应该实施制裁雇主政策；但是移民不会变为一个政治问题，不会抢占美国公民的工作，除非是美国遇到经济泡沫或者经济衰退。在罗迪诺的积极带动下，越来越多的国会议员支持制裁雇主政策，相关议案的数量也不断增加。例如，1975—1976

---

[1] Europe Bernard Ryan, *Revisiting Employer Sanctions in the United States and Europe*, Washington, D. C.: Institute for the Study of International Migration, July, 2007, http://www12.georgetown.edu/sfs/isim/Publications/GMF%20Materials/EmployerSanctionsGMF.pdf.

年，国会里有 17 个有关制裁雇主政策的议案；1977—1978 年，相关议案也有 15 个。① 1986 年，罗迪诺又重新启动搁置的非法移民政策改革，最终推动了《1986 年移民改革和控制法》的诞生。

詹姆斯·伊斯特兰是民主党参议员，他长期同时兼任参议院的司法委员会主席和移民小组委员会主席两个职位，几乎控制了 20 世纪 60 年代末期和整个 70 年代的参议院移民政策改革进程。在 70 年代，制裁雇主的议案在参议院受到种种阻碍，非法移民政策改革的进程明显落后于众议院，当时的参议院司法委员会主席伊斯特兰对此有不可推卸的责任。他来自密西西比州，和南部种植业主的关系密切，对制裁雇主政策极为反感。他认为制裁雇主政策影响农业劳动力的供给，而且导致对其他少数族裔的歧视。所以，他极力反对参议院通过制裁雇主政策。当参议院有关制裁雇主政策的议案提出时，他消极应对，还经常拖延举行听证会的时间，甚至在 1974 年拒绝就众议院已经通过的制裁雇主政策举行听证会。因此，正是伊斯特兰利用职务之便强烈反对制裁雇主政策，非法移民政策改革才在参议院难产。这一现象直到 1978 年他卸任后才得以改变。

爱德华·肯尼迪是来自马萨诸塞州的民主党参议员，是为美国移民政策改革做出过突出贡献的重量级人物。他是美国总统肯尼迪的胞弟，代表美国爱尔兰人后裔的利益，因此他在移民问题上比较开明和自由。他对移民政策改革的贡献囊括了 1965 年的移民政策改革、难民政策改革、80 年代的非法移民政策改革和当前全面的移民政策改革等。他几乎见证和参与了二战后美国所有的移民政策改革历史。在非法移民政策改革中，他的主要贡献是推动了 20 世纪 80 年代的移民政策改革和 2007 年的全面移民政策改革。他于 1979 年接替詹姆斯·伊斯特兰的司法委员会主席和移民小组委员会主席职位。他曾经于 1979—1981 年担任参议院司法委员会主席职务，是 80 年代移民政策改革的活跃分子。他也是后来第 107 届和第 108 届国会的参议院移民小组委员会主席。1979—1986 年，在移民政策改革支持者控制了参众两院的司法委员会主席和移民小组委员会主席职位的情况下（参见附录二），爱德华·肯尼迪联合艾伦·辛普森和罗马诺·马佐里共同推动了 80 年代的移民政策改

---

① *Select Commission on Immigration and Refugee Policy* (*SCIRP*), Staff Report, 1981, p. 630.

革。肯尼迪还是最早提出赦免政策的参议员，他限制赦免的范围，把最初赦免的时间——1978年1月1日，调整为1982年1月1日。[①] 这一修改得到参议院的批准。最终，在他的领导下，参议院通过了《1986年移民改革和控制法》。

在2005—2006年全面移民政策改革启动后，他又积极推动国会全面移民政策改革，是民主党内致力于全面移民政策改革的领军人物。他曾经于2005年联合共和党参议员麦凯恩提交S1033议案，但是在2007年失败。爱德华·肯尼迪全面移民政策改革的主张是：实施《梦想法案》、支持边境控制、实施暂时工人项目、给予临时工人入籍归化的渠道、支持非法移民加入社会保险。不幸的是，2009年他因病去世，全面移民政策改革成为他未完成的事业。

查尔斯·舒默是纽约州的民主党参议员，是第111届（2009—2010年）和第112届（2011—2012年）参议院移民小组委员会的主席，也是自爱德华·肯尼迪去世之后民主党内推动全面移民政策改革的新晋领导人物。他主张全面移民政策改革要加强边境控制，并提出《紧急边境安全补偿议案》（议案在国会通过），还提供6亿美元用于边境安全；打击南部边境的贩毒活动；提高护照安全和减少签证过期；支持满足《梦想法案》的非法移民可获得公民身份。和爱德华·肯尼迪类似，为了推动全面移民政策改革，他积极寻求共和党人的支持，并联合林赛·格雷厄姆提交改革议案，但是改革在2010年失败。2010—2011年，他在参议院多次讨论全面移民政策改革和《梦想法案》，力求减少两党分歧和寻求两党合作。2012年奥巴马总统竞选连任后，舒默推动其实施暂缓驱逐年轻非法移民的行政命令——DACA以及全面的移民政策改革。2017年，美国总统特朗普废除了奥巴马政府时期暂缓驱逐年轻非法移民的行政命令，并给予国会6个月的时间解决。在此期间，作为国会中民主党的领袖，舒默积极寻求共和党议员的支持，推动DACA成为法律。之后，随着6个月时间的临近，特朗普希望通过削减合法移民配额和增加在美墨边境修建隔离墙的财政预算方式换取DACA，最终两党未达成一致

[①] James G. Gimpel and James R. Edwards, *The Congressional Politics of Immigration Reform*, Boston: Allyn and Bacon, 1999. p. 137.

意见，导致政府关门。对此，舒默大力谴责。2018年，舒默仍然致力于推动国会实施全面移民政策改革以及给予年轻非法移民合法身份。

第三节 国会议员

作为直接的立法者，国会议员的态度和投票行为对最终的立法结果产生最直接和最重要的影响。他们的投票行为主要受选区利益、政党政治、种族背景、意识形态等因素的影响。

一、选区因素

在一定程度上而言，非法移民问题主要是地方性而非全国性问题。对非法移民问题比较严重的选区而言，它的重要性不言而喻。相比之下，那些无非法移民问题的选区，非法移民议题就显得微不足道，也不被该选区议员所关注。因此，在非法移民立法问题上，移民选区（移民问题和非法移民问题紧密相联，移民的聚居地往往也是非法移民的居住区）的国会议员和非移民选区的国会议员持截然不同的立场和态度。

首先，二者对非法移民问题的兴趣不同。移民选区的议员在非法移民立法问题上的积极性明显高于非移民选区的议员。在国会非法移民立法历史上，有关非法移民政策改革的重要议案多是由移民选区的议员提出。例如，《1986年移民改革和控制法》的主要来源——辛普森—马佐里议案，就是由来自移民州——怀俄明州的参议员艾伦·辛普森和肯塔基州的众议员民主党人罗马诺·马佐里联名提出的；《1996年非法移民改革和移民责任法》的来源议案——HR2202，则是由得克萨斯州的众议员拉玛尔·史密斯提出。在当前全面移民政策改革中，《梦想法案》的提出者奥林·哈奇和迪克·德宾也均来自移民州。前者来自犹他州，后者来自伊利诺伊州。自《梦想法案》提出后，移民选区的国会议员对此乐此不疲，每年都有相关议案提交国会。如表27所示：

表27　第109—112届国会有关《梦想法案》的议案、提出者、选区

时间	主要议案名称	提出者	选区
第109届国会 （2005—2006年）	S. 2075	参议员迪克·德宾	伊利诺伊州
	H. R. 5131	众议员林肯·迪亚斯—巴拉特	佛罗里达州
第110届国会 （2007—2008年）	S. 774	参议员迪克·德宾	伊利诺伊州
	H. R. 1275	众议员伯曼	加利福尼亚州
	H. R. 1645	众议员古特雷斯	伊利诺伊州
	H. R. 1221	参议员爱德华·肯尼迪	马萨诸塞州
		参议员斯佩克特	宾夕法尼亚州
	S. 2205	参议员迪克·德宾	伊利诺伊州
第111届国会 （2009—2010年）	S. 729	参议员迪克·德宾	伊利诺伊州
	H. R. 1751	众议员伯曼	加利福尼亚州
		众议员伯曼	加利福尼亚州
第112届国会 （2011—2012年）	S. 952	参议员迪克·德宾联合32名国会议员	伊利诺伊州
	H. R. 1842	众议员伯曼联合共和党议员	加利福尼亚州
	H. R. 3823	议员里维拉	佛罗里达州

资料来源：笔者综合相关材料自制。

在第109—112届国会期间，国会《梦想法案》的提出者多来自移民州。这些州分别是加利福尼亚州、伊利诺伊州、佛罗里达州等。

另外，治理非法移民的主要措施——制裁雇主和赦免政策的首次提出者也是移民选区的国会议员（首次提出制裁雇主政策的保罗·道格拉斯来自伊利诺伊州；首次提出赦免政策的爱德华·肯尼迪来自马萨诸塞州）。相比之下，非移民选区的国会议员对非法移民议题兴趣索然。

其次，在对待非法移民问题议案的态度方面，移民选区的议员比非移民选区的议员更加积极和谨慎。例如，20世纪50年代，在国会参议院首次召开的有关制裁雇主议案的听证会上，移民选区的国会议员对议案实施的诸多细节和实施的难度提出了详细和具体的质疑。相比之下，非移民选区的国会议员则表现出一副事不关己的态度。例如，来自俄勒冈的参议员科登（Cordon）提出制裁雇主政策存在的问题是雇主无法判断，是否有合理的理由证明自己雇佣的人员是非法移民。如果让雇主去询问和调查，那么雇主就变为

警察。针对质疑，议案的提出者——保罗·道格拉斯进行了修改，提出把"合理理由"改为"充足理由"，内容是如果有充足的理由证明雇主雇佣的人员是非法移民，其就应该受到惩罚。具体的惩罚措施包括：不超过2000美元的罚金或者不超过1年的监禁，或者二者兼有；纽约州的参议员雷曼（Lehman）认为，雇主不会雇佣明知道对方是非法移民的人员，他提出打击非法移民的有力措施是驱逐。雷曼（Lehman）还指出，惩罚雇佣非法移民的雇主并不容易，1951年在60万名劳动力中，存在20万名非法的墨西哥工人。相比之下，非移民选区的国会议员只是笼统地表达了对制裁雇主的支持，没有具体意见。例如，来自明尼苏达州（该州不存在非法移民问题）的汉弗莱（Humphrey）认为，非法移民的主要问题是墨西哥的非法移民，为了维护国家安全，他大力支持制裁雇主政策。①

由上可知，由于非法移民和移民选区的利益密切相关，移民选区的议员对非法移民立法的热情、贡献远大于非移民选区的议员。因此，对国会非法移民立法产生重要影响的是移民选区的议员，他们在立法过程中遵循选区利益优先的原则。

理性选择制度主义理论认为，国会议员投票的最大目的是实现利益的最大化，即使不能实现利益最大化，也要寻求次优结果。道格拉斯·阿诺德在《美国国会行动的逻辑》一书中写道：国会议员的目的是千方百计地获得连任，他们为了赢得选民的支持，往往选择有利于自己选区利益的立法。② 因此，移民选区的议员在立法中奉行选区利益至上的原则。

其一，当国会的非法移民立法损害选区利益时，国会议员往往不惜牺牲国家利益维护选区利益。20世纪50年代，移民选区的议员强烈反对制裁雇主政策的实施就是例证。参议员保罗·道格拉斯在50年代首次将雇主制裁议案引入国会，招致了移民选区参议员们的强烈反对。这些议员在会上明确声称，自己的选区需要这样的劳动力。因此，他们不同意实施制裁雇主政策。例如，来自加利福尼亚州的参议员诺兰（Knowland）认为加利福尼亚州是美国粮食生产的重镇，在农忙时节，雇主雇佣非法移民是情有可原，不得

---

① *Congressional Record*, February 5, 1952, pp. 798–812.
② ［美］R. 道格拉斯·阿诺德，邓友平译：《美国国会行动的逻辑》，上海：上海三联书店，2010年版，第10页。

已而为之；来自俄勒冈州的议员韦尔克（Welker）明确反对议案，认为俄勒冈的东部地区需要这样的劳动力。为此，保罗·道格拉斯声明新的立法会保护农场主的利益，也不会对雇主采取严厉的处罚措施。即使如此，其他的参议员仍难以赞同议案。例如，来自密西西比州的参议员斯坦尼斯（Stennis）提出，很多墨西哥工人在密西西比河从事棉花采摘工作，在棉花采摘的高峰期，他们在夜晚坐着摩托车和卡车来到这里劳动；同样来自密西西比州的另一参议员伊斯特兰则直截了当地反对制裁雇主政策，他提出"任何对雇佣非法移民的雇主实施处罚的措施都是毫无意义的，因为非法移民不是一朝一夕的事情，早在20世纪30—40年代这一问题就已经存在。非法移民主要分布在印第安那州、密歇州根、爱荷华州以及伊利诺伊州等地区。他们其中的一些人已经在美国生活了较长的时间，也被农场主所熟知。如果实施议案，将对这些农场主和非法移民产生不公平的影响"。在最后的投票中，只有12人支持，69人反对，15人弃权。由此，制裁雇主政策在参议院没有通过。① 之后，国会中又有议员提出制裁雇主政策的议案，例如参议员沃特金斯（Watkins）提出了S3660议案，内容是在非法移民入境美国的3年时间内，如果雇主得知其非法移民的身份而继续雇佣，这一行为是非法的。移民选区的国会议员仍然强烈反对，最终议案没有通过。对此，一些致力于打击非法移民、维护国家安全的议员质问反对者，为什么反对制裁雇主政策，难道他们要纵容非法移民吗？来自得克萨斯州的参议员威尔逊直言不讳地回答，他极力赞成打击非法移民，但是政府可以加强边境管理，而不是实施制裁雇主政策，因为这会影响农场主的利益。②

其二，移民选区的国会议员根据自己选区利益的变化，改变对非法移民立法的所持立场。例如在是否实施雇主制裁政策问题上，移民选区的国会议员在20世纪50年代强烈反对的原因在于对农业劳动力的考虑。但是，随着60年代农业机械化的发展和后来非法移民给地方政府造成沉重的财政负担，移民选区的国会议员在70年代逐渐改变了对非法移民的态度，倾向于采取

---

① *Congressional Record*, February 5, 1952, pp. 798–812.
② *Hearings Before the Subcommittee on Immigration and Naturalization of the Committee on the Judiciary United States Senate To Control Ilegal Migration*, 83rd Congress, Session 2, July 12–14, 1954, Washington, D. C.: United Sates Government Printing Office, 1954, p. 81.

严厉的措施,打击非法移民,其中包括制裁雇主政策。例如,在20世纪70年代众议院有关非法移民问题的听证会上,来自移民选区的众议员在制裁雇主政策上纷纷松口。加利福尼亚州的众议员利奥·莱恩(Leo J. Ryan)认为:"非法移民恶化了美国国内工人的失业状况,他们大约从事200万—300万份工作。非法移民每小时的工资是4.5—6.5美元,其中的30%每小时的工资是2.3—3.5美元。因为农业的待遇较低,美国国内的农业工人不愿意去农场工作。为此,农场主只能寻求其他途径雇佣国外的农业工人。"莱恩最后提出,解决非法移民问题要考虑农业劳动力短缺问题,如果联邦政府能解决这一问题,他并不反对实施制裁雇主政策。[①] 来自加利福尼亚州的众议员西斯克(Sisk)提出,在保证没有歧视的情况下,无论雇主是否知道其雇佣的人员是非法移民,他们都将会受到惩罚。[②] 来自纽约州的众议员比亚吉(Biaggi)则认为非法移民给美国造成严重的危害,增加了州政府的经济负担。例如,加利福尼亚州政府在非法移民的福利方面,已花费1亿美元。为此,他主张采取严格的边境巡逻和实施制裁雇主政策相结合的方式打击非法移民。在制裁雇主政策方面,他支持更加严厉的HR257议案,而非惩罚力度过轻的HR985议案。两项议案均含有制裁雇主政策,但是前者的惩罚力度高于后者。例如,HR257议案规定:雇佣非法移民的行为是犯罪,第一次违反的惩罚是罚款500美元或者6个月监禁;第二次违反的惩罚是罚款1000美元或者1年监禁;HR982议案则规定第一次雇佣非法移民将被警告,第二次违反每雇佣1名非法移民将被罚款500美元,第三次违反是犯罪。[③]

另外,非法移民成为选举中的重要议题始于20世纪90年代的加州《187提案》。《187提案》之前,非法移民问题并非选举议题,移民选区国会议员的投票行为主要受选区利益和农场主利益的影响。在经济不景气的情况下,加利福尼亚州州长皮特·威尔逊为获得连任,成功地利用了非法移民问

[①] *Illegal Aliens*: Hearings Before the Subcommittee on Immigration, Citizenship, and International Law of the Committee on the Judiciary, House of Representatives, Ninety-fourth Congress, First Session, on H. R. 982 and related bills. United States, Congress, House, Committee on the Judiciary, Subcommittee on Immigration, Citizenship, and International Law, Washington, D. C.: United States Government Print Office, 1975, pp. 181 – 186.

[②] Ibid., p. 147.

[③] Ibid., pp. 133 – 143.

题这个"替罪羊",出台了《187提案》。① 此后,非法移民问题逐渐成为移民选区中州长选举、议员选举以及总统大选的主要政治议题之一。由此,国会议员为获得连任,开始考虑选区选民的利益诉求。根据选民的来源不同,移民选区的国会议员在非法移民立法问题上持不同观点。如果移民选区存在较多的拉美裔选民,那么该选区的议员往往主张温和打击非法移民的政策,例如加利福尼亚州的议员;如果移民选区的选民倾向于严厉打击非法移民,那么该选区的议员则主张强硬的政策,例如亚利桑那州的议员。此外,同样是来自移民选区的国会议员,其政党背景不同,对非法移民立法的观点亦不同。

二、政党因素

民主党议员和共和党议员在打击非法移民问题上的立场并无二致。例如,他们都支持加强边境控制、提高制裁雇主的有效性、提高雇佣身份电子裁决体系的准确率等。但是二者在治理非法移民问题的具体措施上有所不同。例如,共和党支持修建边境篱笆墙,但是反对《梦想法案》,而民主党恰恰相反。总体而言,民主党议员则主张综合治理非法移民问题,反对严厉打击,并给予非法移民一定的合法化渠道。共和党议员则主张严厉打击非法移民,反对任何合法化的措施。但是共和党内部也有两个模式,一个是"皮特·威尔逊模式",另一个是"小布什模式"。前者主张严厉打击非法移民,甚至禁止年轻非法移民到公立的中小学学习;后者支持软硬兼施的政策,实施季节工人项目,并向季节工人提供一定的入籍归化渠道。② 不过总体而言,多数共和党议员主张严厉打击非法移民。

两党对非法移民问题的政策差异和其主张的社会福利政策密切相关。自罗斯福新政以后,两党在社会福利政策上开始出现分歧。民主党主张加大对

---

① Andrew Wroe, *The Republican Party and Immigration Politics: from Proposition 187 to George W. Bush*, New York: Palgrave Macmillan, 2008, p.38.
② 这归因于小布什在得克萨斯州当州长期间形成的较自由的移民路线。因为得克萨斯州和墨西哥的地缘关系,在北美自由贸易区启动以后,二者存在紧密的经济联系。因此,小布什奉行亲移民的政策。在2000年的总统选举中,小布什为了表明自己的立场,当他到加利福尼亚州拉选票时,甚至拒绝会见皮特·威尔逊。

社会政策的干预，而共和党反对政府干预，主张市场自由化。20世纪60年代以后，民主党演变为支持市民运动的政党，主张政府应积极为民众谋福利，并在1964年颁布了《市民权利法案》。民主党在社会福利问题上的积极主张和政策赢得了第一代移民的支持。从此，民主党和移民选民建立了密切的联系。相比之下，新政时期，虽然共和党反对政府权力的扩张，但是由于那时移民数量较少，不存在移民增加政府财政负担问题，因此当时的共和党并不关注移民问题。

二战后，随着移民的增加，两党在移民问题上的分歧开始显现，但并不明显。20世纪70年代，非法移民成为社会热点问题时，两党均主张严厉打击。在80年代的移民政策改革中，民主党主张赦免非法移民，但是共和党以这将增加财政支出为由予以反对。例如，佛罗里达州的共和党人麦科勒姆（McCollum）曾在众议院提出删除赦免政策，但被否决。

20世纪90年代，随着非法移民消耗政府财政问题的日益加剧，两党的分歧开始加大。民主党仍然维持较温和的移民政策，但是共和党的移民主张日益保守化，并领导国会出台了《1996年非法移民改革和移民责任法》。1994年国会中期选举后，共和党控制参众两院。当时，加利福尼亚州出台的《187提案》加剧了共和党保守化的倾向。另外，1995年共和党希望实施严格控制非法移民的政策，以获得工人阶级的支持。[1] 因此，在共和党领导人金里奇的领导下，多数共和党人倾向于保守的移民政策改革。[2]

得克萨斯州的共和党人史密斯首先在国会掀起移民政策改革。1995年2月，史密斯提出了移民政策改革的HR1915议案。他在议案中提出打击非法移民的多项措施，具体包括：提高边境安全、打击偷渡、驱逐非法移民、加强和实施制裁雇主政策、实施雇佣身份电子核查体系。随后，史密斯举行了八次100多人出席的听证会，讨论控制非法移民问题。1995年2月24日，众议院的移民小组委员会举行听证会，讨论签证过期问题。与此同时，共和党组织了由爱德华·加莱格利（Edward Gallegly）负责的移民政策改革工作

---

[1] "1996 Republican Views of Immigration as a 'Wedge' Issue", in *Congressional Quarterly Weekly Reports*, May 15, 1999, pp. 1127–29.

[2] 当时，共和党内支持温和移民政策改革的议员为数甚少，例如仅有来自得克萨斯州的迪克·阿米认为宽松的移民政策有利于满足劳动力的需求和推动家庭团聚。

小组。在最终的报告中,小组建议加紧控制非法移民,限制合法移民和非法移民享受公共福利。爱德华·加莱格利(Edward Gallegly)是一个极端保守的共和党议员,他在国会大会上呼吁,禁止移民享受公共教育权,非法移民的子女不能享受宪法关于美国公民出生地原则的权利。①

之后,史密斯在 HR1915 基础之上,提出了 HR2202 议案。议案的主要内容为:加强边境管理,控制非法移民,增加边境巡逻的人数;加强打击偷渡,提高对档案造假的处罚;禁止雇佣非法移民,减少证明工作有效性文件的数量;禁止非法移民享受公共福利,非法移民不得享有联邦政府和州政府提供的任何公共福利。具体包括联邦政府为低收入者提供食品的食品印花税、为有子女的低收入家庭提供的援助以及社会保障等。非法移民只能享受的福利包括:紧急援助、健康免疫援助以及住宿援助。另外,合法移民的权利也受到限制,他们不能享受公共安全利益和食品福利,在美国居住的前5年时间之内,不得享受医疗援助和公共住宿福利等。由此可见,共和党移民政策改革的目的是采取多种措施严厉打击非法移民,限制合法移民和非法移民享受公共福利。由于当时共和党把持两院的司法委员会主席和移民小组委员会主席职位,民主党难以有所作为(附录二)。因此,《1996 年非法移民责任和移民改革法》是一部充满共和党色彩的法律。

21 世纪后,两党议员在非法移民问题上的分歧进一步扩大,时至今日,两党两极化,难以就目前的移民政策改革达成共识。共和党议员倾向提出和支持严厉打击非法移民的立法,例如以强化边境管理著称的《詹姆斯·森森布伦纳议案》和《安全篱笆法案》就是体现。前者是由威斯康辛州的共和党议员詹姆斯·森森布伦纳提出,主要内容包括:在美国和墨西哥的边境建立 1120 公里的篱笆墙;要求联邦政府授权地方政府逮捕非法移民,结束"抓住和释放"的政策,联邦政府为地方政府的移民执法提供援助;打击边境偷渡、贩毒等犯罪行为;提高文件造假的罚金和加大对雇佣非法移民的惩罚,第一次雇佣非法移民的罚金是 7500 美元,第二次是 15000 美元,之后是 4 万美元;援助非法移民的行为是犯罪。议案在众议院通过,但是被参议院否

---

① David Reimers, *Unwelcome Strangers: American Identity and the Turn Against Immigration*, New York: Columbia University Press, 1999, p. 134.

决。《安全篱笆法案》是由纽约州的共和党议员皮特·金提出，主要内容是在美墨边境修建隔离墙，提高边境安全，同时建立至少两层的篱笆和加强其他配套设施；在加利福尼亚州、新墨西哥州、亚利桑那州、得克萨斯州的边境地区增加额外的安全措施，诸如照明、摄像、感应器等设备。该法案在国会通过，后由总统小布什在2006年签署生效。两部议案均得到多数共和党议员的支持。如表28所示：

表28 众议院《詹姆斯·森森布伦纳议案》和《安全篱笆法案》的投票结果

议案名称	支持	反对
詹姆斯·森森布伦纳议案 H. R. 4437	239	182
政党分化	203名共和党议员 36名民主党议员	17名共和党议员 164名民主党议员 1名独立党议员
安全篱笆法案	283	138
政党分化	219名共和党议员 64名民主党议员	6名共和党议员 131名民主党议员 1名独立党议员

资料来源：作者结合以下资料绘制而成：http://www.govtrack.us/congress/votes/109-2005/h661；http://www.govtrack.us/congress/votes/109-2006/h446。

由表28可知，在众议院，支持《詹姆斯·森森布伦纳议案》的239名议员中，有203名共和党人，占支持者的多数；在反对的182名议员中，有164名民主党人，占反对者的多数。在《安全篱笆法案》中，在支持的283名议员中，有219名共和党人、64名民主党人；在反对的138人中，有131名民主党人、6名共和党人、1名独立党人。由此可见，共和党人比民主党人更倾向支持严厉打击非法移民的议案。

相比之下，民主党倾向于提出和支持温和政策的议案，例如《梦想法案》，但是它屡遭共和党议员的否决。《梦想法案》自2001年提出后，曾经获得广泛支持，但在2007年被国会否决。当时议案失败的原因是边界州的共和党议员们投了否决票。这些议员面临选区选票的压力，他们担心如果支持

《梦想法案》，会被选民认为在非法移民问题上的立场过于软弱。[1] 来自宾夕法尼亚州的共和党议员斯佩克特，曾是最自由的共和党人，他之前曾支持《梦想法案》，但他也投了反对票。他反对的理由是反对给予非法移民合法化的公民身份，担心《梦想法案》的通过，会影响全面移民政策改革和以后非法入境的外国人将免于被逮捕。[2] 之后，两党对《梦想法案》的分歧不断加剧。2009 年，两党在这一问题上两级分化，最终导致第 111 届国会成为"跛脚鸭国会"。在这届国会，在参议院的《梦想法案》投票中，多数民主党支持，多数共和党反对，如表 29 所示：

表 29　第 111 届（2009—2010 年）参议院《梦想法案》的投票结果

	支持	反对	弃权
总数	55	41	4
政党分化	50 名民主党人 3 名共和党人 2 名独立党人	36 名共和党人 5 名民主党人	3 名共和党人 1 名民主党人

资料来源：http：//projects.washingtonpost.com/congress/111/senate/2/votes/278/.

由表 29 可知，在支持《梦想法案》的 55 名议员中，民主党人占多数，而在反对的 41 名议员中，共和党人占多数。这届国会的投票结果是 55：41，由于没有达到通过的 60 票，《梦想法案》在参议院夭折。在这次投票中，《梦想法案》的最初提出者之一的共和党议员奥林·哈奇居然以参加孙子的毕业典礼为借口，逃避投票。[3] 哈奇在 6 个月之前声称支持《梦想法案》，但是反对赦免政策。由此可见，即使理念最自由的共和党议员也担心《梦想法案》变成赦免政策。之后，民主党议员虽然积极推动国会通过《梦想法案》，但是因为共和党人的反对，迄今难产。目前，许多共和党人在移民问题上越

---

[1] Michael A. Olivas, "The Political Economy of the Dream Act and the Legislative Process: A Case Study of Comprehensive Immigration Reform", *The Wayne Law Review*, Vol. 55, 2009.

[2] http：//specter.senate.gov/public/index.cfm？FuseAction = NewsRoom. ArlenSpecterSpeaks & ContentRecord_id = D36DFD85 - 1321 - 0E36 - BA01 - C453ACBA6D73.

[3] Lisa Riley Roche, "Hatch Skips Dream Act Vote He Calls Cynical Exercise", *Desert News*. December 20, 2010.

越来越保守，一些在过去支持《梦想法案》的共和党参议员也开始转变态度，反对《梦想法案》。这些议员包括得克萨斯州的参议员约翰、亚利桑那州的参议员约翰·麦凯恩、南卡罗来纳州的参议员格雷厄姆。① 他们在第112届国会期间（2011—2012年）反对《梦想法案》，反对的理由是该法案应该结合强化移民实施措施，诸如提高雇佣电子核查体系的实施力度。②

2012年的总统大选，开始让共和党采取措施寻求拉美裔选民的支持。马可·卢比奥是佛罗里达州的共和党参议员，他致力于在共和党内部就《梦想法案》达成共识。他的意见是让年轻的非法移民通过入伍或者上大学的方式实现身份的合法化，但是不提供入籍、归化的渠道。他们申请公民入籍应该另外遵循移民法的规定。③ 为此，《纽约时报》的编辑亚历克斯·利瑞（Alex Leary）批评他的意见是没有梦想的《梦想法案》。亚历克斯·利瑞认为，合法化后的年轻非法移民应该获得公民身份。④ 另外，亚利桑那州共和党参议员约翰·凯尔和得克萨斯州的共和党参议员凯·贝利哈奇森在罗姆尼获得共和党的总统候选人提名后，二人曾经寻求制定类似于马可·卢比奥的议案的《梦想法案》。⑤ 尽管在2012年大选期间，共和党也试图通过《梦想法案》寻求拉美裔选民的支持，但是最终失败了。⑥

2012年总统大选失败后，共和党进行了反思，其移民政策有所软化，倾向支持《梦想法案》。但是2014年国会中期选举以后，共和党利用反移民议题获胜，控制国会两院，这导致共和党内反对《梦想法案》的声音再次成为主流。2016年大选，共和党总统候选人特朗普利用反移民议题竞选成功，共

---

① Keith Aoki and John Shuford, "Welcome to Amerizona-Immigrants Out!: Assessing 'Dystopian Dreams' and 'Usable Futures' of Immigration Reform, and Considering Whether 'Immigration Regionalism' Is an Idea Whose Time Has Come", *UC Davis Legal Studies Research Paper Series*, No. 230, 2010, accessed April 10, 2012, http://papers.ssrn.com/sol3/papers.cfm?abstract_id=1695228.

② Elisha Barron, "Recent Development: The Development, Relief, and Education for Alien Minors (DREAM) Act", *Harvard Journal on Legislation*, Vol. 48, 2011, p. 631, http://www.harvardjol.com/wp-content/uploads/2011/07/Barron_RD.pdf.

③ Erika Bolstad, "Florida Sen. Marco Rubio proposes a Republican Dream Act." *Miami Herald*. April 9, 2012.

④ Alex Leary, "Sen. Marco Rubio Seeks Middle Ground on Immigration as Hispanic Voice for GOP", *Tampa Bay Times*, April 9, 2012.

⑤ Alexander Bolton, "Republicans Seeking Out Hispanics", *The Hill*, March 27, 2012.

⑥ 2013年3月，马可·卢比奥改变先前的观点，同意合法化的非法移民获得公民身份。

和党内右翼分为右翼和极右翼，反《梦想法案》的力量再次强化。

综上所述，二战后，政党因素对国会非法移民立法的影响日益增大，如表30所示：

表30　政党因素对国会非法移民立法的影响

主要的非法移民立法和改革	政党因素
《1986年移民改革和控制法》	小
《1996年非法移民改革和移民责任法》	大（共和党控制；民主党难以有所作为）
全面的移民政策改革和《梦想法案》	大（两党极化，难以达成共识）

资料来源：作者综合资料绘制而成。

三、族裔因素

美国是一个多种族国家，主要由白人、黑人、拉美裔、亚裔等不同种族组成。白人属于美国社会的多数族裔，黑人、拉美后裔、亚裔则属于少数族裔。相比白人议员，少数族裔议员的投票行为受族裔因素的影响更大。白人议员的支持者以白人为主，同时结合了其他族裔的选民。他们是选区利益的代表，其投票行为主要为选区服务，同时也受政党政治、意识形态等因素的影响。相比之下，少数族裔议员的支持者是本种族的选民，他们主要代表本种族的利益。汉娜·费尼谢尔·皮特金在《代表的定义》一书中指出，国会议员有两种不同的代表形式：一种是描述性的代表，代表不同的利益，具体包括选区利益、政党利益、意识形态利益；另一种是实质性的代表，即为特定的集团利益服务。[1] 因此，相比白人议员，少数族裔的议员更是实质性的代表而非描述性代表。

自第92届国会（1971—1973年）以来，少数族裔国会议员的人员数量日益增加，其中多为民主党人。[2] 例如，1971年有13名黑人众议员，占国会

---

[1] Hanna F. Pitkin, *The Concept of Representation*, Los Angeles: University of California Press, 1967, p.166.

[2] 这是因为民主党自由开放的移民政策得到拉美裔、亚裔的支持。自林肯颁布《解放黑人奴隶宣言》以来，黑人最初支持共和党，但是罗斯福新政和20世纪60年代民主党推动市民人权运动的努力，让黑人逐渐变为民主党的支持者。

立法人员的3%；6名拉美裔议员，占国会立法人员的1.4%。① 2008年，国会有35名黑人众议员和22名拉美裔众议员。在第112届国会（2011—2012年），黑人占全美人口的13.5%，众议院有44名黑人议员（包括2个代表团），占众议院议员人数的8.1%，其中42名为民主党人，参议院没有黑人议员。② 拉美裔占全美人口的15%，有31名众议员和2名参议员（21名民主党人，8名共和党人），占国会议员的5.7%。其中，墨西哥裔议员居多，另外还有6名古巴裔、5名波多黎各裔。③

少数族裔国会议员数量的增加与少数族裔群体政治参与积极性的提高密切相关。其中，黑人政治参与的积极性最高。拉美裔人口虽然占全美人口的比重最大，但是多数人没有投票权。亚裔因为历史上遭受歧视，导致较低的政治参与。④ 例如在2008年的总统选举中，黑人的投票率从2004年的60.3%增加到65.3%；拉美裔选民的投票率从47.2%增加到49.9%；亚洲裔选民的投票率从44.6%增加到47.0%。相比之下，白人的政治参与热情有所下降，从67.2%下降到66.1%。⑤

相比白人议员，少数族裔的议员更热衷于提出和推动人权方面的议案，尽管这些议案很难变成法律。⑥ 例如，20世纪70年代拉美裔的国会议员爱德华·洛宝在担任加利福尼亚州众议员期间，积极推动拉美裔选民的人权发展。他于1967年首次提出双语教学议案，主张为双语教学项目提供援助。随后，在第93届国会，他提出在法院实施双语审理的议案，目的是解决墨西哥裔的美国人受到不公正的待遇问题。在80年代国会移民政策改革期间，

---

① The data for Hispanics, can be found at http://www.loc.gov/rr/hispanic/congress/chron.html; The data for African Americans can be found at http://baic.house.gov/historical-data/representatives-senators-by-congress.html.

② Roger H. Davidson, Walter J. Oleszek and Frances E. Lee, *Congress and Its Members*, 13th Edition, Washington, D. C.: CQ Press College, July 15, 2011, p. 112.

③ Ibid.

④ McClain Paula, Joseph Stewart, *Can We Get Along? Racial and Ethnic Minorities in American Politics*, 2nd eds., Boulder, CO: Westview Press, 2002.

⑤ Adam Nagourney, "Obama Elected President as Racial Barrier Falls", *The New York Times*, November 4, 2008.

⑥ Kathleen A. Bratton and Kerry L. Haynie, "Agenda Setting and LegislativeSuccess in State Legislatures: The Effects of Gender and Race", *The Journal of Politics*, Vol. 61, No. 3, 1999, pp. 658–679.

他以制裁雇主政策导致歧视作为理由，联合另一个拉美裔的国会议员罗伯特·加西亚进行反对。不久之后，他又提出删除制裁雇主政策的议案，但是被国会否决。之后，他在对农村智障人士的医疗援助和老年人权益保护等项目中发挥了积极作用。

在非法移民立法问题上，拉美裔议员、黑人议员和亚裔议员基本上倾向于温和治理的政策。例如，加利福尼亚州的拉美裔众议员琳达·桑切斯明确反对严厉打击非法移民的《真实身份识别法》。她在国会听证会上指出："《真实身份识别法》是共和党以国家安全为幌子，抛弃遵纪守法、勤奋工作和纳税的移民。目前，美国国内存在800万的非法移民，他们在打扫办公室、照顾老人和孩子、采摘蔬菜和水果，从事着美国人不愿意做的工作。美国是一个移民国家，如果没有移民，美国的经济就会衰退。我们应该保持我们的传统，对追求自由的人实施开放的政策，我督促我的同事投票否决 H. R. 418（《真实身份识别法》）。我们应该做的事情是为非法移民提供入籍归化的渠道和让移民获得驾照，让他们成为我们制度的一部分，这样才会保护我们的边境，让我们的国家更加安全。"[1] 来自新泽西州的民主党参议员罗伯特·梅内德斯是古巴裔。在全面移民政策改革中，他主张对非法移民实施人道的改革，反对在美墨边境修建隔离墙，支持在美国已经工作5年的非法移民可获得公民身份；反对将英语作为官方语言；支持临时工人项目和延长移民的居住时间；主张把非法移民纳入社会保险制度。[2] 希拉·杰克逊·李是得克萨斯州的黑人众议员，她不支持严厉打击非法移民的政策，主张实施全面移民政策改革，诸如加强边境安全，增加边境巡逻人员；反对建立边境隔离墙；[3] 增加技术移民和实施《梦想法案》等。[4] 另外，在2004年5月20日对《非法移民紧急医疗援助修改案》的投票中，她投了否决票。议案的主要内容是禁止联邦政府向非法移民提供紧急医疗援助，除非医院向国土安全部门提供此人的相关信息，诸如移民身份和财务状况等；在非法移民即将被遣返回国

---

[1] *Congressional Record*, Febuary 10, 2005, p. H546.
[2] http://www.ontheissues.org/international/Robert_Menendez_Immigration.htm.
[3] 理由是成本过高，大约需要70亿美元。
[4] http://www.ontheissues.org/TX/Sheila_Jackson_Lee_Immigration.htm.

和病情没有恶化的情况下，医院可不对其实施治疗。① 华裔众议员赵美心是推动当今移民政策改革的活跃分子。她曾经提出《全面的移民政策改革——结束非法移民》的议案。议案的主要内容是允许非法移民在接受背景调查、缴纳税收和满足一定的英语水平后，拥有申请入籍归化的资格；移民签证的数量应该满足劳动力的需求；增加违反雇佣劳动力法规的雇主罚金；提高家庭团聚签证的审核效率。此外，赵美心还提出《保护工人免于剥削和报复的议案》。议案的目的是在国土安全部的保护下，如果移民工人拥有暂时的合法身份和得到雇佣授权，当他们受到剥削和不公正待遇时，可起诉雇主。

在非法移民立法问题上，尽管少数族裔的国会议员之间有类似观点，但是具体的主张也有所不同。多数非法移民是拉美裔，因此拉美裔议员对非法移民的态度最开放和最自由。例如在20世纪80年代和90年代的移民政策改革中，拉美裔议员比白人和黑人议员更反对制裁雇主政策和支持赦免政策。② 另外，根据皮尤研究中心2006年的调查显示，在民主党内，拉美裔议员比白人议员和黑人议员更加乐观地看待移民问题。如表31所示：

表31 民主党党内白人议员、黑人议员、拉美裔议员对移民的观点

不同族裔的民主党成员	移民对国家是负担	移民威胁传统价值观	合法移民数量应减少
民主党总数	51%	47%	38%
白人议员	53%	47%	41%
黑人议员	56%	51%	37%
拉美裔议员	36%	38%	27%

资料来源：http：//www.migrationpolicy.org/pubs/TCM-USPublicOpinion.pdf.

由表31可知，在移民是否增加国家负担、影响美国价值观和是否减少合法移民数量问题上，拉美裔国会议员的态度最乐观和最积极。在前两个问

---

① http：//www.ontheissues.org/TX/Sheila_Jackson_Lee_Immigration.htm.
② James G. Gimpel and James R. Edwards, *The Congressional Politics of Immigration Reform*, Boston: Allyn and Bacon, 1999, pp. 113 – 205.

题上，黑人议员的态度最消极，高于党内的白人议员。其中的原因是，移民尤其是非法移民对黑人的影响大于白人。因为黑人选民的教育程度普遍较低，他们从事的职业在一定程度上和非法移民存在冲突。根据皮尤研究中心和美国国家公共广播电台在2007年9—10月联合举行的电话采访显示，48%的黑人认为如果存在较少的移民，他们可以拥有更多的工作岗位。[①]

　　同样是拉美裔的国会议员，古巴裔和墨西哥裔议员的非法移民政策观点也有所不同。古巴裔国会议员多为共和党议员，他们的选民社会地位较高。这些议员虽然支持推动移民政策改革，采取措施保护拉美裔选民的利益，但是移民主张具有一定的保守色彩。例如，前面提到的古巴裔参议员共和党人马可·卢比奥在非法移民问题上的观点就较保守，他公开提出英语实际上是官方语言，人们应该承认这一点，年轻的非法移民可以实现合法化，但是不能获得公民身份。墨西哥裔和来自多米尼加以及中南美洲裔的国会议员多为民主党人，他们的选民社会地位较低，这些议员的移民政策主张更加开放和自由。例如，来自伊利诺伊州的民主党众议员路易斯·古铁雷斯是波多黎各后裔，他反对大规模驱逐非法移民。与此同时，他也是《梦想法案》的积极支持者，认为年轻的非法移民应获得公民身份。[②] 2004年，古铁雷斯和爱德华·肯尼迪共同提出《全面的移民政策改革议案》，议案的主要内容是加强边境控制和对非法移民实施合法化；2005年，他和爱德华·肯尼迪以及亚利桑那州的3名共和党参议员联合提出《美国安全议案》；2007年，古铁雷斯和众议员杰夫又联合提出《全面移民政策改革议案》，但是议案后来没有提交国会大会讨论。2009年12月，古铁雷斯联合众议院拉美裔小组、亚裔小组、黑人小组和国会进步小组的众议员联合提出《致力于美国的安全和繁荣的全面移民政策改革议案》。[③] 议案在众议院通过，但是被参议院否决。

　　由上可知，如果用自由和保守将不同种族背景的国会议员对非法移民立

---

　　① http://www.fairus.org/facts/african-americans-polls.
　　② http://www.gutierrez.house.gov/index.php?option=com_content&view=article&id=450&Itemid=24.
　　③ http://www.seiu.org/2009/12/seiu-statement-on-introduction-of-the-comprehensive-immigration-reform—american-security-and-prosp.php, December 15, 2009.

法的观点进行排序，那么顺序应该是拉美裔国会议员最自由，其次是亚裔，①然后是白人议员和黑人议员。如表32所示：

表32 不同种族背景的国会议员对非法移民观点的特点评估

不同种族背景的国会议员	对非法移民立法的特点评估
白人	保守和自由兼有
黑人	保守和自由兼有
拉美裔	最自由
亚裔	自由

资料来源：作者自制。

除此之外，不同意识形态也影响国会议员的投票行为。在移民问题上，两大意识形态影响议员的政治行为，一是保守主义，另一个是自由主义。前者主张维护盎格鲁—萨克逊的主流文化价值观，奉行限制移民的政策；后者主张多元主义，奉行开放的移民政策。意识形态往往和政党政治紧密相联。一般而言，共和党人多数属于保守主义者，民主党人则多是自由主义的拥护者。因此，政党的差异在一定程度上体现了意识形态的差异。在共和党内部，存在极端的保守主义者和保守主义者；在民主党内部存在极端的自由主义者和自由主义者。两党的共识取决于共和党内部的保守主义者和民主党内部的自由主义者。当这两者存在交集时，说明两党在某一问题上存在共识，交集越大说明共识越大。反之，如果没有交集，则说明两党共识缺失。从立法的角度而言，交集越大意味着立法的效率越高，交集越小或者不存在交集，说明立法的希望渺茫。当前国会的形势是保守主义者和自由主义者两极分化，交集几乎为零。在此背景下，全面移民政策改革难以取得实质性进展亦不足为奇。

根据历史制度主义，制度影响个人行为的路径有：一是算计路径，即实现个人利益，国会议员的选区利益至上的原则体现了此路径；二是文化路

---

① 对亚裔而言，主要的移民问题是合法移民而非非法移民。相比其他族裔，亚裔的教育程度较高，他们希望增加更多的移民签证和工作签证。

径，观念对个人的行为具有重要影响。本书作者将选区利益、政党政治、种族背景归为影响国会议员投票行为的算计路径，意识形态归为文化路径。研究发现，选区利益是影响国会议员在非法移民问题上政策取向的最大因素，与此同时，政党因素也有所上升。随着少数族裔议员的增加，种族因素对议员投票行为的影响力也在提高，少数族裔国会议员已经成为国会非法移民立法不可忽视的重要力量。意识形态则与政党紧密联系在一起，通过政党政治表现。

  总而言之，国会立法权、财政拨款权为国会的非法移民立法提供了法律和经济保证。国会委员会制度为国会搜集资料、信息，并成为立法依据。国会参众两院的司法委员会主席和移民小组委员会主席（由于个人兴趣和受意识形态、政党政治、利益集团等因素的影响），利用手中的议程设置权，对国会的非法移民立法产生积极或者消极的作用。国会议员受选举政治的影响，奉行选区利益至上的原则。当立法损害选区利益时，议员积极阻扰，不惜损害国家利益以维护选区利益；当立法有利于选区利益时，议员积极推动立法进程。另外，议员的投票行为还受政党政治、种族背景、意识形态的影响。

第三章 影响国会非法移民立法的外部制度因素分析

第一节 行政机关与国会非法移民立法

一、总统在非法移民政策上的主要特点及原因

随着非法移民逐渐成为美国社会的热点问题，美国总统也加大了对这一问题的关注。总统对非法移民问题的态度经历了从漠视到日益重视的历史演变过程，主张相对自由和开放的移民政策。

（一）从漠视到日益重视

20世纪70年代，当国会忙于非法移民政策改革时，总统卡特正为解决伊朗人质危机焦头烂额。鉴于美国社会对非法移民问题的日益关注，1978年卡特成立了移民和难民政策委员会。该委员会负责调查移民问题，其中以非法移民问题为重点。直到1981年，该委员会才出台报告，此时卡特已经卸任。刚上台的里根总统根本不关注非法移民问题，因为当时他施政面临的主要问题是美国的经济滑坡和美国在美苏争霸中日益下降的国际地位。对里根而言，重振美国经济和提高美国的国际地位远比解决非法移民问题重要。[①]

[①] Nicholas Laham, *Ronald Reagan and the Politics of Immigration Reform*, Westport: Praeger Publishers, May, 2000, p.1.

但是，他很快发现不能忽视非法移民问题，因为它已经被前任总统卡特列入议程，尤其是当卡特成立的移民和难民政策委员会在1981年提交报告之后。随后，里根成立了移民和难民政策总统实施小组，这个小组就有关非法移民问题直接向里根撰写报告和提出意见。之后，里根在1986年的非法移民政策改革中表现活跃，积极推动国会通过了《1986年移民改革和控制法》。老布什在任期间主要致力于美国的技术移民政策改革，通过了《1990年移民法》，对非法移民问题没有给予足够的重视。克林顿上台伊始，也不关注非法移民问题，甚至提出减少边境管理的费用，节省政府的财政开支。[①] 但是后来迫于国内压力，克林顿很快改变了对非法移民的态度，对加强边境控制热衷起来。1993年7月，克林顿宣布治理非法移民的措施，其中包括增加600多个边境巡逻机构。[②] 1996年1月1日，克林顿发表有关治理非法移民问题的讲话。他提出"美国绝不容忍非法移民，为了打击非法移民，自1993年起，政府已经加强边境巡逻、修建新篱笆墙、安装新的照明设施、共驱赶3万名非法移民"。[③] 1994年，克林顿在北卡罗来纳州的夏洛特提出，美国应该尽快把非法移民赶出去。[④] 1994年7月1日，克林顿在接受波兰语媒体采访时声称，他将采取严格的措施治理非法移民问题。[⑤]

小布什及他之后的美国总统对非法移民问题越来越积极、热衷。为了解决非法移民问题，小布什在2004年提出了临时的季节工人项目，项目的内容是已在美国至少生活5年，并至少拥有3年工作经验的非法移民，如果他们满足一定的条件，即可获得为期3年的工作签证。签证到期后，工作签证可以再次续签3年。之后，根据非法移民的不同表现，决定他们是否有资格成为美国公民。除此之外，小布什在第二任期内，积极致力于移民政策改革，其建议具体包括：提高制裁雇主政策的效率、加强边境控制、实施合法化

---

① Peter. Andreas, "Borderless Economy, Barricaded Border", *NACLA Report on the Americas*, Vol. 33, No. 3, November, 1999, p. 1.

② Ibid., p. 2.

③ Bill. Clinton, *Between Hope and History: Meeting America's Challenges for the 21st Century*, New York: Random House Inc, 1996, p. 134.

④ *Public Papers of the Presidents of the United States*, *William J. Clinton*, Washington, D. C.: United States Government Printing Office, 1994, p. 593.

⑤ Ibid., p. 1193.

等。小布什的继任者奥巴马在上台之初，就非常重视移民政策改革，雄心勃勃地提出在自己任期内完成全面移民政策改革，解决非法移民问题。但是，最终与小布什的命运一样，奥巴马在后来的移民政策改革问题上遭遇挫折。2010 年参议院阻挠通过《梦想法案》，非法移民政策改革搁浅。奥巴马对此耿耿于怀，2012 年他在接受西班牙语电视台——环球电视台（Univision）采访中谈到自己总统任期内的最大失败是未实现全面移民政策改革。① 2012 年11 月 6 日，奥巴马成功赢得连任，在第二任期内他继续致力于全面移民政策改革，并于 2014 年颁布了移民政策改革行政命令，但是未获得有效执行。

2016 年美国总统大选，带有右翼民粹主义思想的特朗普在大选中获胜。他当选后立即表现出对移民政策改革的极大兴趣，上台伊始就颁布加强边境控制、禁止穆斯林入境的行政命令，与此同时，还着手修建美国和墨西哥边境的隔离墙。

由上可知，二战后美国总统对非法移民的态度上经历了从漠视到日益重视的历史演变过程。如表 33 所示：

表 33　二战后美国总统对非法移民问题的兴趣程度评估②

总统	卡特	里根	老布什	克林顿	小布什	奥巴马	特朗普
兴趣程度	大	大	小	较大	很大	很大	很大

资料来源：笔者按照不同程度对二战后美国总统对非法移民问题的兴趣进行评估。

（二）相对自由、开放的非法移民政策

非法移民给美国社会带来了一系列消极影响。对此，保守的国会议员主张严厉打击非法移民。具体的措施包括：修建美国和墨西哥边境的隔离墙、大规模驱逐非法移民、实施严格的制裁雇主政策、坚决反对赦免政策、规定英语是官方语言等。在加强边境控制、打击和驱赶非法移民方面，美国

---

① http://www.rawstory.com/rs/2012/09/20/obama-immigration-reform-my-biggest-failure-so-far/.
② 图表受到以下文章的启发：Berdieva Dilchoda Namazovna, *Presidential Politics of Immigration Reform* (*Lyndon B. Johnson, Ronald Reagan, George H. W. Bush, Bill Clinton*), Ph. D. Dissertation, Miami University, 2003.

总统和保守的国会议员并无差别。例如，为了维护国家安全利益，克林顿、小布什、奥巴马均重视边境控制和实施驱赶非法移民的政策。但是，在是否给予非法移民一定的合法化渠道和年轻的非法移民是否享受公共教育权问题上，总统往往表现出比国会更加自由和开放的态度。具体表现如下：

　　首先，在非法移民的合法化问题上，从卡特到后来的奥巴马均表示支持。例如，1977年卡特在督促国会实施全面移民政策改革中提出，对1977年1月1日之前入境美国的非法移民采取合法化措施。具体的措施是：这些非法移民可以申请在美国居住5年，这期间他们不能担任社会公职，不能享受联邦政府提供的医疗、食品等社会公共福利；这些合法化的非法移民在5年的居住期内，只是可以在美国工作和自由出入；对任何在1977年1月1日之后入境美国的非法移民，则是严格执行移民法，他们不能拥有合法化的身份。[①] 在20世纪80年代的移民政策改革中，总统里根积极倡导赦免近300万非法移民。总统小布什在"9·11"之前对墨西哥总统声称将赦免300万墨西哥非法移民，但是"9·11"事件的发生改变了这一政策。"9·11"之后，面对1150万非法移民，小布什虽然声称反对赦免政策，但是他也主张给予非法移民一定的合法化渠道。[②] 奥巴马则积极推动赦免年轻非法移民的《梦想法案》。在2016年大选中，特朗普虽然反对给予年轻非法移民的合法身份，但是他当选后软化了这一立场。截至2018年4月，受国内右翼力量的影响，特朗普政府在这一问题上尚无明确的解决方案。

　　其次，在非法移民学生是否享受教育权问题上，二战后的多数总统表示赞同，反对驱逐公立学校的非法移民。例如，总统卡特认为非法移民的儿童拥有教育权，可享受公立学校的资源。在最高法院推翻了得克萨斯州有关非法移民学生不得享受公立学校的教育权法律后，卡特认可这一决定，并强调得克萨斯州政府应遵守。总统克林顿不支持加州的《187提案》，认为驱赶非

[①] Jimmy. Carter, *Undocumented Aliens Message from the President of the United States Proposing Actions to Reduce the Flow of Undocumented Aliens in this Country and to Regulate the Presence of Those Already Here*, House of Representative, U.S. Government Printing Office, August 4, 1977, http：//www.ilw.com/articles/2004, 0329 - carter.shtm.

[②] George W. Bush, *Decision Points*, New York：Crown Publishing Group, 2010, pp. 303 - 304.

法移民学生不能解决非法移民问题，反而会增加政府的负担。他指出："即使不给非法移民儿童教育权，也不能把他们驱逐出境，因此他们仍然滞留美国。最终，他们会流落街头，导致犯罪和增加反社会的行为，政府的负担也由此增加。"① 总统小布什、奥巴马也表示支持年轻非法移民享受教育权。在2016年大选中，特朗普虽然用极其严厉的语言谴责非法移民，主张驱逐非法移民以及禁止给予年轻非法移民州内学费，但是当选后软化了对年轻非法移民的态度。虽然在执政的第一年，特朗普对年轻非法移民的合法身份表现出反复无常的态度，但是对年轻非法移民的教育权问题，也未明确反对。

第三，在是否宣布英语为美国的官方语言问题上，美国总统均表现出自由和谨慎的态度。由于多数非法移民的语言是西班牙语，美国国内的保守主义者担心这种拉丁文化会对美国主流的盎格鲁—撒克逊文化造成冲击。例如，学者塞缪尔·亨廷顿就对这种多元文化忧心忡忡。② 相比之下，总统的观点则相对乐观和开放。例如，老布什支持英语是移民的第一语言，但是他认为不需要一部联邦法律来明文规定，因为这会导致对拉美裔群体的偏见。克林顿更是强烈反对把英语作为官方语言的立法，因为这会损害母语不是英语的少数族裔群体的利益。他主张加强双语教学和提高移民的语言和教育水平。③ 另外，克林顿不认同双语选举，并签署13166号行政命令，要求联邦政府保证民众可以得到不同语言的服务。④

（三）原因分析

总统之所以对非法移民问题日益重视并且持相对自由开放的态度，除了因为非法移民问题日益严峻外，外交战略的考虑和选举政治的需要也是重要的影响因素。

其一，外交战略的考虑。国会的非法移民立法不仅属于美国国内法，而

---

① Marcus. Ruth, "Clinton Opposes Anti-Immigration Ballot Measure", *The Washington Post*, October 22, 1994.
② [美] 塞缪尔·亨廷顿，程克雄译：《我们是谁——美国国家特性面临的挑战》，北京：新华出版社，2005年版。
③ WhiteHouse.gov web site, July 2, 2000.
④ Bobby Jindal, Peter Schweizer and Curt Anderson, *Leadership and Crisis*, Washington, D.C.: Regnery Publishing, 2010, p. 139.

且涉及到美国与墨西哥以及其他拉美国家的关系。基于美国总统在美国政治中的地位，一般而言，外交政策和国内立法相比，总统更关注前者。可是当国内立法与外交政策相关时，总统就会对国内立法倍加关注。随着非法移民问题重要性的提高，它已经成为美国和墨西哥关系的主要议题。另外，美国打击非法移民也需要墨西哥的合作。非法移民问题在美墨关系中的地位凸显，促使美国总统在这一问题上的兴趣日益提高。总统小布什在执政初期，就表现出对解决非法移民问题、加强美国和墨西哥关系的极大热情。在2001年上台伊始，他访问的第一站就是墨西哥。他在会见墨西哥总统时，声称将推动临时工人项目，但是"9·11"事件的发生让这一计划暂时搁置。由此可见，外交战略的考虑致使总统在处理非法移民问题时，不仅要考虑国内利益，还要综合考虑非法移民政策给美国外交战略所带来的影响。当联邦政府实施大规模的驱赶非法移民政策时，也要兼顾国际影响。例如，克林顿在回忆录中曾经写道，他曾向墨西哥总统保证不会大规模地驱逐非法移民。[1]

其二，选举政治的需要。国会议员虽然也受选举政治的影响，但是他们主要受选区选民的影响。相比之下，总统面临的是全美选民。随着美国国内拉美裔人口的增加，他们已成为总统大选中选票的重要来源。根据皮尤研究中心的报告，2008年，拉美裔人口的增长已经超过了其他少数族裔。2000年4月1日至2007年6月1日，美国拉美裔人口从1020万增长到4550万，增长率为29%。相比之下，非拉美裔的人口只增加了1000万，增长率仅为4%。[2]另据皮尤研究中心的报告显示，拉美裔选民政治参与的热情日益提高。在2004年的总统大选中，拉美裔选民占全部选民的8%，在2008年的总统大选中，拉美裔选民的比例占9%，在2012年的总统大选中，拉美裔选民的比例达到10%。[3]拉美裔选民往往存在于一些摇摆州，例如佛罗里达州、内华达州以及科罗拉多州等。在两党候选人势均力敌时，争取中间选民的支持就显得尤为重要。例如在2004年的总统竞选连任中，共和党候选人小布什，依靠

---

[1] Bill Clinton, *My Life*, 1st Edition, New York: Knopf Publisher, 2004, p.756.
[2] Richard Fry, "Latino Settlement in the New Century", *Pew Hispanic Center Report*, October 23, 2008; http://pewhispanic.org/files/reports/96.pdf.
[3] http://www.pewhispanic.org/.

佛罗里达州拉美裔选民的支持，以微弱优势战胜对手，赢得连任。因此，对总统候选人而言，实施自由开放的非法移民政策，主张给予非法移民合法化渠道，往往能赢得拉美裔选民的支持。例如在2008年的总统大选中，共和党候选人麦凯恩只获得33%的拉美裔选票，结果在竞选中失败。在2012年的总统大选中，支持奥巴马的拉美裔选民达到71%，支持罗姆尼的只有27%。① 战略分析家一致认为，赢得提名的共和党候选人必须保证40%拉美裔的选票。②

但是，2016年总统大选改变了这一规则。2016年总统大选的主要特点是反建制和中下层白人的反弹。尽管从长远而言，拉美裔选民的支持仍然重要，但是白人的反弹情绪导致特朗普最终赢得白宫宝座。由此，相比其他总统，特朗普在白人选民仍占优势的当下，其移民政策倾向于严厉。为了迎合中下层白人强大的反移民社会情绪，特朗普在竞选过程中大肆指责非法移民是强盗、强奸犯，并提出在美墨边境修筑隔离墙，让墨西哥政府买单，赢得中下层白人选民的狂热支持。

二、总统影响国会非法移民立法的方式及效果评估

按照美国三权分立的政治体制，总统的权力主要是使用行政权，推动移民法的执行。在立法方面，总统一方面拥有立法否决权，推翻国会的非法移民立法，导致法律失效；另一方面，总统可采取立法倡议和调解方式，推动国会立法。另外，总统还可以实施行政命令的方式，推行自己移民政策改革的理念，发挥短期"法律"的功能，但是不具备长期法律效用，因为随时可能被之后的总统推翻，而不需要经过修改一项法律那样冗长的程序。

（一）行政权

作为行政首脑，美国总统拥有的最大权力是行政权，运用行政权实现移

---

① http://www.pewhispanic.org/.
② Manuel Rogi-Franzia, *The Rise of Marco Rubio*, New York: Simon & Schuster, 2012, p.221.

民法案的执行是总统经常使用的方式，此方式的运用对治理非法移民问题产生了积极作用。

首先，联邦政府成立各种有关非法移民问题的委员会，调查和收集非法移民的资料，为国会立法起到建言献策的作用。第二次世界大战以后，联邦政府相继成立了非法移民政策改革委员会。诸如1969年成立的洛克菲勒委员会，该委员会由尼克松建立，负责调查美国人口增长和未来发展趋势。委员会在后来的报告中提到加强移民立法和关注非法移民问题。[①] 但是该报告在当时未引起美国社会的关注。

相比之下，1978年成立的移民和难民政策选择委员会和1990年的移民改革委员会（该委员会根据《1990年移民法》设立）对80年代和90年代的移民政策改革发挥了积极作用。1993年，克林顿成立了总统稳定发展委员会，负责调查移民和人口问题，该委员会在后来的报告中提出实施全面移民政策改革和减少非法移民。

其次，改革移民行政机构，提高执法效率。小布什在"9·11"后拆分移民归化局，建立国土安全部，提高边境管理，打击恐怖主义。"9·11"之前，移民归化局是负责移民问题的主要行政机构，其职责包括服务功能和实施功能。服务功能主要是：移民申请、变更移民身份、申请入籍等；实施功能主要是出入境管理、边境巡逻、调查、逮捕犯罪的外国人以及驱逐出境等。移民归化局身兼服务和实施的多重责任，效率难免低下。[②] 为了有效打击恐怖主义和保障边境安全，小布什拆分了移民归化局的服务和实施功能，成立了国土安全部。拆分后的移民归化局只保留了服务功能，国土安全部则继承了实施功能。

国土安全局自成立以来，不遗余力地驱逐非法移民，在打击非法移民方面发挥了积极作用。自2007年以来，国土安全局驱逐的非法移民数量呈现逐年递增的趋势，从291060人上升到2011年的396906人，如表34所示：

---

① https://www.numbersusa.com/content/learn/overpopulation/federal-commissions-immigration.html.
② "9·11"事件让移民归化局备受指责。

表34　2007—2011年国土安全部的移民海关实施部门驱逐的非法移民数量

时间	2007年	2008年	2009年	2010年	2011年
总数	291060人	369221人	389834人	392862人	396906人

资料来源：http://www.ice.gov/removal-statistics/.

由上可知，国土安全局的成立和运作有力地打击了非法移民，提高了行政效率。

第三，当总统重视非法移民问题时，往往采取增加财政拨款、加强边境控制和大规模驱赶非法移民的措施。例如，1982年总统里根向移民归化局增加了1.08亿美元的财政拨款，比1981年增加了30%，之后，国会通过了大部分联邦财政预算。[①] 1993年是总统克林顿重视非法移民问题的转折点。同年，克林顿召开记者会宣称：联邦政府将增加600多名边境巡逻人员，打击非法移民。这是二战后白宫首次把打击非法移民问题放在中心地位。

此后，每年的边境巡逻财政预算由1993年的3540亿美元一跃上升到1998年的8770亿美元，增长了148%；与此同时，西南边境的巡逻人员也由1993年的3389人增加到1998年的8200人。[②] 1995年2月，克林顿提出增加联邦预算，即拨款额外的10亿美元，用于解决非法移民问题。[③] 为了打击非法移民，1996年2月，克林顿签署行政命令，禁止联邦政府雇佣非法工人。[④] 2010年，奥巴马签署议案，向边境拨款6亿美元，其中1.759亿美元用于新增加的边境巡逻机构，5000万美元用于移民海关实施部门的新增机构，1400万美元用于维护边境隔离设施，3200万美元用于边境的空中设备，3000万美

[①] David Hiller, "Immigration Polices of the Reagan Administration", *University of Pittsburgh Law Review*. Vol. 44, No. 495, 1982.

[②] Alexander T. Aleinikoff and David A. Martin, *Immigration and Citizenship*, *Process and Policy*, 7th (*American Casebook*), New York: Thomson/West, January, 2008, p. 933.

[③] John Harris and Barbara Vobejda, "Clinton Backs Call to Reduce Immigration", *The Washington Post*, June 8, 1995.

[④] *Public Papers of the Presidents of the United States*, *William J. Clinton*, Washington, D.C.: United States Government Printing Office, 1994, p. 247.

元用于打击西南边境的暴力犯罪活动。①

另外,大规模驱逐非法移民也是总统治理非法移民问题的重要举措之一。例如,1954年艾森豪威尔政府实施"湿背运动",驱赶非法移民。艾森豪威尔一方面加强边境管理,建立一支由1075人组成的巡逻队,之后巡逻队的人员从1954年的1079人增加到1955年的1479人;另一方面他大规模的驱逐非法移民,这一政策得到加利福尼亚州政府的支持,但是得克萨斯州坚决反对。驱逐非法移民的行动在1954年6月17日实施,7月底,大约有5万人在两个州被逮捕,另外有48.8万人逃跑。行动主要是在加州、亚利桑那州、犹他州、内华达州、爱达荷州实施。9月,有8000人在得克萨斯州被逮捕,有50万—70万人自愿离开。② 1956—1964年,移民归化局平均每年驱逐的人员少于10万人。但是之后,逮捕的人数从1964年的8.6597万人增加到1969年的28.3557万人。③

1981年9月,总统里根发布针对从海上入境美国的非法移民的12324号行政命令。④ 小布什在8年总统任期内,共驱逐了200万非法移民,奥巴马在第一任期内就驱逐了150多万非法移民,⑤ 其在驱逐非法移民的规模和力度方面都远大于前任。2010年,奥巴马政府驱逐40万名非法移民,比2008年驱逐的非法移民数量增加10%,比2007年增加25%。⑥ 2010年10月到2011年9月,奥巴马政府驱逐了39.6906万名非法移民,其中,超过一半的非法移民有文件造假和犯罪行为。⑦ 自2009年以来,已有100万非法移民被驱逐出境。奥巴马在任的8年时间内,有280万非法移民被驱逐,其数额远

---

① H. R. 6080: "*Making Emergency Supplemental Appropriations for Border Security for The Fiscal Year Ending September 30, 2010, and for other Purposes*", Congress-Session: 111 – 2, August 10, 2010, http://www.gop.gov/bill/111/2/hr6080.

② John Dillin, "How Eisenhower Solved Illegal Border Crossing From Mexico", *The Christian Science Monitor*, July 6, 2006, http://www.csmonitor.com/2006/0706/p09s01 – coop.html.

③ INS Annual Report 1964, 1969, p. 83.

④ Rongald Regan, *Executive Order 12324 – Interdiction of Illegal Aliens*, September 30, 1981, http://www.presidency.ucsb.edu/ws/index.php?pid=44317.

⑤ http://www.minutemanproject.com/? p=1095.

⑥ Peter Slevin, "Deportation of Illegal Immigrants Increases Under Obama Administration", *The Washington Post*, July 26, 2010.

⑦ Brian Bennett, "Obama Administration Reports Record Number of Deportations", *Los Angeles Times*, October 18, 2011.

大于之前任何一个总统。① 值得指出的是，联邦政府大规模驱逐非法移民的政策并未减少非法移民的涌入。美国总统采取的以上打击非法移民的措施是必要的，但实际效果有限。另外，总统行政权的体现还通过以下行政机关实现。

首先，国土安全部。国土安全部是"9·11"后在继承了移民归化局的基础上建立起来的，其任务是保护边境安全、打击非法移民犯罪和恐怖主义。2003年3月1日后，移民归化局不复存在，被美国移民及海关执法局所取代，主要负责海关事务。新成立的国土安全部主要有三大机构：美国海关和边境保护局（CBP），负责边境检查和巡逻。2010年此部门有5800名工作人员，财政预算达到115亿美元；② 美国移民和海关执法局（ICE），主要负责打击偷渡、身份造假、逮捕和驱逐非法移民，2010年国会给予其57亿美元的运作资金。此机构也是美国第二大调查机构，地位仅次于美国联邦调查局。目前，共有7000人负责调查事务；美国公民和移民服务局（USCIS），负责办理移民申请、变更身份。2010年的财政预算为28亿美元。③

近年来，国土安全部扩展了行政执法的功能，并不局限于打击非法移民，而且在应对国内紧急危机事件中也能发挥作用。例如新成立的几个部门——海岸警卫队、联邦紧急管理机构、交通安全管理局、海关服务部门等，在2005年的"卡特里娜"飓风中，均发挥了积极作用。

其次，国务院。国务院主要职责是负责受理签证申请和颁发签证。国务院颁发的签证数量决定了每年入境美国的外国人数量。"9·11"之前，国务院的签证政策比较宽松，每年颁发700万个非移民签证。"9·11"后，国务院减少了签证数额。2010年，国务院颁发的非移民签证大约有600万个。历史上，国务院曾经支持国会延长季节工人项目。④ 在1986年的非法移民立法

---

① Amanda Sankuma, "Obama Leaves Behind a Mixed Legacy on Immigration", *NBC News*, January 15h, 2017, http://www.nbcnews.com/storyline/president-obama-the--legacy/obama-leaves-behind-mixed-legacy-immigration-n703656.

② Alexander T. Aleinikoff, David A. Martin, *Immigration and Citizenship*, *Process and Policy*, 7th (*American Casebook*), New York: Thomson/West, January, 2008, p. 242.

③ Ibid.

④ Richard B. Craig, *The Bracero Program: Interest Groups and Foreign Policy*, Austin & London: University of Texas Press, 1971, p. 139.

过程中，国务院认为赦免政策必须制定合法化的程序以及结合制裁雇主政策。① 在1996年的非法移民立法过程中，国务院支持建立雇佣身份裁决体系，关注签证过期和档案造假问题。②

第三，劳工部。劳工部以保护美国劳工利益为服务宗旨，它关注劳工的工资水平和工作条件。随着非法移民数量的增加，劳工部也重视保护非法移民工人的利益。2011年，时任劳工部长希尔达·索利斯（Hilda Solis）强调，非法移民劳工的工作环境、待遇，同样受劳工部的保护。③

劳工部的另一职责是和国土安全部合作授予符合条件的外国人工作签证，外国临时工人也包含在内。在国会的非法移民立法中，劳工部主要关注非法移民的合法权益问题。它认为实施制裁雇主政策和最低工资制度是移民政策改革的重要组成部分。④

第四，农业部。农业部主要关注农业问题，例如食品安全、农业生产、农业劳动力是否充足等问题。农业部对国会非法移民立法的基本观点是，在确保农业劳动力充足的基础上实施立法，这和农场主利益集团的观点如出一辙。历史上，劳工部曾经积极支持国会延长季节工人项目。⑤ 在20世纪80年代的移民政策改革中，农业部也同意实施合法化的措施和制裁雇主政策，但它认为以上政策应该结合外国临时工人政策。⑥

---

① *Legalization of Illegal Immigrants*: Hearing before The Subcommittee on Immigration and Refugee Policy of the Committee on the Judiciary, United States Senate, Congress-Session: 97 – 2, October 29, 1981, p. 17.

② *Immigration in the National Interest Act of 1995*: Hearing before the Subcommittee on Immigration and Claims of the Committee on the Judiciary, House of Representatives, Congress-Session: 104 – 1, June 29, 1995, Washington, D. C.: U. S. Government Printing Office, 1996, p. 49.

③ "美国劳工部部长：非法移民劳工待遇同样受保障"，中国新闻网，2011年9月1日，http://www.chinanews.com/hr/2011/09 – 01/3300002. shtml。

④ *Immigration in the National Interest Act of 1995*: Hearing before the Subcommittee on Immigration and Claims of the Committee on the Judiciary, House of Representatives, Congress-Session: 104 – 1, June 29, 1995, Washington, D. C.: U. S. Government Printing Office, 1996, pp. 55 – 64.

⑤ Richard B. Craig, *The Bracero Program*: Interest Groups and Foreign Policy, Austin & London: University of Texas Press, 1971, p. 139.

⑥ *Legalization of Illegal Immigrants*: Hearing Before The Subcommittee on Immigration and Refugee Policy of the Committee on the Judiciary, United States Senate, Congress-Session: 97 – 2, October 29, 1981, p. 3.

第五，社会保障部。社会保障部主要负责社会保险问题。自《1996年非法移民改革和移民责任法》规定建立雇佣身份电子裁决体系以来，社会保障部在核实被雇佣者真实身份方面发挥积极作用。根据体系的规定，任何在美国合法就业的人员都有一个社会保险卡，根据这个社会保险卡的号码，雇主可以判定被雇佣者的身份是否合法。除此以外，其他负责移民事务的行政机关还有公共健康和服务部门，它属于卫生和人权服务部的下属机构，主要负责难民安置工作。

（二）立法否决权

在立法方面，总统影响国会非法移民立法权的最有效方式是立法否决权。根据宪法规定，作为立法者的总统在10天（除了星期天）以内，对国会两院已通过的议案有以下4种选择：签署议案，议案最终成为法律；否决议案，让国会重新审议；总统不采取任何行动，10天以后议案自动变成法律，此情况适用于总统不喜欢此法律，但是尚未至否决的地步；搁置议案，在宪法的框架下，如果总统退回议案，此时如果国会处于休会期，那么议案就不能变成法律，反之，国会需要重新修改，修改好的议案在经过国会批准后，需要再次提交总统签署。如果总统否决议案，不经总统签署的议案成为法律，须经国会两院三分之二议员同意。

对一项已获得国会通过的议案而言，最幸运的结果是总统签署议案，成为法律。反之，议案则难以变为法律。概括而言，总统立法否决权的主要方式有以下几种：直接否决，国会重新审理议案；签署声明，即总统在签署法律同时，附加自己对某一条款的认识，也可以是解释性质的说明，此情况往往被视为总统的单向否决；搁置否决权，即在10天（除去星期天）内，如果总统在国会休会期间退回议案，那么议案就不能变成法律；单项否决权主要应用于财政预算方面的议案，为解决总统和国会的财政预算权矛盾而设。① 国会的非法移民立法不属于联邦财政预算议案，因此总统不能运用单项否决权。② 在国会的移民和非法移民立法中，总统主要运用直接否决权和签署声

---

① 具体内容是总统部分否决国会通过的联邦预算。
② 但是，在打击非法移民问题上，也涉及总统要求国会拨款的财政预算。

明权进行否决。

其一，在直接否决权方面，总统虽多次使用，但屡遭失败。例如，克利夫兰、塔夫托、威尔逊三位总统分别在1896年、1913年和1915年否决了国会通过的《识字测试法案》（Literacy Tests）。但是在1917年，国会最终推翻了威尔逊总统的否决，通过了《识字测试法案》。该法案目的是对入境美国的外来移民进行文化测试，要求新移民必须掌握英语或其他一种语言的读、写能力，否则不得入境。第二次世界大战后，总统杜鲁门否决了国会通过的《1952年移民入籍法》，反对移民的民族限额制度。但之后，国会推翻了杜鲁门的否决，最终颁布了法律。

在国会的非法移民立法历史上，总统在两部专门的非法移民法——《1986年移民改革和控制法》和《1996年非法移民改革和移民责任法》的立法过程中均未使用直接否决权。但是在后者的立法过程中，当时的总统克林顿为了反对国会把限制非法移民教育权的加莱格利（Gallegly）条款写入法律，扬言将动用立法否决权。加莱格利条款是由众议员埃尔顿·加莱格利提出的，内容是州政府有权拒绝非法移民学生在中小学接受公立教育或者让他们多交纳学费。之后，克林顿给众议院的发言人金里奇写信，重申自己的意见。参议员辛普森也支持总统的意见，并积极推动自己的共和党同事反对。最终，经过总统和国会的协商和妥协，克林顿的意见体现在《1996年非法移民改革和移民责任法》中。这是历史上为数不多的一次总统利用立法否决权的权威，对国会的非法移民立法成功施加影响的案例。在特朗普执政第一年，是否给予年轻非法移民合法身份问题成为白宫和国会斗争的焦点。国会内的民主党议员希望通过《梦想法案》，但是特朗普希望以修建边境隔离墙作为交易，并扬言如果国会通过的《梦想法案》和自己推翻DACA的行政命令不符合，会动用立法否决权。截至2018年4月，双方就这一问题仍然未达成一致意见。

其二，使用签署声明权。签署声明权没有宪法依据，它是在实践中发展起来的另一种总统立法权。最早使用签署声明权的是美国第五任总统詹姆斯·门罗，之后被其他总统广泛使用。签署声明权被视为立法的官方记录、行政机构的指示、总统可不执行法律的宣言，它意味着行政权力的扩展。① 在实践中，总统运用签署声明权是否干预司法是一个颇有争议的问题。"9·11"之后，小布什因大量使用签署声明权，提出行政权力统一理论，扩大行政权而招致批评。② 实际上，签署声明权的使用并不直接危害三权分立的原则。③

在国会的移民或者非法移民立法中，总统也往往使用签署声明权，阐述自己对议案的理解，或褒或贬，突出某一法案的意义。例如，总统柯立芝在《1924 年移民法》的签署声明中强调对排除日本、中国以及其他亚洲国家移民条款的认可；杜鲁门在否决《1952 年移民入籍法》时，发表了他的否决签署声明，他认为议案具有种族主义倾向，缺乏公平性，其他国家没有得到平等对待；移民限额不能满足美国经济发展的需要。他提议国会消除种族主义的偏见，考虑远东国家的利益。后来，杜鲁门的移民政策改革意见在《1965 年移民改革法》中得到体现。④ 后来的总统约翰逊通过签署声明权，高度评价了《1965 年移民改革法》的意义，他指出法律虽然不具有革命性，但是它是当时国会通过的最重要和最全面的法律，因为它弥补了过去法律的缺陷，体现了法律的公正性。

总统里根在《1986 年移民改革和控制法》中同样高度评价了法律的积极意义。他指出，《1986 年移民改革和控制法》是自 1952 年移民政策改革以来美国移民法历史上最全面的法律，因为法律中所规定的制裁雇主政策、加强边境管理和实施合法化的政策，有力地应对了美国所面临的非法移民问题。⑤ 总统运用签署声明权仅仅表达总统的观点和宣传法律精神，对最终的立法不产生实质影响。

---

① James P. Pfiffner, "Presidential Signing Statements and Their Implications for Public Administration", *Public Administration Review*, March/April, 2009, http://faculty.cbpp.uaa.alaska.edu/afgjp/PADM601%20Fall%202009/Presidential%20signing%20statements.pdf.

② James P. Pfiffner, "Presidential Signing Statements: Constitutional and Institutional Implications", *Congressional Research Service Report*, RL 33667, April 13, 2007.

③ James P. Pfiffner, "Presidential Signing Statements and Their Implications for Public Administration", *Public Administration Review*, March/April, 2009, http://faculty.cbpp.uaa.alaska.edu/afgjp/PADM601%20Fall%202009/Presidential%20signing%20statements.pdf.

④ 《1965 年移民和国籍法》废除了民族限额制度，实施全球限额制度。

⑤ "Perspectives Statements of U.S. Presidents Coolidge, Truman, Johnson, and, Reagan on Immigration Acts", *International Migration Review*, Volume. 45, Issue. 1, Spring, 2011.

(三) 立法倡议、调解

除了立法否决权外，为达到最终的法律能够体现总统意愿的目的，总统还可以通过立法倡议、调解等方式推动国会立法。二战以后，随着总统对非法移民问题兴趣的增加，总统在国会的非法移民立法中，往往扮演积极的立法倡导者角色。例如，卡特对非法移民立法非常积极，但是他在任期间没有实施移民政策改革。1977年，卡特向国会提交报告，推荐国会采取制裁雇主、赦免政策、提高边境安全等方式以解决非法移民问题。但是此报告没有引起国会重视。有学者认为，卡特报告失败的原因是建议缺乏现实的实施依据。[①]

为了解决非法移民问题，1981年3月里根成立了移民和难民政策的总统工作小组，该小组就移民政策改革问题向总统汇报。4个月后，工作小组出台了报告，报告在肯定合法移民给美国社会带来的贡献的同时，也强调非法移民所带来的消极影响。根据报告的建议，1981年7月1日，里根向国会提交含有制裁雇主政策、赦免政策、边境管理等内容的报告。后来，以上内容均在1986年的移民政策改革中得到体现。

克林顿是推动国会20世纪90年代非法移民政策改革的积极活跃者。为了控制非法移民，克林顿充分使用了总统的演讲权和游说权，在不同的场合阐述移民政策改革的重要性，甚至把其视为总统任期间内的首要任务。[②] 1995年5月3日，克林顿致信国会众议院，阐述自己对非法移民政策改革的意见。具体包括：严格控制非法移民；利用移民归化局的数据库和社会保障局的资料，提高核实移民身份的有效性；加强档案管理，提高行政效率；完善防范外国人偷渡和非法入境的法律；简化驱赶程序，提高驱赶犯罪外国人的效率；制裁拒绝接收被驱逐出境移民的国家，减少这些国家的签证数量等。[③] 随

---

① Lisa Magana, *An Analysis of the INS Implementation of IRCA in Los Angeles*, Claremont: The Claremont Graduate School, 1995, p. 60.

② John Dillion, "Clinton Vows to Stem Tide of Illegal US Immigration", *The Christian Science Monitor*, June 21, 1993.

③ Proposed legislation, "*Immigration Enforcement Improvements Act of 1995: Message from The President of The United States Transmitting a Draft of Proposed Legislation Entitled*", 104th Congress, 1st session, House Document: 104-68, May 3, 1995, Washington, D.C.: United States Government Printing Office, 1995.

后，克林顿于5月6日发表广播讲话，敦促国会采取有效措施减少非法移民。① 1996年，克林顿再次强调保护边境安全和美国公民的工作、驱逐犯罪的外国人。②

尽管克林顿对非法移民问题较为积极、热衷，但他对1996年的移民政策改革并未施加重要影响。原因是1994年的国会中期选举之后，共和党控制国会和把持移民立法程序。因此，身为民主党人的克林顿难有作为，只能对移民政策改革持观望态度。③ 他对《1996年非法移民改革和移民责任法》的主要影响是，增加了非法移民学生享受教育权的条款、用"取消驱逐"条款取代"暂停驱逐"条款。1997年7月，克林顿向国会提交《移民转型法》，提出用"取消驱逐"取代"暂停驱逐"条款。④ 此措施针对合法移民和长久居民，"暂停驱逐"虽然和"取消驱逐"类似，即暂时取消对移民驱逐出境，但是后者免于驱逐的程度更高，有利于保护合法移民的利益。根据"取消驱逐"条款，只要在美国连续居住7年、拥有良好道德记录的合法移民就可以申请，成功的申请者可免于在以后被驱逐出境。

总统小布什和奥巴马都对非法移民政策改革抱有极大热情，是当前全面移民政策改革的积极推动者。2006年5月15日，小布什发表有关移民政策改革的每周讲话。在讲话中，小布什既反对赦免非法移民，也反对大规模地驱逐非法移民。他在承认非法移民给美国社会造成负面影响的同时，也赞扬一些努力工作的非法移民。对此，他呼吁国会通过全面移民政策改革。他的建议是：加强边境管理、实施临时工人项目；实施制裁雇主政策；反对赦免政策（但是支持一些努力工作的非法移民在满足一定条件下获得合法身份）。⑤ 奥巴马也在多种场合呼吁国会通过全面移民政策改革。相比之下，特朗普对非法移民政策改革的热情更高。在执政第一年，除了积极利用其行政

---

① *Public Papers of the Presidents of the United States*, *William J. Clinton*, Washington, D. C. : United States Government Printing Office, 1994, p. 647.

② Ibid., p. 1117.

③ David Stoesz, *Small Change: Domestic Policy Under the Clinton Presidency*, White Plains: Longman Publishers, p. 206.

④ *Public Papers of the Presidents of the United States*, *William J. Clinton*, Washington, D. C. : United States Government Printing Office, 1994, p. 996.

⑤ http://archives.uruguay.usembassy.gov/usaweb/paginas/2006/06 – 195EN.shtml.

权实施"美国优先""雇佣美国人、购买美国货"的移民政策改革理念外，还推动国会的移民政策改革以实现其政治议程。2017年8月，特朗普和共和党的两名参议员联合公布了《改革美国移民政策以促进经济法案》。根据这一法案，美国将实行类似加拿大或者澳大利益的积分制度，每年100万的合法移民将要减少一半。这一议案招致民主党议员的强烈反对，共和党内部意见也不一致，议案目前处于搁置的状态。

在立法过程中，当国会内部存在巨大分歧时，总统还是一个不错的调解人。在1986年的移民政策改革中，里根较好地扮演了这一角色。根据学者洛克曼的研究，里根属于"听之任之"的总统，不喜欢过多干预国会立法，但他是一个优秀的调解者。[1] 学者约翰认为，里根在公共政策中尽力充当协调者角色。[2] 正因如此，国会议员和利益集团都乐意与他沟通、交流。1982年，国会已经提出全面而详细的移民政策改革议案，但是由于国会和利益集团在某些问题上的巨大分歧，直到1986年，正式的移民法才得以颁布。在这四年间，里根利用电视讲话、参加国会议员的个人会议、会见利益集团等各种方式，与各方进行协调。一些致力于移民政策改革的国会议员积极肯定里根对最终法律的出台所做出的贡献。国会议员罗迪诺（纽约州的民主党人）认为，如果没有总统里根的强有力领导，移民政策改革难以实现。

相比之下，总统小布什则相形见绌。2007年，当国会参议院否决了全面移民政策改革议案时，小布什马不停蹄地从欧洲回国，立刻赶到国会山与本党参议员进行餐叙，希望消除反对意见。小布什在游说中，表现出极大的诚意，如他放低姿态主动前往国会山，而非邀请议员到白宫进行餐叙。即使如此，他最终也难以挽回议案被否决的命运。[3] 由此可见，总统调解者的角色虽然对推动国会立法、消除分歧具有积极的意义，但是立法能否成功最终取决于国会内部力量的妥协。

---

[1] Bert Rockman, "The Style and Organization of the Reagan Presidency" in Charles O. Jones. eds., *The Reagan Legacy: Promise and Performance*, Chatham: Chatham House Publishers, 1988, p. 9.

[2] John Greene, *The Presidency of George Bush*, Lawrence: University of Kansas Press, 2000, p. 149.

[3] 李焰："众口难调，大移民法案被参议院枪毙"，《华盛顿观察》周刊，2007年6月14日，http://intl.ce.cn/sjjj/gat/200706/15/t20070615_11772581.shtml。

(四) 行政命令

当总统的立法倡议、调解无效时，总统往往采用行政命令的方式推进其移民政策改革的理念。行政命令属于总统的行政权，但是相比一般的行政权，它具有更高的法律效力。行政命令的宪政来源比较模糊，其根据是美国宪法第二条第一款"行政权属于美利坚合众国总统"，以及第二条第三款"照顾法律被忠实执行"。由此可见，行政命令具有法律效力，旨在指导行政机构的行为。行政命令权在扩大总统行政权的同时，在一定程度上也侵犯了国会的立法权。根据三权分立原则，只有国会有权颁布法律，而总统不经国会，通过行政命令颁布法律，违背权力制衡原则，为此，行政命令也饱受批评。在移民问题上，二战后的美国总统热衷于使用行政命令。如表35所示：

表35　二战后美国总统涉及移民问题的主要行政命令

总统姓名	时间	内容	受影响的人群
特朗普	2017年4月	收紧H1B签证	难以估计①
特朗普	2017年1月	加强边境安全，阻止非法移民入境，禁止7个来自中东、非洲，且为穆斯林国家的人民入境美国，禁令对拥有美国签证或绿卡身份者也有效（后被豁免）；暂停难民接纳项目	人数难以估计②
奥巴马	2014年11月	美国公民和长久居民的非法移民父母免于被驱逐	390万人③
奥巴马	2012年6月	年轻的非法移民免于被驱逐，他们可以在美国获得暂时工作许可。	150万人④

---

① 受影响的主要是来自印度、中国的理工科背景的国际留学生。
② 根据美国公民自由联盟（ACLU）估测，有100人至200人在全美各大机场被拘留，数百人被拒绝登上赴美班机。据报道，还有约60名拥有永久居留权的居民在华盛顿哥伦比亚特区附近的杜勒斯国际机场被拘留；但美国国土安全部表示，2017年1月28日的行政命令，在所有抵达美国本土的325000人中，仅仅影响了其中的不到百分之一。
③ 根据美国移民委员会报告估计。
④ 同上。

续表

总统姓名	时间	内容	受影响的人群
克林顿	1997年12月	海地难民免于被驱逐	2—4万人
布什、克林顿	1992—1993年	萨尔瓦多难民免于被驱逐	2万人
布什	1990年2月	把里根时期家庭平等原则扩展到取得合法化身份的配偶和未婚子女	不到10万人
布什	1989年11月	"1989年风波"中受影响的中国公民免于被驱逐	8万人
里根	1987年10月	获得合法化身份父母的未成年子女	10万家庭
里根	1987年10月	尼加拉瓜难民免于驱逐	20万人
卡特	1980年4月	通过海洋船只入境的古巴和海地难民，允许入境	15万人
福特、卡特	1975—1979年	有美国亲属关系的越南人可在1975年春天入境	36万人
肯尼迪	1961年2月	卫生、教育、社会福利部门建立援助古巴的正式项目	100万人

资料来源：作者结合 Drew Desilver, "Executive Actions on Immigration Have Long History", *Pew Research Center*, November 21, 2014, http://www.pewresearch.org/fact-tank/2014/11/21/executive-actions-on-immigration-have-long-history/; "Executive Order: Protecting the Nation Reform Foreign Terrorist Entry into the United States", The White House official website, January 27th, 2017, https://www.whitehouse.gov/the-press-office/2017/01/27/executive-order-protecting-nation-foreign-terrorist-entry-united-states 绘制而成。

由表35可知，总统对移民行政命令的使用具有以下特点：

首先，美国总统使用移民行政命令的频率和次数逐步提高和增加，除了肯尼迪、福特之外，多数总统诸如里根、布什、克林顿、奥巴马、特朗普均至少使用了两次涉及移民政策改革的行政命令。另外，总统颁布移民行政命令的周期缩短，奥巴马政府时期，时隔2年颁布了两次行政命令。相比之下，特朗普的移民行政命令周期更短，短短2个月内就签署了两次。

其次，行政命令的关注对象从难民转向非法移民。例如，肯尼迪设置了古巴难民项目，向古巴难民提供援助，具体包括医疗、金融援助等，此项目在后来形成了移民和难民援助法案。1971年，60万古巴难民进入美国。截至2012年，有100多万古巴人居住在美国，其中97%是1959年后进入美国的。福特和卡特允许更多的来自越南、柬埔寨、老挝的难民入境美国，1975—1979年，大约有360万来自印度尼西亚的难民被允许入境美国。1980年，大约有12.5万名古巴人和2.5万名海地人入境佛罗里达州，在得到卡特政府的允许后，这批难民最终在1986年移民政策改革中获得合法身份。[①] 到了奥巴马时期，奥巴马颁布的两次移民行政命令均针对非法移民。而特朗普第一次颁布的移民行政命令亦针对非法移民，他企图通过加强边境管理的方式，打击非法移民。

行政命令的使用，在于修补法律不足，正如奥巴马在2014年签署行政命令时所言："我采取的行政命令在历史上，民主党和共和党都实施过，这些行动可以让我们的移民体系更加公平。"[②] 但是，地方政府并非完全执行政命令。诸如奥巴马的移民行政命令，第一次被暂缓，第二次陷入僵局；特朗普的移民行政命令也招致州政府反对，自由的州政府宣布不配合联邦政府。特朗普第一次移民行政命令被暂缓执行90天之后，他继而谋求修改新行政命令。而后，他收紧H1B签证的第二次移民行政命令也招致国内自由派的反对。

由上可知，在总统影响国会非法移民立法的主要方式方面，行政权的使用是最强有力的；总统的立法否决权往往成效不大；而对于使用立法倡议、调解和行政命令权，二战后的总统们日益积极和热衷。因此，在非法移民问题上，总统的作用更多体现在移民执法上，在推动立法方面，作用不大。如表36所示：

表36　二战后主要总统在非法移民问题上的作用评估

主要总统	非法移民立法角色	作用评估
卡特	倡导者	小

[①] Drew Desilver, "Executive Actions on Immigration Have Long History", *Pew Research Center*, November 21, 2014, http://www.pewresearch.org/fact-tank/2014/11/21/executive-actions-on-immigration-have-long-history/.

[②] "Is Obama's Immigration Executive Order Legal?", *U.S News*, November 21, 2014, https://www.usnews.com/debate-club/is-obamas-immigration-executive-order-legal.

续表

主要总统	非法移民立法角色	作用评估
里根	调解者	大
克林顿	积极的立法倡导、推动	大
小布什	积极的立法倡导、推动	大
奥巴马	积极的立法倡导、推动	很大
特朗普	立法倡导、热衷行政命令	很大

资料来源：笔者自制。

第二节　地方政府与国会非法移民立法

一、地方政府[①]与国会的非法移民立法权之争

（一）愈演愈烈的非法移民立法权之争

根据美国宪法，移民立法权属于国会（第二章第一节），国会享有全部的移民立法权，但是历史上州政府也曾对移民问题实施了立法。随着非法移民问题在美国社会重要性的提高，地方政府对移民问题、非法移民问题也日益关注，一些非法移民存在较多的州相继立法。20世纪70年代，得克萨斯州出台法律，限制非法移民儿童到公立学校就读。1994年，加利福尼亚州出台《187提案》，把州政府与国会的非法移民立法权之争推上了风口浪尖。2000年后，随着越来越多的地方政府介入非法移民立法，地方政府与联邦政府的移民立法权之争呈现愈演愈烈的趋势，其特点如下：

首先，移民立法权之争的内容不断扩大。20世纪90年代，移民立法权之争主要围绕着非法移民教育权问题展开。例如，1994年的加州《187

---

① 本书把地方政府界定为州政府和州级别以下的政府。

提案》否决了非法移民的中小学教育权,掀起一场与联邦政府的小规模移民立法权之争。而2000年后,尤其是2005年后,移民法之争的内容已经出现了全方位扩展,涉及移民的教育、就业、生活、移民机构执法等各个方面。相比联邦移民法,州政府颁布的移民法多以限制移民利益,尤其是严厉打击非法移民为主要目标。州政府颁布的移民法主要涉及移民的教育、财政预算、就业、法律实施、非法移民驾照、移民的医疗等问题。2006年,约有570个涉及移民问题的议案被纳入各州的立法活动中,其中多数强调非法移民的雇佣问题。[①] 2006年7月,共有30个州通过了57个有关移民政策改革的议案,多数议案主张限制非法移民获得驾照、享受政府提供的失业补偿以及其他社会福利等。2013年,多数州政府颁布移民法,对移民在就业、教育、住房以及获得政府资助等方面的权益进行了各种限制。[②]

立法权之争范围的扩大与州政府移民立法积极性的提高密切相关。自2005年以来,州政府在移民立法问题上变得日益积极。[③] 如表37所示:

表37 2005—2011年美国州政府的移民立法数量

时间	引入议案数量	州议会通过的移民法	否决的议案	最终颁布的移民法	颁布的移民条例	颁布移民法和移民条例总数
2005	300	45	6	39	0	39
2006	570	90	6	84	12	96
2007	1562	252	12	240	50	290
2008	1305	209	3	206	64	270
2009	15001	373	20	222	131	353

---

① Stephen Yale-Loehr and Ted Chiappari, "Immigration: Cities and States Rush in Where Congress Fears to Tread", *Bender's Immigration Bulletin*, Vol. 12, No. 341, March, 2007.

② Peter Schuck, "Some Federal-State Developments in Immigration Law", *New York University Annual Survey of American Law*, Vol. 58, Issue. 3, 2002.

③ John Dinan and Dale Krane, Dinan, "The State of American Federalism, 2005: Federalism Resurfaces in the Political Debate", *Publius: The Journal of Federalism*, Vol. 36. Issue. 3, Summer, 2006.

续表

时间	引入议案数量	州议会通过的移民法	否决的议案	最终颁布的移民法	颁布的移民条例	颁布移民法和移民条例总数
2010	14001	356	10	208	138	346
2011	1607	318	15	197	109	306

资料来源:"2011 Immigration-Related Laws and Resolutions in the States", *National Conference of State Legislatures*, 09/01/2016, 上网时间: 2017年1月11日, http://www.ncsl.org/research/immigration/state-immigration-legislation-report-dec-2011.aspx。

备注: 2009—2010年的数字是估计值; 时间截至2011年12月7日。

由表37可知, 2005—2011年, 无论是从移民议案引入的数量, 还是从最终颁布的移民法规数目方面看, 总体上, 州政府每年颁布的移民法规数量都呈现增加趋势。另外, 州议会移民议案的通过率也较高。由此可见, 州政府对移民问题十分重视。

2012—2014年, 州政府的移民立法积极性有增无减。2012年, 44个州政府包括波多黎各在内共颁布了156个移民法和111项移民条例, 总数达到267个; 2013年, 州政府颁布了184个移民法和253个移民条例, 总数达到437个; 2014年, 州政府颁布了171项移民法和117项移民条例, 移民法规总数达到288个。[①]

其次, 移民立法权之争的范围不断扩大。具体表现如下: 其一, 颁布移民法的州政府在全美范围内扩大。过去, 全美颁布移民法规的州主要集中在边境州、中西部的农业州以及东北部的工业州。目前, 随着移民, 尤其是非法移民在全美境内的增加和流动 (根据美国国土安全部的估计, 目前美国境内的非法移民已达到1100万—1200万人), 颁布新移民法的各州已经不局限于传统的移民州, 而是向全美扩展。如表38所示:

---

① 美国移民法与州移民立法官方网站, http://www.ncsl.org/research/immigration/state-laws-related-to-immigration-and-immigrants.aspx。

表38 2005—2015年颁布并实施新移民法的美国各州数量

时间	全美颁布新移民法的州的数量
2005年	25个
2006年	32个
2007年	46个
2008年	41个
2009年	48个
2010年	46州+哥伦比亚特区
2011年	42州+波多黎各①
2012年	44州+波多黎各
2013年	45州+哥伦比亚特区
2014年	43州+哥伦比亚特区
2015年	49州+波多黎各

资料来源：作者综合以下资料绘制而成，"State Laws Related to Immigration and Immigrants", *National Conference of State Legislatures*, September 1st, 2016, http://www.ncsl.org/research/immigration/state-laws-related-to-immigration-and-immigrants.aspx。

备注：截至2011年12月7日。

其二，越来越多的州政府颁布苛刻的移民法，超越了联邦移民法的规定，并卷入移民立法权之争中。这突出表现在打击非法移民的就业问题上。一方面，在制裁雇主政策方面，越来越多的州政府实施比联邦政府更加严厉的措施。联邦法只是对雇佣非法移民的雇主进行罚款，即雇佣非法移民属于违法行为，但不是犯罪。① 而相比之下，一些州政府的移民法不仅在罚款金额上超越联邦法，甚至将雇佣非法移民判定为犯罪行为。诸如宾夕法尼亚州的黑泽尔顿在2006年出台《2006年黑泽尔顿缓解非法移民条例》，规定对雇佣非法移民的农场主罚款1000美元；雇佣非法移民的商业雇主则被吊销营业执照；支持他人对雇佣非法移民的雇主进行投诉并鼓励民众向执法机构报告

---

① 具体内容是雇佣非法移民的雇主都要接受处罚。第一次违反规定雇佣一个非法移民，罚款250—2000美元；第二次违反罚款2000—5000美元；第三次违反罚款3000—10000美元；第四次违反，监禁6个月，并罚款3000美元。

违法的个人和机构。亚利桑那州、阿拉巴马州、印地安纳州规定非法移民就业是犯罪。其中，亚利桑那州和阿拉巴马州甚至还规定协助非法移民寻找工作或者获得车辆也是犯罪。

另一方面，越来越多的州政府强制雇主加入雇佣身份电子核查体系。这些州是阿拉巴马州、佐治亚州、印地安纳州、南卡罗来纳州、犹他州等。[①] 雇佣身份电子核查体系是指雇主通过拨打免费电话的方式确认求职者的真实身份，是由联邦政府的移民管理部门建立的。根据联邦移民法，雇主可自愿加入该体系。然而，以上各州却强制推行这一政策。

第三，移民立法权之争的程度加深。20 世纪 90 年代的移民立法权之争主要表现在州政府的移民法超越了联邦法的规定。诸如加州《187 提案》的立法背景是联邦政府就非法移民中小学教育权无明文规定。在当前全面移民政策改革的背景下，州政府除了超越联邦法外，还质疑和直接违背联邦法，步步紧逼并不断挑战联邦法的权威。

其一，州政府质疑非法移民享有中小学的公共教育权。根据联邦移民法，年轻非法移民可享受 12 年级的公立教育，但是阿拉巴马州质疑联邦政府的这一规定。2011 年 6 月，阿拉巴马州出台了《比森—哈蒙阿拉巴马州纳税人和公民保护法》，质疑年轻的非法移民享有公立学校的教育权问题。[②] 根据法律，州内任何中小学都要确认学生的真实身份，并向州相关机构报告。如果研究发现，对非法移民提供的免费公立教育，不会损害纳税人的利益，那么州政府需要继续遵守联邦法的规定。反之，联邦政府需要重新思考这一规定，并修改之前的法律。无独有偶，佐治亚州也出台了类似的法律。

其二，州政府突破其移民执法的权限，直接违背联邦法。这一点在移民执法部门强制核查移民身份问题上体现的尤为明显。根据联邦移民法，联邦移民执法机构负责核实个人的移民身份，州政府只是配合执法；州移民执法机构只能逮捕犯罪的非法移民、被驱逐出境再次入境的非法移民，联邦移民

---

① 佐治亚州在 2012 年修改了法律，废除强制雇主加入此体系，并规定州移民执法部门要和联邦机构保持一致。

② "Alabama Immigration Law: Court Blocks State From Checking Undocumented Student Status", *The Huffing Post*, October 15, 2011, http://www.huffingtonpost.com/2011/10/15/alabama-immigration-law-c_n_1012402.html.

执法机构可逮捕仅仅违反移民法的移民；在移民执法问题上，联邦移民执法机构拥有优先权，州内警察不得强制核查个人的移民身份。但是亚利桑那州2010年出台的《亚利桑那州参议院1070议案》大大挑战了联邦移民法的底线。根据此法，当州内移民执法机构有合理的理由怀疑某人是非法移民时，他们有权确认其身份。① 亚州法律之后，阿拉巴马州、佐治亚州、印地安纳州、南卡罗来纳州、犹他州等也陆续出台类似法律，在移民执法权问题上挑战联邦法的权威。州政府对联邦政府移民立法权权威的挑战最终导致多起司法诉讼。其中，争议最大的地方法律主要有宾夕法尼亚州黑泽尔顿市的《2006年黑泽尔顿缓解非法移民条例》、亚利桑那州的《亚利桑那州参议院议案1070法案》、阿拉巴马州的《比森—哈蒙阿拉巴马州纳税人和公民保护法》。

　　《2006年黑泽尔顿缓解非法移民条例》主要参照的是2006年加州圣贝纳迪诺市（San Bernardino）的《2006年圣贝纳迪诺城市缓解非法移民议案》，当时圣贝纳迪诺的共和党人约瑟夫·特纳（Joseph Turner）起草了保护加州的法律，提出避免加州成为"第三世界的粪坑"。② 议案的主要内容是：商业雇主与非法移民签署的契约无效、吊销雇佣非法移民雇主的营业许可证；对雇佣非法移民的雇主实施强制性惩罚；城市内所有的官方文件、商业活动均使用英语。③ 但是，该议案没有通过。随后，黑泽尔顿在借鉴《2006年圣贝纳迪诺城市缓解非法移民议案》的基础上，于2006年9月颁布了针对非法移民的三部条例，它们分别是《2006年黑泽尔顿缓解非法移民条例》《英语是唯一官方语言条例》和《黑泽尔顿城市注册条例》。其中，《2006年黑泽尔顿缓解非法移民条例》的最大特点是对雇佣非法移民的雇主实施严厉的制裁措施；《英语是唯一官方语言条例》规定整个城市的商业、官方活动以英语作为官方语言，不得使用其他语言。《黑泽尔顿城市注册条例》规定任何在黑泽尔顿居住的居民都必须向市政府注册个人信息，注册对象包括合法的

---

① 亚利桑那州立法官方数据库，http://www.azleg.gov/legtext/49leg/2r/bills/sb1070s.pdf.
② Miriam Jordan, "Grassroots Groups Boost Clout in Immigration Fight", *The Wall Street Journal*, September 28th, 2006.
③ Kristina M. Campbell, "Local Illegal Immigration Relief Act Ordinances: A Legal, Policy, and Litigation Analysis", *Denver University Law Review*, Vol. 84, 2007, p. 1041, http://www.campaignsitebuilder.com/templates/displayfiles/tmpl68.asp?SiteID=843&PageID=12147&Trial=false.

市民、居住在本城市的外国人，每人缴纳的注册费用为 10 美元。另外，18 岁或者超过 18 岁的居民只有获得居住许可证，方可拥有居住资格。① 以上条例的很多条款与宪法、联邦移民法以及其他法律相冲突。如表 39 所示：

表 39　黑泽尔顿 2006 年非法移民条例与宪法、联邦移民法及其他法律冲突的主要条款

主要条款	违背宪法或者联邦移民法的规定
企业主任何招募、雇佣、继续雇佣非法移民的行为都是非法的，任何企业都要签署一份不会雇佣非法移民的文件声明；鼓励当地居民向移民执法机构报告，任何公民、商业团体都可投诉雇佣非法移民的雇主	联邦《移民国籍法》的第 274 部分对制裁雇主政策有明确规定，地方政府无权修改（详细参考本文第一章第二节《1986 年移民改革和控制法》）
非法移民不能租借房屋	违反《公平房屋法案》中有关不得在出租房屋时，歧视对方的种族、颜色、国籍。
非法移民找工作是犯罪	违反宪法第十四修改案的平等条款；《1964 年市民权利法案》中的不得在雇佣时，歧视对方的种族、颜色、国籍
禁止任何组织、个人向非法移民出租、租借任何生产、生活设施。违反这一规定一律按窝藏非法移民罪惩罚	违反了宪法第十四修改案的正当程序条款。根据条款，雇主以及商业单位有辩护权，任何罪行的判定需经正当法律程序
英语是唯一官方语言	违反宪法第一修改案中个人有权向政府表达自己意见、请愿的规定；同时也违反了宪法第十四修改案中的正当程序条款和平等条款，因为这导致不会说英语或者英语较差的人难以为自己辩护

资料来源：笔者在综合黑泽尔顿 2006 年非法移民条例和其他法律基础上绘制而成。

---

① http://www.clearinghouse.wustl.edu/chdocs/public/IM-PA-0001-0020.pdf.

由表39可知，黑泽尔顿2006年非法移民条例违背了宪法、联邦移民法以及人权标准，招致人权组织、少数族裔团体的抵制。2006年，美国市民自由组织起诉黑泽尔顿的非法移民条例违背了宪法的最高条款、正当程序条款、平等条款以及宪法第一次修改条款。2007年7月，宾夕法尼亚州中部选区的地区法院裁定黑泽尔顿法律违背宪法，在制裁雇主问题上，一律以《1986年移民改革和控制法》为依据。2010年，联邦的上诉法院裁决黑泽尔顿的非法移民条例违背宪法。亚利桑那州、阿拉巴马州也面临类似的命运。

令人讽刺的是，以上几个州在出台严苛的非法移民立法之后，不得不承受由此带来的负面影响。例如，法律的颁布给当地经济和就业造成影响。根据美国进步中心的研究报告显示，自亚利桑那州颁布SB1070法案之后，单单州内的旅馆、住宿方面的税收就损失了4500万美元。另外，在食品、饮料、娱乐、交通、零售业、会议举办等方面的损失达到1.41亿美元。[1] 对此，亚利桑那不得不花费25万美元来提高城市的形象。[2] 另据一份报告显示，阿拉巴马州的《比森—哈蒙阿拉巴马州纳税人和公民保护法》可能会减少108亿美元的国内生产总值，这一数字相当于2010年阿拉巴马州国内生产总值的6.2%。[3] 与此同时，阿拉巴马州还将失去14万份工作与2.645亿美元的州内收入和消费税。[4] 此外，法律的颁布还导致诉讼增加。自从亚利桑那州出台SB1070法案以后，为了捍卫法案，诉讼费用已经超过150万美元。[5] 黑泽尔顿的律师费用达到240万美元，联邦法院随即裁定保险公司不负责支付这笔费用。[6]

---

[1] Marshall Fitz and Angela Kelly, *Stop the Conference: The Economic and Fiscal Consequence of Conference Cancellation Due to Arizona' SB1070*, Washington, D. C.: Center for American Progress, November, 2010.

[2] Ginger Rough and Dawn Gilbertson, "Governor Out to Rebrand Arizona Over Immigration Law Criticism", *The Arizona Republic*, May 14, 2010.

[3] Samuel Addy, *A Cost-Benefit Analysis of the New Alabama Immigration Law*, Tuscaloosa: Center for Business and Economic Research, University of Alabama, January, 2012.

[4] Samuel Addy, *The New Alabama Immigration Law: A Preliminary Macroeconomic Assessment*, Tuscaloosa: Center for Business and Economic Research, University of Alabama, October, 2011, p. 2.

[5] Ginger Rough, "1.5 Million Spent Defending SB 1070", *The Arizona Republic*, Febuary 25th, 2011.

[6] http://thetimes-tribune.com/news/panel-hazleton-insurer-won-t-pay-for-plaintiffs-1.1060627, November 7, 2010.

联邦政府与地方政府移民立法权之争的主要原因是联邦体制内,在联邦政府和州政府的不同政府职能下,经济因素导致了州政府移民治理尤其是非法移民治理危机。政党政治和联邦政府移民政策改革的失败进一步激化和催生立法权之争。

首先,经济因素首当其冲,即联邦政府和州政府在治理移民,尤其是非法移民问题上巨大的财政支出差距是导致二者移民立法权之争的最重要原因。根据美国联邦体制,联邦政府负责外交、军事事务;州政府负责公共教育、卫生等社会管理方面的事务。因此,移民尤其是非法移民所涉及的教育、紧急医疗援助以及治理社会犯罪等问题的财政支出主要是由州政府和当地政府买单,联邦政府负担较小。非法移民虽然也交纳各种税收,但是在美国的税收体系中,联邦政府所占的税收比例远大于州政府,那些享受廉价劳动力的雇主所交纳的税收多被联邦政府所得。因此,州政府承担非法移民的成本,联邦政府享受其利益。

亚利桑那州的15个县之一的尤马县(Yuma)用于移民费用支出的资料显示,州政府投入大量资金,用于实施移民法。作为一个只有20万人口的县城,尤马县在2006年底逮捕了8312名被怀疑是非法移民的人,并把他们交给美国边境巡逻队。如果他们犯有轻罪,尤马县的移民执法部门将对其进行8小时拘留,在对以上移民的身份进行确认等执法过程中,尤马县将花费77.588万美元;如果他们犯有重罪,移民执法部门将采取平均12小时的拘留措施,执法过程的花费达到116.382万美元。除此之外,轻微犯罪需要为期30天的裁决,在这30天时间内,尤马县不得不承担关押成本,增加683个床位,费用大约为2119.56万美元;重刑犯罪需要136天裁决,在这136天内,尤马县支付的关押成本为9608.672万美元,相当于增加3097个床位。[1] 另外,县政府还要支出一些移民诉讼以及额外拘留产生的费用。印地安纳州警察声称他们在执行移民法和培训人员方面的花费为500万美元。[2] 尽管联邦政府对州政府实施了援助,诸如1996年克林顿总统拨款1亿美元用于移民儿童的教育,非法移民儿童也包含其中。与此同时,克林顿还拨款

---

[1] Sheriff Ralph E. Ogden, "Fact Sheet, Yuma", *Yuma County Sheriff's Office*, May 3, 2006.
[2] Heather Gillers, "Kenley: Revamp Immigration Proposal", *Indianapolis Star*, March 15, 2011.

1.5亿美元用于非法移民的紧急医疗援助。由此，在1996年的联邦预算体系下，联邦政府对州政府的援助扩展到教育、紧急的医疗援助领域。[1] 但是进入21世纪后，非法移民问题日益突出，联邦政府的援助并不能完全解决州政府在治理非法移民问题上财政负担过重的问题，当联邦政府的援助不能有效帮助州政府时，后者往往寻求严厉的移民立法，从而减少财政支出。2013年，得克萨斯州在非法移民方面的财政支出达到121亿美元。而据估计，得克萨斯州的非法移民每年交纳的税收仅有12.7亿美元。[2] 另外，根据得克萨斯州监狱标准委员会估计，2011年10月至2014年6月，得州监狱支出21.89亿美元，为181279名非法移民提供住宿。[3]

其次，移民问题政治化，政党因素日益重要。20世纪90年代之前，民主党和共和党在移民问题上的主张并无差别，但是之后两党分化。两党不同的选民来源决定了两党不同的移民政策。民主党的主要支持者是中产阶级以及少数族裔群体，因此它主张自由、开放的移民政策。在治理非法移民问题上，民主党提倡采取温和打击的措施。诸如在非法移民较多的加利福尼亚州，在严厉的加州《187提案》后，由于民主党长期控制州议会，加州移民政策的主要特点逐渐变为自由、开放。2013年10月，加州民主党州长布朗签署《信任法案》（Trust Act），赋予州内的非法移民诸多权益，如非法移民可领取驾照和奖学金、享受州内学费、他人不得向有关部门检举非法移民等。同样，民主党控制的康涅狄格州在2013年也颁布了类似法律。[4]

相比之下，共和党主要代表大资产阶级的利益，其移民主张较为保守，在治理非法移民问题上，共和党主张采取严厉打击的措施。一般而言，在非

---

[1] *Impact of Illegal Immigration on Public Benefit Programs and the American Labor Force*: *Hearing Before the Subcommittee on Immigration and Claims of the Committee on the Judiciary*, House of Representatives, One Hundred Fourth Congress, First Session, April 5, 1995, United States, Congress, House, 1996, pp. 18 – 20.

[2] Jack Martin, "The Fiscal Burden of Illegal Immigration on Texans (2014)", January 2014, http://www.fairus.org/publications/the-fiscal-burden-of-illegal-immigration-on-texans.

[3] Dan Hill, "Interactive: The Cost of Jailing Undocumented Immigrants", *The Texas Tribune*, July 21, 2014, https://www.texastribune.org/2014/03/04/cost-of-jailing-undocumented-immigrants/.

[4] Cherie Chung, "Immigration Reform 2013: Undocumented Immigrants Can Now Get Driver's Licenses in Connecticut", *Policy. Mic*, May 31, 2013, http://mic.com/articles/45541/immigration-reform-2013-undocumented-immigrants-can-now-get-driver-s-licenses-in-connecticut.

法移民存在比较多的边界地区，如果共和党执政，那么该地区就会出台比较保守的移民政策和严厉打击非法移民的法律。纵观历史上掀起州政府与联邦政府移民立法权之争的州，多是共和党掌权的州。① 特朗普执政后，地方政府和联邦政府的移民立法权之争问题仍然存在，只不过是自由的地方政府反对保守的联邦政府。特朗普反移民的行政命令遭到民主党主政的州政府的抵制，某些州甚至规定禁止动用州内资源配合联邦政府移民执法。

第三，联邦政府移民政策改革的滞后成为移民立法权之争的催化剂。州政府纷纷出台移民法律，与联邦政府在全面移民政策改革问题上难有作为的状况密切相关。因为国会在移民立法问题上跛脚，州政府介入移民立法的压力增加。② 与联邦政府拖沓而又艰难的移民政策改革相比，州政府的移民政策改革则异常活跃。2005—2009年美国各州政府颁布了932项有关移民的法律，在国会全面移民政策改革失败的2007年，州政府移民立法更加积极，单单当年的4月13日，18个州就颁布了57个有关移民问题的议案，至少有1169个议案在50个州通过。③ 2007年，共有1562个有关移民的法案被引入50个州的州议会，其中257个议案获得通过。④ 在国会移民政策改革失败的2010年，州政府颁布的移民法和移民条例数量，与往年相比也较高，总数达到346个。⑤

在全面移民政策改革中，年轻非法移民高等教育权和合法身份问题亟待解决。联邦移民法认可年轻非法移民的12年级的教育权，但是忽视了其后面的高等教育权，导致这一问题成为当今的法律盲区。为此，各州政府采取

---

① 1994年加州《187提案》以及本书提到的阿拉巴马州、亚利桑那州、宾夕法尼亚州的黑泽尔顿城市的移民法律。

② *Letter from Gov. Janet Napolitano to Rep. Jim Weiers*, July 2, 2007, http://www.countysupervisors.org/uploads/07-07-02%20HB%202779%20Statement.pdf.

③ 转引自 Karla Mari McKanders, "Welcome to Hazleton!'Illegal' Immigrants Beware: Local Immigration Ordinances and What the Federal Government Must Do About It", *Loyola University Chicago Law Journal*, Vol. 39, November, 2007, http://64.243.188.204/CCCFTP/local/3.10.07_database.doc (last visited Mar. 10, 2007), Fair Immigration Reform Movement, Database of Local Anti-Immigration Ordinances.

④ 转引自 Lina Newton, "Policy Innovation or Vertical Integration? A View of Immigration Federalism from the States", *Law & Policy*, Vol. 34, No. 2, April 2012, National Conference of State Legislation Offical Website.

⑤ 详细参考本书表37。

了不同政策，其中多数州政府限制非法移民的高等教育权。2012年之前，州政府的移民法比较苛刻，但是2012年总统大选后，尤其是最高法院对亚利桑那州苛刻的移民法进行裁决之后，2012—2014年州政府出台苛刻的移民法的势头有所收敛。从2014年州政府出台的移民法来看，其越来越多地倾向于给予年轻非法移民高等教育权、州内学费和奖学金。① 但是仍有很多州采取背道而驰的措施，诸如亚利桑那州、佐治亚州和印地安纳州、阿拉巴马州等。

在年轻非法移民身份问题上，旨在解决这一问题的全面移民政策改革自2006年正式启动以来，一直在国会中艰难前行。由于两党的分歧难以消除，在2007年和2010年两次重大的移民政策改革投票中，皆因共和党议员的反对而导致改革失败。2013年移民政策改革再次成为国会的焦点，此时州政府实施苛刻的移民政策改革的努力有所淡化，② 更多的州主张给予非法移民州内学费和驾照。③ 2013年，参议院通过解决年轻非法移民身份的《梦想法案》，但是迄今为止，众议院未就此进行表决。

2014年奥巴马颁布移民行政命令之后，州政府出现极大的反弹。2015年，除了阿拉斯加州外，其余49个州和波多黎各颁布了216部移民法，相比2014年，移民法增加了26%；移民条例有274部，是2014年的2倍多；其中，得克萨斯州最活跃，2015年颁布了15部移民法和84条移民条例，紧随其后的加州颁布了66部移民法和两部移民条例。④ 根据奥巴马政府的移民行政命令，有500万左右的非法移民免于被驱逐，这无疑加剧州政府的财政负

---

① 转引自 Kate M. Manuel, "Unauthorized Aliens, Higher Education, In-State Tuition, and Financial Aid: Legal Analysis", *Congressional Research Service*, January 11, 2016, See, e. g., Laura D. Francis, "Legislative Overhaul, Employer-Friendly Immigration Policies in Spotlight in 2014", *8 Workplace Immigration Report* 110, February 3, 2014.

② Muzaffar Chishti and Faye Hipsman, "As Congress Tackles Immigration Legislation, State Lawmakers Retreat from Strict Measures", *Migration Policy Institute*, May 23, 2013, http://www.migrationpolicy.org/article/congress-tackles-immigration-legislation-state-lawmakers-retreat-strict-measures.

③ Karthick Ramakrishnan and Pratheepan Gulasekaram, "Understanding Immigration Federalism in the United States", *Center for American Progress*, March 24th, 2014, https://www.americanprogress.org/issues/immigration/report/2014/03/24/86207/understanding-immigration-federalism-in-the-united-states/.

④ Ann Morse, Gilberto Soria Mendoza and Jennifer Mayorga, "Report on 2015 State Immigration Laws", *National Conference of State Legislation*, Febuary 16, 2016, http://www.ncsl.org/research/immigration/report-on-2015-state-immigration-laws.aspx.

担。财政问题、政党矛盾、央地矛盾交织一起，最终导致 26 个州联合起诉行政命令，致使奥巴马移民政策改革的努力化为泡影。

由上可知，州政府和联邦政府在治理非法移民问题上的成本和收益的差距是导致二者非法移民立法权之争的最重要原因。随着两党在治理非法移民问题上分歧的扩大，政党因素的作用在上升。它不仅直接加剧了州政府和联邦政府的移民立法权之争，而且因为严重影响国会的移民政策改革进程，还间接催生了立法权之争。因此，立法权的争夺具有鲜明的政党政治因素。

二、地方政府非法移民立法作用评估

根据最高法院 1941 年对海恩斯诉大卫·德维茨（Hines v. Davidowitz）[1]的判决，任何地方政府在以下情况下调整移民法均被视为无效：没有经过联邦政府的允许；超越联邦移民法的规定；违背联邦移民法。随着非法移民的增加和对美国社会影响的加剧，移民不再单单是联邦政府的事情，移民尤其是非法移民所涉及的教育、犯罪、公共健康、社会安全等问题都属于州政府的事务。[2] 因此，给予地方政府一定的移民立法权，让其配合联邦移民执法，有助于减少非法移民。这也是地方政府非法移民立法作用的体现。一般而言，地方政府的移民立法权有三种来源：联邦政府授予地方政府移民立法权、地方政府在不违背联邦移民法的前提下立法、地方政府颁布的关于非美国公民的法律。[3] 联邦政府授权地方政府移民立法权最早源于《1996 年非法移民改革和移民责任法》。

《1996 年非法移民改革和移民责任法》的第 287（g）条款修改了早期《移民入籍法》的内容。早期的《移民入籍法》规定地方政府出台移民法要

---

[1] 1941 年，美国最高法院推翻了宾夕法尼亚州出台的有关规定州内外国人必须注册的法律。此案件涉及到地方政府的移民法和联邦移民法的优先顺序问题。当时联邦法没有此项规定（尽管后来国会颁布类似法律，要求外国人到有关移民执法机构进行注册），所以最高法院裁定联邦移民法优先。

[2] Cristina M. Rodriguez, "The Significance of Local in Immigration Regulation", *Michigan Law Review*, Vol. 106, No. 567, February, 2008.

[3] Clare Huntington, "The Constitutional Dimension of Immigration Federalism", *Vanderbilt Law Review*, Vol. 61, March, 2008, pp. 787–853.

满足以下条件：大量外国人入境美国以及应联邦政府的要求立法。地方政府的移民立法权主要来自法律新增加的第287（g）条款：地方政府的移民执法部门在《移民入籍法》的规定下进行执法，联邦政府的移民海关部门与地方政府签署移民执法协议；地方移民执法部门在移民海关部门的监督下接受人员培训并进行移民执法；总检察长赋予当地警察移民执法的权利，联邦政府与地方政府就调查、逮捕、驱赶移民等问题进行合作，地方警察要服从总检察长的领导和监管。[①] 另外，第372条款允许州政府和地方警察在紧急情况下的合作。[②] 第642条款规定禁止地方移民执法部门禁止、限制工作人员向移民归化局报告有关移民的信息以用于联邦政府、其他地方政府交换移民信息；应联邦政府、地方政府的要求，移民归化局有权负责核实个人的移民身份或者美国公民身份。[③]

除此之外，1996年的《反恐怖主义和有效的死刑法案议案》和《1996年个人责任和工作机会协调法案》也对地方政府的移民执法权做了诸多规定。《反恐怖主义和有效的死刑法案议案》的第439条款规定，授权地方执法部门有权逮捕和拘留某些非法移民。这些非法移民是曾被驱逐出境并曾被判重罪的。在移民归化局核实他们的身份后，地方移民执法部门可实施逮捕、拘留；总检察长和地方政府在收集移民信息方面展开合作，总检察长支持地方移民执法部门履行职责。[④]

《1996年个人责任和工作机会协调法案》对移民社会福利的规定也成为地方政府移民立法的主要依据。根据法律规定，移民至少5年不能享受联邦政府提供的社会公共福利，直到他们成为公民后才可享受；州政府遵循国家移民法的规定。另外，法律的第434条款重申了《1996年非法移民改革和移民责任法》所规定的，禁止当地政府禁止、限制工作人员自愿向联邦政府输

---

① http://www.uscis.gov/ilink/docView/PUBLAW/HTML/PUBLAW/0-0-0-10948.html#0-0-0-1149.
② Ibid.
③ http://www.uscis.gov/ilink/docView/PUBLAW/HTML/PUBLAW/0-0-0-10948.html#0-0-0-1271.
④ http://www.uscis.gov/ilink/docView/PUBLAW/HTML/PUBLAW/0-0-0-8598.html#0-0-0-1041.

送或者提供个人的移民信息。①

"9·11"之后，地方政府的移民执法权扩大。以往的《移民国籍法》规定，地方政府仅仅有权逮捕犯罪的非法移民，或者是曾经被驱逐出境再次入境的外国人。但是"9·11"之后，《移民国籍法》的第287（g）条款赋予州政府和当地的警察有代表联邦政府调查移民案件、逮捕移民的权力。② 2002年4月，美国司法部强调地方政府在实施移民法问题上具有固有权威（inherent authority）。"固有权威"是指州或者当地警察有权逮捕犯罪的移民。一旦实施逮捕，他们必须和联邦移民执法机构联系。之后，地方移民执法部门将犯罪的移民羁押。固有权威不同于实施权威（authority to enforce），后者包括逮捕、调查、备案（preparing a case），实施权威属于美国移民海关实施服务部门。③ 另外，固有权威还包括地方移民执法部门有权逮捕非法移民，并将其转交给联邦移民执法部门。④

另一方面，地方政府与联邦移民执法部门的合作加强。"9·11"之后，司法部积极寻求地方政府的合作，共同打击非法移民。司法部邀请地方警察配合实施移民法，以完成打击恐怖主义的使命。⑤ 在调查5000名来自中东的移民问题上，司法部主要借助了当地警察的合作。

不仅如此，司法部还开展了"备忘录协议项目"（Memoranda of Understanding，以下简称MOU）。在此项目上，有的地方政府积极配合，有的地方政府却唱反调。目前有佛罗里达州、阿拉巴马州、亚利桑那州、加利福尼亚州、北卡罗来纳州、田纳西州和司法部签署了协议。2002年9月，佛罗里达州与司法部签署1年的备忘录协议。根据协议，佛罗里达州的警察接受国土安全部的培训、打击恐怖主义、保护国家安全，迄今佛州已经培训了63名官员。2003年9月，阿拉巴马州和司法部实施了类似佛罗里达州的项目。随后在2005年，亚利桑那州、加利福尼亚州、北卡罗来纳州、田纳西州与移民

---

① http://www.gpo.gov/fdsys/pkg/PLAW-104publ193/pdf/PLAW-104publ193.pdf.

② Coleman and Kocher, "Detention, Deportation, Devolution and Immigrant Incapacitation in the US, Post 9/11", *Geographical Journal*, Vol. 177, No. 3, 2011.

③ Mr. Kris W. Kobach, "State and Local Authority to Enforce Immigration Law: A Unified Approach for Stopping Terrorists", *Center for Immigration Studies*, June, 2004.

④ http://www.usdoj.gov/archive/ag/speeches/2002/060502agpreparedremarks.htm, June 6, 2002.

⑤ Ibid.

海关实施部门合作打击犯罪的非法移民。

但是一味强调州政府在移民执法方面的作用,并不能满足州政府治理移民问题的需要。毕竟联邦政府动用的是州政府的资源,如果州政府得不到联邦政府的有效财政补偿,州政府就采取抵抗态度。因此,如果要发挥州政府在移民执法方面的积极作用,联邦政府就要考虑税收平衡问题。[①]

在具体移民执法过程中,即使联邦政府对州政府实施有效的财政援助,让后者在移民执法中发挥积极的配合作用,亦不能完全解决二者的立法权之争问题。移民,尤其是非法移民并非均匀地分布在全美各州,而是主要集中在几个州。因此,相比联邦政府,移民对州政府的影响更大。换言之,州政府是感受移民问题的前沿,而联邦政府在这一问题上的立法活动往往滞后。为此,赋予州政府更多的移民立法权,让州政府和联邦政府的关系达到一种动态联邦主义的模式,有助于二者立法权之争的最终解决。

所谓动态联邦主义是指州政府和联邦政府的权力转移处于动态过程之中,而非刻板地按照宪法的权力进行划分。[②] 归根结底,动态联邦主义试图在联邦政府和州政府的权力划分问题上,采取一种灵活处理的态度,让二者达到一种相互取长补短、相互合作的最佳关系状态。要达到此状态,全面移民政策改革需要从以下几个方面着手:

其一,发挥州政府治理移民问题的革新作用。[③] 虽然移民越过的是联邦政府的边境,而非州内边界,[④] 但是前者是通过后者体现的。在治理移民,尤其是非法移民问题上,联邦政府总是后知后觉。例如,在20世纪70年代,有11个州,包括加州、佛罗里达州、康涅狄格、蒙大拿州、特拉华州等通过了制裁雇主政策,但是十几年后,联邦政府才出台《1986年移民改革控制法》,并首次出台此政策。[⑤] 因此,当前的移民政策改革应该发挥州政府在移

---

① Michael J. Wishnie, "Introduction: Immigration and Federalism", *Faculty Scholarship Series. Paper 932*, 2002, http://digitalcommons.law.yale.edu/fss_papers/932.

② 详细解释可参阅游滕飞:《美国联邦主义理论比较研究》。

③ Lina Newton, "Policy Innovation or Vertical Integration? A View of Immigration Federalism from the States", *Law & Policy*, Vol. 34, No. 2, April, 2012.

④ 联邦主义者常常以非法移民越过的是联邦政府的边境,而非州边界作为理由,否认州政府的移民立法权。

⑤ Lina Newton, "Policy Innovation or Vertical Integration? A View of Immigration Federalism from the States", *Law & Policy*, Vol. 34, No. 2, April, 2012.

民立法问题上的创新作用，联邦政府也应及时吸纳创新型的措施，推动移民政策改革。

其二，为防止州政府出台歧视性质的法律，州政府的移民立法权必须在联邦政府的框架下进行。[1] 因为纵观20多年来联邦政府和州政府移民立法权争夺激烈的案件，无一不是州政府出台了比联邦政府更严厉的移民法，招致二者矛盾激化。相比之下，如果州政府出台了比联邦政府更加宽松的法律，反而不会遭到最高法院的否决。因此，联邦政府需要及时监督州政府的移民法，防止具有歧视性的法律出台。从央地移民立法权诉讼案件的判决结果来看，全面移民政策改革维护了联邦政府的移民立法权，基本上限制了州政府出台具有歧视性的法律。

其三，全面移民政策改革应对联邦政府和州政府在移民合作领域有详细、具体的规定。动态联邦主义存在的一大缺陷是对联邦政府和州政府的权力划分过于宽泛，[2] 为弥补这个缺陷，全面移民政策改革需要对二者移民合作的领域进行进一步细化。但遗憾的是，2013年参议院通过的全面移民法改革议案虽然强调自上而下的移民政策改革，肯定联邦政府的移民立法权，但对联邦政府和州政府的合作领域缺乏详细、具体的规定。

央地关系已经成为全面移民政策改革不可忽视的内容，倘若全面移民政策改革不解决以上三个问题，州政府和联邦政府的移民立法权之争将继续困扰美国社会。

---

[1] 学者米歇尔·韦什尼认为州政府往往实施制定歧视移民的法律，见 Michel J. Wishnie, "Laboratories of Bigotry? Devolution of the Immigration Power, Equal Protection, and Federalism", *76 New York University Law Review* 493, 2001; 坚持类似观点的学者还有范玄，见 Huyen Phm, "The Constitutional Right Not to Cooperate? Local Sovereignty and the Federal Immigration Power", *74 University of Cincinnati Law Review* 1373, 2006; 穆扎法尔·奇什蒂反对州政府在移民政策上的作用，他认为州政府在移民执法过程中都带有歧视性质，见 Michael J. Wishnie, "Introduction: Immigration and Federalism", *Faculty Scholarship Series. Paper 932*, 2002, http://digitalcommons.law.yale.edu/fss_papers/932. 实际上，即使联邦的移民法也具有歧视性，诸如《1882年排华法案》。20世纪60年代后，在人权运动的推动下，联邦移民法总体上朝着尊重人权的方向发展。

[2] 详细解释可参阅游滕飞：《美国联邦主义理论比较研究》。

第三节　司法机关与国会非法移民立法

三权分立中，司法机关主要负责司法审查与裁决，其设有专门的移民法院，负责审理移民案件。1983 年，司法部成立了移民审查和执行办公室，专门负责移民事务。随着美国境内合法移民和非法移民的日益增加，移民法院处理相关移民案件的数量呈递增态势，其工作人员的队伍也不断扩大。例如 1992 年，有 85 名法官负责审查移民案件。同年，他们受理了 11 万起驱逐移民方面的案件；2010 年，负责审查移民案件的法官上升到 272 名，分布在全国 59 个法院。同年，他们受理了 31.8 万起驱逐移民方面的案件。[①] 司法机关在裁决非法移民案件时，奉行国会享有全部权力的联邦主义原则、平等原则、折中原则，对维护国会非法移民立法的合法性、权威性，弥补和完善国会非法移民立法的不足具有积极意义，尤其是最高法院的司法审查体现司法机制和司法能动的特点，对治理非法移民问题具有现实意义和价值导向。

一、司法机关审查非法移民问题的原则

（一）全部权力原则

全部权力原则（plenary power doctrine）是指由于联邦政府享有外交、国家安全方面的全部权力，所以国会享有全部的移民立法权，州政府的移民立法应服从于联邦法，不得与联邦法冲突。因此，多数情况下，国会的移民法免于司法审查。[②] 全部权力原则历史悠久，是司法机关裁决国会移民立法的

[①] Alexander T. Aleinikoff, David A. Martin, *Immigration and Citizenship, Process and Policy*, 7th (*American Casebook*), New York: Thomson/West, January, 2008, pp. 254 – 255.

[②] Linda Bosniak, "Membership, Equality, and the Difference that Alienage Makes", *New York Law Review*, Vol. 69, No. 6, 1994.

传统原则。这一原则主要源于宪法赋予国会的各项权力（第二章第一节内容）。如果国会的立法没有违背宪法，那么法院无权审核移民法，而只能支持并直接应用。[1]

100 多年以来，法院在裁决移民案件时，均采用了全部权力原则。其中，《1882 年排华法案》体现得尤为明显。在《1882 年排华法案》中，最高法院支持国会的立法，宣称国会具有一贯的调整移民问题的权力，为了维护国家安全，国会有权驱逐任何外国人。[2] 根据《1882 年排华法案》，国会可实施宪法赋予的宣战、缔结条约、镇压叛乱、击退入侵、调整对外商业、保护政府等权力。[3] 法案颁布以后，1 名中国籍男子陈昌平因为在法案颁布之前回国，在法案颁布之后返美遭到美国海关的驱逐，不得入境。之后，陈昌平上诉到最高法院，认为《1882 年排华法案》违背了美国和中国清政府签署的《蒲安臣条约》。[4] 但是，最高法院认为国会可采取维护国家安全的任何行动，即使此行动违背国际条约。因此，国会有权驱逐外国人。[5] 即使没有《1882 年排华法案》，美国政府仍然可以驱逐不受欢迎的外国人，例如犯罪者、残疾人。[6] 另一名中国籍男子方永平也因类似的原因而遭到驱逐，最高法院的最终判决也坚持了全部权力原则，认为只要国会的移民法不违背宪法，那么法院就无权进行审查。[7]

历史上，最高法院无数次地强调国会拥有完全的移民立法权。最高法院对国会移民立法权的维护有利于树立国会移民立法的权威，但是这一原则的滥用导致国会的移民法免于司法审查，纵容国会颁布一些具有种族歧视的移民法，这使得国会后来又不得不为先前的立法道歉。例如，2012 年国会通过议案，为 100 多年以前颁布的《1882 年排华法案》道歉。冷战时期，法院认

---

[1] Laurence H. Tribe, *American Constitutional Law* (2editions), New York: Foundation Press, 1988, p. 358.
[2] The Chinese Exclusion Case, 130 U.S, p. 603.
[3] U. S. Constitution, Article I, Section 8.
[4] 根据此条约，清政府可任意向美国输出劳动力，而《1882 年排华法案》则违背了这一原则。
[5] 陈昌平因为《1882 年排华法案》被美国的移民当局拒绝入境。
[6] The Chinese Exclusion Case (Chae Chan Ping v United States,) 130, US, 581, 608 – 609, (1889).
[7] Torrie Hester, "'Protection, Not Punishment': Legislative and Judicial Formation of U. S. Deportation Policy, 1882 – 1904", *Journal of American Ethnic History*, Vol. 30, No. 1, 2010.

为国会有权驱逐任何和共产党有关系的外国人,目的是维护国家安全。20世纪80—90年代,美国政府驱逐海地和古巴难民的行为,导致国会的全部权力原则备受批评。例如,国会全部权力原则不利于主权在民,它导致权力滥用,不利于维护司法机关的中立等。

1976年,最高法院裁决加州出台的雇佣非法移民的雇主要接受制裁的法律无效。① 据此,最高法院建立了地方政府移民立法的三个标准:地方政府的移民立法不得违背宪法;地方政府移民立法不得违背联邦法;当地方政府立法和联邦法律相冲突时,以联邦法律为依据。②

20世纪90年代中期以后,随着越来越多的地方政府颁布移民法,当地方移民法超越或者违背联邦移民法时,司法机关秉承全部权力原则裁决地方政府的移民立法无效。例如,加利福尼亚州试图否决非法移民中小学教育权的《187提案》被最高法院驳回。③ 之后,新泽西州、纽约州都面临同样的命运。自2000年以后,随着地方政府与国会的移民立法权之争日益加剧(本章第二节),司法机关对国会非法移民立法的权威的维护,反对地方政府出台严厉的非法移民立法,有利于保护非法移民的人权。在2012年6月亚利桑那州严厉打击非法移民的条款被最高法院否决后,佐治亚州、印地安纳州、犹他州类似法律的实施也受到司法部门的阻挠。

(二)折中原则

最高法院虽然维护国会全部的移民立法权,坚持州政府的移民立法不得违背联邦法。但是,在裁决非法移民案件时,最高法院也采取折中原则,兼顾地方和国家安全利益,试图在二者的利益之间寻找平衡。具体表现如下:

其一,当州政府的非法移民立法和联邦法冲突时,虽然最高法院坚持以联邦法为先,但是也理解州政府严厉打击非法移民的立场,倡导国会实施移民政策改革,让国会的非法移民立法更好地适应现实需要。例如,在普莱尔

---

① http://www.conservapedia.com/De_Canas_v._Bica.
② Monica Guizar, "Facts About Federal Preemption", *National Immigration Law Center*, June, 2007, http://www.nilc.org/federalpreemptionfacts_2007-06-28.html.
③ Tony Perry, "State's Immigration Suit Against U.S. Dismissed", *Los Angeles Times*, February 14, 1995.

诉讼黛（Plyer V Doe）的案件中，美国最高法院法官布伦南（Brennan）认为案件应该遵循平等原则和结合州政府利益的折中原则，但是非法移民的人权并未被宪法排除。最高法院理解非法移民导致州政府的财政负担问题。因此，最高法院建议国会可采取以下措施：禁止非法移民在公立学校就读；授权州政府有权禁止非法移民享受公共教育资源；国会实施全面的移民立法改革。

另外，当州政府的非法移民立法不违背宪法、联邦法时，最高法院即赋予其合法性。例如，2012年，最高法院虽然否决了亚利桑那州的1070法律中三项关键性条款，但是其他条款仍可实施。

其二，最高法院认可州政府享有完全的颁发驾照的权力，但也维护联邦政府的权威。"9·11"之前，美国司法机关包括最高法院在内对移民的驾照问题并不关注，而是允许各州各行其是。其中，最高法院审理的著名案件有亚历山大诉桑多瓦尔（Alexander v. Sandoval）一案。

1990年，阿拉巴马州出台法律规定英语是州的官方语言，这导致州内居民在获取驾照时必须使用英语。之前，该州一直使用10几种语言进行驾照考试。2001年，阿拉巴马州公共安全部门负责人詹姆斯·亚历山大（James Alexander）命令，驾照考试一律使用英语。玛莎·桑多瓦尔（Martha Sandoval）起诉州政府的这一规定违背了《1964年市民权利法案》（Civil Rights Act of 1964）的第601条款，即不得依据种族、国家起源实施歧视。因为阿拉巴马州的这一规定对非美国出生的移民构成了歧视。地区法院认为阿拉巴马州的这一规定是歧视。后来，阿拉巴马州州政府上诉到美国第十一巡回法院，第十一巡回法院肯定了地区法院的判决。之后，州政府上诉到最高法院。2001年4月，美国最高法院裁定阿拉巴马州州政府的规定是合法的，理由是英语作为官方语言已是政治和社会现实。另外，私人律师无权以联邦反歧视法为依据起诉州政府，私人律师只能起诉故意歧视的案件。因此，如果原告能证明阿拉巴马州的英语驾照测试故意歧视她，那么原告就有理由控告政府。

2001年以前，没有法院真正废除州政府禁止非法移民拥有驾照的法律，也没有法院支持州政府禁止非法移民拥有驾照的法律。[①] 2005年，国会颁布

---

① John Doe No. 1 v. Georgia Dep't of Public Safety, 147 F. Supp. 2d 1369, 1376 (N. D. Ga.) 2001.

了《2005年真实身份识别卡法》(The Real ID Act of 2005)，对非法移民的驾照做了严格规定：禁止持有州政府颁发驾照的非法移民进入商业的航空、联邦政府的大楼。弗吉尼亚州在发现"9·11"恐怖分子持有本州的驾照以后，对驾照采取了严格的规定，避免此类现象再次发生。密苏里州在2008年颁布了非法移民法案，规定密苏里州的非法移民不能拥有驾照。2008年1月，42个州不承认非法移民的驾照。①

2005—2012年期间，各州政府对驾照的规定各有不同，司法机关对此听之任之。一些州允许非法移民拥有驾照，诸如夏威夷、缅因州、马里兰州、密西根州、新墨西哥州、俄勒冈州、犹他州以及华盛顿地区等。2005年，犹他州修改了政策，驾照在没有社会保险卡的情况下有效，但是他们不能作为有效的身份证明，用于其他用途。② 一些州也曾考虑给非法移民颁发驾照，但引起广泛争议。例如，纽约州有50万—100万非法移民，移民无证开车，造成不少交通事故。2007年，州长提出驾照申请人不需要出示社会保险卡，利用有效的个人身份证明也可获得驾照。此提议遭到多数纽约市民的反对，据当时的民意调查显示，有超过70%的人表示反对，议案后来没有通过。2012年2月，26个州支持身份识别议案的规定。③

2012年6月，奥巴马实施停止驱逐年轻非法移民的政策，这项政策的主要内容是儿童时期来到美国，在满足一定条件下，可免遭驱逐。实行这项政策后，全美除了亚利桑那州、内布拉斯加州外，均给予非法移民驾照。亚利桑那州州长简·布鲁尔（Jan Brewer）因坚持州政府拥有颁发驾照的权力而招致州内移民组织的诉讼。2014年7月，联邦第9巡回法庭同意为满足条件的非法移民颁发驾照。之后，简·布鲁尔上诉美国最高法院要求亚利桑那州实施这一政策。最终，2014年12月，美最高法院裁决亚利桑那州应给满足条件的非法移民颁发驾照。由此可见，即使州政府享有颁发驾照的权力，但是如果州政府的政策违背人权和联邦政府的行政命令，同样会遭到最高法院

---

① Tom LoBianco, "O'Malley Says State Will Use Real ID", *The Washington Times*, January 16, 2008.

② Gregory Lopes, "New York Mulls Licenses for Illegals", *The Washington Times*, October 30, 2007.

③ "The Supreme Court in the United States and Undocumented Immigrants", http://blog.heritage.org/2012/10/17/debate-2012-illegal-immigration-and-drivers-licenses/.

的否决。

从最高法院对亚历山大诉桑多瓦尔和对亚利桑那州案件的裁决结果看，最高法院坚持折中原则，力图兼顾联邦和州政府的利益。这一原则的运用，有利于发挥地方自治和地方创新作用。但当州政府违反联邦法时，最高法院仍然坚持全部权力原则。

(三) 平等原则

平等原则是美国最高法院在裁决非法移民案件时，根据宪法第十四条修正案中的平等条款进行的裁决。此原则应用最广的是非法移民是否享受教育权的案件。非法移民的教育问题是非法移民带给美国社会最大的负担之一。非法移民的教育权问题主要涉及以下内容：非法移民是否有权在公立的中小学接受教育、非法移民是否可以就读公立大学以及是否能享受更加便宜的州内学费。20世纪60年代以后，随着美国人权运动的发展，美国最高法院开始运用平等原则裁决移民案件，保护非法移民的教育权。具体表现如下：

首先，最高法院认可年轻的非法移民在公立中小学接受教育的权利。由于非法移民学生在地方的公立中小学占有较大比例，他们享受了州政府提供的免费教育资源，但交纳很少的税收。当联邦政府不能向州政府提供有效的财政补助时，州政府往往采取严格的法律限制非法移民儿童在公立学校读书。最高法院最早审理此类案件是1982年的普莱尔诉讼黛。

1975年，得克萨斯州出台法律，规定只有合法的公民和合法的外国人享受中小学的教育权利。如果非法移民在公立中小学就读，必须多交纳1000美金或者学校可以拒绝非法移民儿童入学。法律颁布以后，得克萨斯州的1000多所学校拒绝接受不能证明自己是合法移民的学生。在得克萨斯州的其他地方，例如休斯顿、泰勒，非法移民儿童进入公立学校要多交纳1000多美元的学费或者更多。当时，非法移民家庭一年的收入不超过4000美元。[1] 由此可见，1000美元的学费无疑让大多数的非法移民家庭难以承受。

---

[1] Robert F. Kane and Felix Velarde-Munoz, "Undocumented Aliens and the Constitution: Limitations on State Action Denying Undocumented Children Access to Public Education", *Hastings Constitutional Law Quarterly*, Vol. 5, Winter, 1978.

得克萨斯州之所以出台该法律，和当时的州政府停止对当地政府的教育补偿密切相关。卡特政府时期，司法部让州政府出台法律，禁止非法移民享受公共教育并让其多交纳学费，因为当时州政府停止向当地政府提供由非法移民教育问题带来的财政费用。在此背景下，得克萨斯州出台了限制非法移民在公立学校接受教育的法律。根据得克萨斯州教育委员会的统计，当时在得克萨斯州大约有12万的非法移民儿童。[①] 地区法官伍德罗·希尔（Wood Row Seals）认为州内的非法移民儿童可能更多，他认为超过200万。在无财政外援的情况下，如此众多的非法移民儿童给地方政府造成了一定的经济负担。

法案出台以后，立即招致非法移民和拉美裔移民的反对。最初的诉讼来自泰勒（Tyler）学校，那些非法移民的父母和监护人提出公开案件，他们认为或者驱逐非法移民，或者驱逐非法移民儿童，这让移民服务部门陷入政治尴尬的境地。得克萨斯州的东部地区法院认为该法违背了宪法，但是拒绝在全州范围内实施救济，因为案件只局限在泰勒地区。16个地区法院受理了诉讼，最终在得克萨斯州的南部地区法院进行综合。经过6个星期的诉讼，法院认为泰勒学校的作法违背宪法。1980年美国第5选区的法院判决，外国人包括非法移民应该享受同等的教育权利。但是，得克萨斯州检察院的检察官理查德·安奈特（Richard Annett）认为不能任意扩大非法移民的权利。他指出，如果非法移民享有生活自由权、财产权，以及其他由宪法赋予的权利，那么他们也有资格享受联邦政府提供的食品券（food stamp）、医疗福利以及其他联邦权利。支持非法移民一方的律师皮特（Peter）认为，如果非法移民不能拥有同等的权利，那么州政府就会采取专制的方式对待他们。此案引起了社会的广泛关注。最终，这一案件上诉到最高法院。

案件的最终判决涉及到如何对待当时100万—600万的非法移民的教育权问题。法官里维斯·鲍威尔（Lewis F. Powell）认为此案非常具有争议性。当时得克萨斯州的州长威廉姆·克里门特（William Clement）督促司法

[①] John Crewdson, "Access to Free Education for Illegal Alien Children", *New York Times*, August 26, 1980.

部支持得克萨斯州的教育政策。① 在此情况下，司法部的态度比较谨慎。当时，在联邦移民法中，没有涉及非法移民教育权的条款。司法部当时的判决依据的是宪法第十四条修正案中的平等条款。司法部认为教育立法权属于州政府，联邦政府应该减少干预，但是宪法的平等条款适用于非法移民。在案件的整个审理过程中，最高法院法官的意见也并非始终一致。例如，当时最高法院的法官布伦南认为，得克萨斯州的教育政策并没有违背平等条款。因为得克萨斯州的条款仅仅适用于合法生活在该州的人，非法移民被排除在外。之后，他改变了自己的观点，认为平等条款保护美国公民、移民以及在美国本土居住的所有人。最终，最高法院的多数法官一致认为平等条款适用于非法移民。首席大法官沃伦（Warren）认为，州政府虽然在宪法的框架下立法，但是在实践中存在歧视。因此，司法部对州政府带有歧视性质的条款不能视而不见。法官布伦南指出，美国享受了非法移民带来的廉价劳动力，但是非法移民却不能享受到合法公民的利益，他还认为如果剥夺了年轻非法移民的教育权，那么他们就会变成社会的弱势群体，最终他们的生活也将被剥夺。布伦南指出，美国已经不可能完全铲除非法移民，因为他们中的多数已经成为社会的一分子。他还认为，免费的公立教育对国家、州政府、年轻的非法移民均是有利的。在本案中，其他的法官例如马歇尔、布莱克、鲍威尔表达了类似的观点。布莱克、鲍威尔指责联邦政府无所作为，没有有力地执行移民法。马歇尔认为教育权是人权的基本权利；首席大法官沃伦也认为国会应该采取有力的措施，实施全面改革。最终，1981年，最高法院根据宪法十四条的平等条款裁决得克萨斯州的法律无效。

其次，最高法院认可非法移民享受高等教育权和州内学费。非法移民是否享受州内学费是一个颇具争议的问题。尽管国会对非法移民中小学的教育权做了明确规定，但是没有提及非法移民是否享受高等教育权问题。这一问题主要依据的是《1996年非法移民改革和移民责任法》中的第505条款。该条款规定，享受公立高等教育的各种福利的人员只能是合法公民。② 言下之

---

① Taylor, "United States Retreats from its Challenge to Texas Law on Alien Schooling", *The New York Times*, September 9, 1981.

② 美国国土安全部官方网站，http://www.uscis.gov/ilink/docView/PUBLAW/HTML/PUBLAW/0－0－0－10948.html#0－0－0－1149。

意，非法移民不能接受高等教育。尽管联邦法律如此规定，但是联邦政府也不禁止州政府出台让非法移民享受州内学费的法律。因为在第505条款中，联邦法没有明令禁止，非法移民不可享受高等教育权和州内学费。因此，由于联邦法在非法移民是否享受高等教育和州内学费问题上含糊不清的态度，导致各州政府出台迥然不同的政策。有些州规定非法移民在满足一定条件下，可享受州内学费；规定非法移民在就读高中时可以享受州内学费2—3年的时间。这些州是加利福尼亚州、康涅狄格州、伊利诺伊州、堪萨斯州、马里兰州、内华达州、新墨西哥州、纽约州、俄克拉荷马州、得克萨斯州、犹他州、华盛顿地区、威斯康辛州、佛罗里达州、夏威夷地区、马萨诸塞州、明尼苏达州等。2008年，俄克拉荷马州结束了支持非法移民享受州内学费的规定。相比之下，一些州明令禁止非法移民享受州内学费，这些州是亚利桑那州、科罗拉多州、佐治亚州、南卡罗来纳州、印地安纳州和阿拉巴马州。弗吉尼亚州虽然出台法律禁止非法移民享受州内学费，但是招致州长的否决，后来法律改成非法移民的子女要交纳更多的学费。① 奥巴马颁布两次移民行政命令后，越来越多的州倾向于给予年轻非法移民州内学费。但是迄今为止，仍有一些保守州拒绝执行，如亚利桑那州等。

最高法院在裁决非法移民是否享受州内学费问题上，依据平等原则均表示了认可的态度。比较有名的案件是2004年的黛诉讼西贝利厄斯（Day v. Sibelius）。2004年7月，一群非堪萨斯州的学生和家长起诉堪萨斯州的高等教育部门，认为让非法移民享受州内学费是对州外美国人的歧视，堪萨斯州的高等教育政策违背了《1996年非法移民改革和移民责任法》的第505条款。根据堪萨斯州的法律规定，州内的年轻非法移民可以享受州内学费。2007年第10巡回上诉法院认为原告没有充足的证据证明，自己因为堪萨斯州的法律所受到的伤害。最终，案件聚焦在宪法第十四修正案的平等条款是否适用于非法移民。根据最高法院1982年普莱尔诉讼黛的案例，平等条款同样适用于非法移民。法院认为，堪萨斯州的法律没有违背平等条款，因为即使州内的非法移民不能享受州内学费，堪萨斯州以外的学生也不能享受州内学费。这些州外的学生可以享受本州的州内学费。2008年7月23日，最高

---

① http://www.finaid.org/otheraid/undocumented.phtml.

法院维持判决，认定堪萨斯州的规定不违背宪法。类似的案件还有最高法院拒绝审查加州的马丁内斯上诉校务委员会（Martinez v. Regents, No. CV 05 - 2064）案。

原告状告加州在 2001 年颁布了给予本州的非法移民州内学费的法律以来，加州大学、加州州立大学以及加州社区大学系统均开始为本州的非法移民提供州内学费。2006 年 10 月 6 日，地区法官托马斯·瓦里纳（Thomas E. Warriner）支持学校的决定。2008 年 9 月，加州的地区上诉法院恢复诉讼并重新审理州政府的政策。2010 年 11 月，加州高级法院支持州政府的政策，认为它和联邦法不冲突。2011 年 6 月 6 日，最高法院拒绝审查上述诉讼。

由此可见，在非法移民教育权问题上，法院倾向于运用平等原则，而非国会享有全部权力的原则，为非法移民的教育权大开绿灯。最高法院对非法移民高等教育权问题的判决，说明国会颁布的《1996 年非法移民改革和移民责任法》已经不适应现实的需要，正因为国会在解决非法移民的高等教育权问题上难有作为，所以各州的政策相互矛盾。因此，司法机关采取平等原则，允许年轻的非法移民享受高等教育权，为国会解决这一法律盲点和今后的移民政策改革指明了方向。

平等原则的运用，让最高法院有效解决了非法移民的教育权问题。但是在非法移民的其他权利，诸如劳工权方面，最高法院却采取了双重标准。2002 年，美国最高法院在霍夫曼（Hoffman）复合材料公司案件中裁定，非法移民不能享有罢工和向违反劳工保障的雇主提出抗议的权利。[①] 劳工权和公民权密切相关，如果部分非法移民不能获得合法化，那么他们的劳工权将遥遥无期，这就意味着某些努力工作的非法移民将继续受雇主剥削。

二、司法机关非法移民问题作用评估

一般而言，美国最高法院的司法审查具有司法节制和司法能动的特点。

---

① 一名来自墨西哥的非法移民在美国全国关系劳工委员会的帮助下，向先前工作过的工厂——霍夫曼复合塑料公司追讨所欠工资，最后败诉。这名非法移民还加入了美国全国劳工关系委员会，并参加示威和游行。Hoffman Plastic Compounds, Inc. v. National Labor Relations Board（NLRB）(535 U. S. 137 (2002))。

司法能动（judicial activism）是指，"利用司法审查权，来否定政府分支的做法，并从宪法的抽象条款中阐述出更多的权利和价值，进而影响公共政策，引导国家的发展方向"；司法节制（judicial self-restraint）是指，"反对从宪法的抽象条款中去寻找新的权利和价值，强调遵从立法机构的判断，尊重地方自治的价值"。[①] 最高法院对非法移民案件的司法审查兼具了司法节制和司法能动两大特点。全部权力原则和折中原则体现了司法节制；平等原则体现了司法能动。总体而言，无论是司法节制还是司法能动，最高法院的司法审查对治理非法移民问题、保护其人权、弥补低效率的民主政治的缺陷具有积极的现实意义。具体而言，如下：

首先，最高法院对非法移民教育权和驾照权的维护，保障了非法移民的基本生活，既体现了人权保护的理念，也保障了美国的经济利益。一方面，这对世界上其他国家无数怀着"美国梦"的人仍然具有极大的吸引力，虽然在治理非法移民问题时，美国采取了强制的严厉打击措施。但不可否认的是，相比其他移民国家，美国的移民政策还是最宽松和自由的。另一方面，最高法院对非法移民教育权的重视和保护，为美国继续享受非法移民带来的经济利益提供了升级版的渠道，把上一代低质量的劳动力转变为下一代高质量的劳动力。这体现了美国实用主义的移民政策的特点。

其次，在治理非法移民问题上，最高法院通过司法审查发挥了国会、白宫之外的第三方的积极作用。这种作用体现在它不仅弥补了当前移民法的不足，对当前全面移民法改革具有导向作用，而且更为重要的是，在低效率的民主政治体制下，起到了修补和减少拖沓的政治成本的作用。由于政党分歧，国会推动的全面移民法改革一直难以取得实质性进展，白宫虽然极力推动国会实施移民法改革，但是收效甚微。在此背景下，最高法院具有司法能动特点的司法审查和具有自由主义色彩的司法节制可起到有效的修补作用。虽然受三权分立的政治体制所限，最高法院在美国政治体制中的作用有限，但在治理非法移民问题上，它自由主义倾向的司法审查仍具有现实意义。

第三，最高法院对州政府及地方政府非法移民立法行为具有积极的正面指导和监督作用。一方面，最高法院对导致司法诉讼的州以后的移民法具有

---

① 任东来："试论美国最高法院与司法审查"，《美国研究》2007年第2期，第35页。

示范效应。诸如得克萨斯州在1982年的普莱尔诉讼黛案件之后，尽管得州的非法移民在20世纪90年代后剧增，但是再无限制非法移民中小学教育权的法律出现，州内也无类似的社会氛围。另一方面，最高法院的裁决对其他州的移民法具有借鉴作用。在2012年最高法院否决亚利桑那州严厉的移民法之前，本来有一些州准备出台类似的法律，但在最高法院否决几项关键条款后，各州软化了本州的移民法，当时严厉打击非法移民的社会氛围有所收敛。南卡罗来纳州类似的移民法也遭到联邦移民法院的否决。最高法院对州政府的非法移民立法的监督和指导作用，最终将自下至上地推动联邦政府层面的移民政策改革。

综上所述，美国总统主要运用行政权在移民执法和实施方面发挥作用。在移民立法方面，作为行政首脑的总统通过使用立法否决权、立法倡议权的方式影响国会非法移民立法的进程和结果，扮演立法倡议者和调解者的角色，但是这些并不足以影响国会的非法移民立法权。另外，其他具体负责移民执法的行政机构，虽然介入国会的立法决策进程，但是只发挥资料收集和意见表达的作用，亦不能影响国会的立法权。地方政府对非法移民立法积极性的提高，挑战了国会的非法移民立法权，引发联邦政府和地方政府的移民立法权之争。但是，最高法院坚持国会享有全部移民立法权原则，从而有效地维护了国会非法移民立法权的权威。

第四章　影响国会非法移民立法的利益集团因素分析

第一节　主要利益集团

非法移民在美国是一个备受争议的社会问题,因为利益诉求不同,不同利益集团在该问题上持不同观点。

首先,主张严厉打击的保守派。此派别主张国会实施严格的非法移民立法,积极支持制裁雇主政策,反对赦免政策。持此观点的主要利益集团有工会、环境和人口组织、纳税者组织、文化排外主义协会等。历史上,工会担心非法移民损害美国国内工人的利益,因而主张严厉打击非法移民的政策;环境、人口组织关注非法移民和合法移民导致的人口增长以及一系列的相关问题,诸如移民导致学校拥挤、水资源短缺、无家可归者增加、犯罪率上升等问题,因而主张严格限制移民。[①] 主要的人口、环境组织有零人口增长组织和消极人口增长组织等。这些组织的目标是减少合法移民、制止非法移民;控制人口、推动美国经济的发展;移民的限额应和美国的人口、自然资

[①] Carolyn Wong, *Lobbying for Inclusion: Rights Politics and the Making of Immigration Policy*, Palo Alto: Stanford University Press, 2006, pp. 39–40.

源以及经济发展的目标相一致;① 纳税者组织担心移民数量的增加,加重国家的税收负担;文化排外主义者组织担心移民的同化问题,尤其是非法移民的墨西哥文化对盎格鲁—撒克逊文化造成的威胁。

其次,温和的自由主义派。此派别主张保护非法移民的个人权益、温和打击非法移民、给予非法移民一定的合法化渠道。持此观点的主要利益集团有少数族裔利益集团、人权和宗教组织、农场主利益集团、工商业主利益集团等。少数族裔利益集团从保护本种族移民的利益出发,关注非法移民的生活条件和合法权益,主张实现非法移民的合法化,增加移民签证等。某些人权和宗教组织则主张给予遭受剥削的非法移民一定的人道主义关怀。例如,在当前全面移民政策改革中,基于人道主义的考虑,天主教会和浸会教会主张赦免非法移民。天主教会认为美国的商业发展需要劳动力。为此,它强烈支持国会实施全面移民政策改革,希望全面移民政策改革包括以下措施:增加资源、加强边境控制、提高雇佣非法移民的罚金、招募外国季节工人、非法移民在满足一定条件下实现合法化。② 浸会教会也持类似的观点,认为移民政策改革应该是人道主义的改革,非法移民在满足一定条件下可变为公民。③ 农场主利益集团和工商业主利益集团在非法移民问题上,他们首先考虑国会的非法移民立法要满足劳动力的需求。为此,他们呼吁政府引进国外劳动力,解决劳动力短缺问题,当合法移民难以满足本行业的劳动力需求时,他们不反对雇佣非法移民并支持非法移民合法化。另外,移民律师协会出于维护移民当事人利益的考虑,支持国会实施开放、自由的移民政策。

第三,理性中立派。主要以移民研究机构为主,例如卡托研究所、移民研究中心、美国移民政策改革联盟、皮尤研究中心等,这些研究机构的主要任务是向公众和国会的非法移民立法提供信息和研究报告。值得指出的是,这些移民研究机构的移民主张也带有一定的倾向性。例如,卡托研究所在

---

① Carolyn Wong, *Lobbying for Inclusion: Rights Politics and the Making of Immigration Policy*, Palo Alto: Stanford University Press, 2006, p. 39.

② *Comprehensive Immigration Reform: Perspectives from Faith-Based and Immigrant Communities*, Committee on Judiciary House, May 22, 2007, Congress-Sess: 110 – 1, pp. 4 – 10.

③ Ibid., pp. 33 – 36.

移民问题上，奉行自由主义的政策，主张对非法移民采取温和打击的措施。相比之下，移民研究中心和美国移民政策改革联盟认为，移民对美国社会而言弊大于利，主张国会出台严厉打击非法移民和严格限制合法移民的立法。

保守派和自由派利益集团成为影响国会非法移民立法的两大派别。在两大派别中，农场主利益集团和工商业主利益集团、少数族裔利益集团、工会凭借庞大的规模、强大的经济实力、强有力的政治影响力，成为各自派别的主要领导者，是影响国会非法移民立法的主要利益集团。具体而言，农场主利益集团和工商业主利益集团，拥有最雄厚的经济实力；工会因为人员众多，依靠其政治影响力向国会施加压力；随着少数族裔人口的增加，少数族裔利益集团因掌握大量选票而成为国会非法移民立法中具有重要影响力的利益集团。

一、农场主利益集团和工商业主利益集团

农场主利益集团和工商业主利益集团基于本行业对廉价劳动力的需求，呼吁国会在满足本行业劳动力需求的前提下，打击非法移民。农场主利益集团，尤其是美国西南部的农场主利益集团认为，在农业领域就业的非法移民工作认真、吃苦耐劳。因此，政府没有必要采取严厉打击非法移民的措施。他们对非法移民持温和态度的主要原因在于农业收获有时间限制，如果不及时收获，就会导致农业歉收。另外，相比美国国内的农业工人，非法移民工作更努力，更易管理。在此情况下，农场主乐意雇佣非法移民。全国性的农场主利益集团主要有全国农场主组织（National Farmers' Organization）、美国农场联合会（the American Farm Bureau Federation）等。此外，还有众多专门的或者区域性的农场主利益集团，诸如加州中部的芦笋种植业协会和核桃种植协会等。20世纪90年代，农场主利益集团推动了国会的农业工人项目的实施。在当前的移民政策改革中，农场主认为非法移民从事的是美国人不愿意干的工作，考虑到农业收获的季节性，农场主希望政府提高农业工人项目的效率，全面移民政策改革要考虑到农业劳动力的需求，改革当前的雇佣

政策，希望国会出台详细的、但不存在歧视的法律。①

　　工商业主利益集团，尤其是小业主利益集团，诸如餐馆协会，因为享受到非法移民带来的廉价劳动力，因而反对国会出台严格限制非法移民的立法。例如在《1986年移民改革和控制法》颁布后，工商业主利益集团联合其他主张移民自由的利益集团共同抵制制裁雇主政策，最终，这一政策形同虚设。② 在当前全面移民政策改革中，餐馆协会认为餐饮行业在未来10年内将增加15%的工作机会，大约有200万份工作，但是美国国内只能供应10%的劳动力，这意味着5%的工作没人干。外国劳动力的合法渠道亦不能满足岗位需求，每年获得绿卡的低技术外国工人只有5000名。因此，大量的工作岗位只能依靠非法移民填补。餐馆协会支持对当前非法移民实施合法化，即一部分非法移民在缴纳罚款、通过语言水平测试和身份核查后，可以获得合法身份。与此同时，国会应采取措施提高雇主裁决体系的精确性和加强边境安全。③

二、工会利益集团

　　工会利益集团的主要成员为美国工人，组织的目标是维护本国工人的利益、提高工人的待遇、改善工人的工作条件、组织罢工等。其中，最大的工会利益集团是美国劳工联合会—产业工会联合会（AFL-CIO），它对国会的非法移民立法具有举足轻重的影响。历史上，工会一直是加强边境管控、限制移民、严厉打击非法移民的积极推动者。它认为非法移民拉低美国国内工人的工资、恶化工作条件，是罢工的破坏者。为此，工会曾经积极推动国会通过了《1882年排华法案》。美国劳工联合会—产业工会联合会自1973年起就积极推动实施制裁雇主政策。它在后来的《1986年移民改革和责任法》立法中也非常积极、活跃，主张严厉打击非法移民，反对赦免政策。但是20

---

① *Comprehensive Immigration Reform: Business Community Perspectives*, Committee on Judiciary. House, June 6, 2007, Congress-Sess: 110-1, pp. 16-18.

② Peter H. Schuck, "The Politics of Raid Legal Change: Immigration Policy in the 1980s", *Studies in American Political Development*, Vol. 6, 1992, pp. 37-92.

③ *Comprehensive Immigration Reform: Business Community Perspectives*, Committee on Judiciary. House, June 6, 2007, Congress-Sess: 110-1, pp. 20-24.

世纪 90 年代以后，工会调整了以往强硬的反移民立场，在移民问题上态度开始软化。例如农场工人联合组织（United Farm Workers）之前反对 20 世纪 40—60 年代的季节工人项目，认为该项目导致非法农业工人影响美国国内工人的福利，破坏 60—70 年代的罢工运动。为此，该组织当时提出关闭美国和墨西哥之间的边境通道，大规模驱逐非法的墨西哥农业工人。1975 年，在拉美裔利益集团的游说下，农场工人联合组织的移民主张开始发生变化，从反对所有移民变为只反对非法移民。农场工人联合组织在 80 年代支持制裁雇主政策，但是在 90 年代反对制裁雇主政策，理由是雇佣外国工人的雇主不应受到惩罚。此外，工会中影响较大的美国劳工联合会—产业工会联合会提出，工会的宗旨不仅致力于维护美国国内工人的利益，而且还应维护移民工人和非法移民工人的利益。

　　工会对移民政策态度转变的主要原因是工会内部成员结构的变化——移民成员的增加，尤其是 20 世纪 70 年代后，工会拥有越来越多的移民成员。例如，1996 年，在工会内部，大约有 3 万名成员是来自亚洲的新移民。[①] 另外，一些专门移民工会的建立也推动了工会移民政策的自由化倾向。例如成立于 1987 年的加州移民工人协会（California Immigrant Workers Association），该组织成立的初衷是协助实施赦免政策，实现合法化的非法移民可加入工会。由于该组织的成员以获得赦免的非法移民为主，因而它在维护移民工人利益方面发挥了积极作用。与此同时，它也推动了整个工会对移民工人利益的保护。[②] 因此，自 20 世纪 90 年代起，工会对移民政策的观点体现出自由主义的特点。90 年代，工会自由主义的移民主张和政府保守主义的移民政策形成了明显的对比。在当前全面移民政策改革中，美国劳工联合会—产业工会联合会认为当前的移民体系对国内外的工人都存在剥削。为此，该组织提出：使非法移民拥有合法化的途径和渠道、外国工人享有美国国内工人同等的权益、移民立法要和劳工立法同步；国会要制定法律保护外国工人的合法

[①] 转引自 James G. Gimpel and James R. Edwards, *The Congressional Politics of Immigration*, Boston: Allyn and Bacon, 1999, p. 46, Finucane interview 2/24/97.

[②] Robin Jacobson and Kim Geron, *Unions and the Politics of Immigration Unions and the Politics of Immigration*, http://sdonline.org/48/unions-and-the-politics-of-immigration.

利益，使临时的季节工人拥有申请入籍归化的渠道。① 该组织还认为全球化和北美自由贸易协定的实施导致墨西哥的农业工人失业。为此，他们不得不前往美国寻找工作。另外，政府在劳工立法问题上不注重保护工人的合法利益，导致产生大量的非法移民。

三、少数族裔利益集团

少数族裔利益集团从本种族的利益出发，积极争取本种族移民的权利。主要有墨西哥裔美国人合法防御和教育基金会（MALDEF）、全美拉美裔委员会（NCLR）、拉美裔美国市民联盟组织（LULAC）、华裔美国人组织（OCA）等。其中，前三者在非法移民立法问题上最积极和最活跃，并发挥领导作用，这和多数非法移民主要是拉美裔密切相关。墨西哥裔美国人防御和教育基金会由福特基金会建立，主要致力于双语教学和双语文化，反对学校的隔离制度，关注墨西哥裔美国人的就业歧视和选举权问题。在1982年普莱尔诉讼黛的案件中，该组织发挥了积极作用。全美拉美裔委员会（NCLR）成立于1968年，也得到福特基金会的支持，它致力于争取拉美裔美国人的合法权利。在20世纪80年代的移民政策改革中，全美拉美裔委员会推动国会将赦免政策列入《1986年移民改革和控制法》中。在90年代，该组织为非法移民学生积极争取公共教育权，强烈反对加州的《187提案》。在当前全面移民政策改革中，全美拉美裔委员会认为当前美国境内之所以存在大量非法移民，原因在于他们缺乏来美国就业的合法渠道。这些非法移民生活在阴影之下，遭受剥削，基本的人权和工作条件难以保障，国会有必要实施全面移民政策改革。该组织主张：提高家庭移民的效率、反对季节工人项目、为非法工人提供合法化的项目和渠道、提高电子裁决体系的有效性、防止歧视、支持《梦想法案》。② 拉美裔美国市民联盟组织（LULAC）是最早的拉美裔组织，于1929年2月成立。它在成立之初支持移民同化理论，认为英语是官

---

① *Comprehensive Immigration Reform: Labor Movement Perspectives, Committee on Judiciary*, House May 24, 2007, Congress-Sess: 110 – 1, pp. 10 – 11.

② *Comprehensive Immigration Reform: Perspectives from Faith-Based and Immigrant Communities*, Committee on Judiciary House, May 22, 2007, Congress-Sess: 110 – 1, pp. 65 – 73.

方语言，反对非法移民，支持政府严格限制移民和大规模驱赶非法移民的政策。但是90年代后，该组织改变了以往的反移民立场，主张国会提高移民限额，对非法移民实施合法化。[①] 例如，在1995年和1996年，该组织联合墨西哥美国人合法防御和教育基金（MALDEF），大力游说国会，反对国会出台限制移民、实施雇佣身份核查体系的立法。[②]

以上利益集团虽然在非法移民问题上，选择自由或者保守的不同立场。但是如果一旦非法移民影响到本集团的利益，在经济不景气的推动下，他们在主张严厉打击非法移民方面并无差别。在20世纪90年代，面对日益严峻的非法移民问题，人权组织和少数族裔利益集团虽然主张自由的移民政策，但是在打击非法移民方面毫不含糊，农场主也主张实施严厉打击非法移民的政策。例如在1995年国会讨论非法移民的税收问题的听证会上，各利益集团均主张严厉控制非法移民。那次听证会主要讨论的是S.269议案，议案的内容是：加强边境巡逻、控制非法移民，每年增加250名边境巡逻人员；提高裁决雇主体系；增加档案造假与偷渡的罚金；减少外国人的公共福利，非法移民仅仅享受紧急医疗、教育权、学校的免费午餐等社会福利。[③] 在那次听证会上，各利益集团均主张控制非法移民，但是在核实移民身份上存在分歧。全美拉美裔委员会认为移民对美国国家发展有利，但是反对非法移民，并提出控制非法移民的如下措施：加强边境控制、限制签证、实施严格的劳工立法、支持国家的社保卡制度、严格实施制裁雇主政策。[④] 加州和亚利桑那州的农业主利益集团表示，他们反对非法移民，欢迎控制非法移民的措施，但是国会的非法移民立法要考虑到农业劳动力的需求。[⑤] 人权律师协会

---

① Joseph Fallon, "Funding Hate-Foundations and the Radical Hispanic Lobby- Part III", *The Social Contract*, Vol. 11, No. 1, Fall, 2000.

② James G. Gimpel and James R. Edwards, *The Congressional Politics of Immigration*, Boston: Allyn and Bacon, 1999, pp. 48 – 49, 拉美裔利益集团认为用雇佣身份核查体系裁定雇佣者的身份是一种歧视。

③ *Proposals to Reduce Illegal Immigration and Control Costs to Taxpayers*: Hearing before The Committee on the Judiciary, United States Senate, Congress-Sess: 104 – 1, March 14, 1995, p. 134.

④ Ibid., p. 179.

⑤ Ibid., p. 289.

主张加强对档案造假的罚款。① 消极人口增长委员会认为非法移民的增加说明美国国内打击非法移民的力度不够，要求加强管理。② 美国市民自由组织（ACLU）反对裁决个人身份的识别制度，他们认为这侵犯了人权和个人隐私，而且导致滥用。③ 亚太美国人组织认为限制移民的措施过于严格，因为根据 S.269 议案，移民不得享受以下福利：为有子女的家庭提供联邦援助、医疗援助、食品券等。这些严格的措施可能导致移民不能获得应该得到的援助。④ 这些利益集团对非法移民问题态度转变的主要原因在于，非法移民是20世纪90年代美国经济衰退首当其冲的替罪羊，非法移民对移民的收入影响大于其他美国公民。根据得克萨斯州大学人口学者洛厄尔（Lowell）的研究，在经济不景气的情况下，非法移民对移民的影响大于对当地居民的影响。洛厄尔指出，1980年非法移民对加州当地居民的收入影响很小，非法移民增加10%，会减少1%黑人人口的1/10的收入，非法移民对当地工人也不构成直接的竞争压力。另外，非法移民对一般公民的经济影响也较小。相比之下，非法移民对移民的影响较大，每增加10%的非法移民就会减少移民收入的2%—9%。⑤ 由此可见，不论各利益集团如何调整对非法移民的态度，基本的前提均是维护自身利益。

第二节 利益集团影响国会非法移民立法的主要方式

随着二战后非法移民问题的日益突出，和非法移民问题密切相关的利益集团从组织的利益出发，通过各种方式影响国会的移民立法。

---

① *Proposals to Reduce Illegal Immigration and Control Costs to Taxpayers*: *Hearing Before The Committee on the Judiciary*, *United States Senate*, Congress-Sess: 104 – 1, March 14, 1995, p. 134.

② Ibid., pp. 149 – 155.

③ Ibid., p. 141.

④ Ibid., p. 302.

⑤ *Impact of Illegal Immigration on Public Benefit Programs and The American Labor Force*: *Hearing before the Subcommittee on Immigration and Claims of the Committee on the Judiciary*, House of Representatives, Congress-Session: 104 – 1, April 5, 1995, pp. 78 – 89.

首先，院内游说。院内游说、参加立法听证会是利益集团最优先选择的游说方式，并在利益集团中广泛流行。[①] 1977 年，88% 的利益集团参加立法听证会，以游说国会。[②] 1986 年和 1988 年，99% 的利益集团参加立法听证会。[③] 1993 年，95% 的利益集团参加立法听证会。[④] 自 20 世纪 90 年代末以来，参与移民立法游说的利益集团日益增加，如图 7 所示：

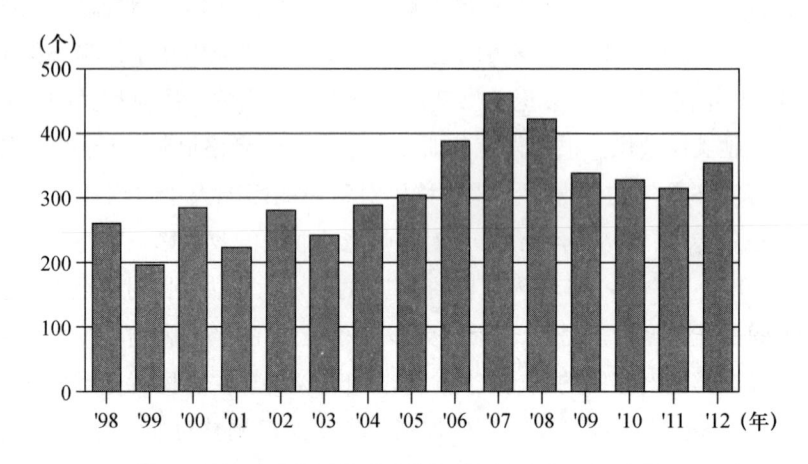

图 7　涉及移民问题的利益集团数量（1998—2012 年）

资料来源：http://www.opensecrets.org/news/2013/02/issues-and-interest-groups-in-state-of-the-union-spotlight.html.

由图 7 可知，自 1998 年以来，参与移民立法游说的利益集团的数量总体呈上升趋势，2007 年达到最大数值，超过 400 个，2012 年有 355 个，超过 2008 年以来的数量。2017 年参与立法游说的利益集团有 539 个。[⑤]

[①] Anthony J. Nownes and Patricia. Freeman, "Interest Group Activity in the States", *Journal of Politics*, Vol. 60, 1998.

[②] Jeffrey M. Berry, *Lobbying for the People*, Princeton：Princeton University Press, 1977.

[③] Anthony J. Nownes and Patricia. Freeman, "Interest Group Activity in the States", *Journal of Politics*, Vol. 60, 1998.

[④] John P. Heinz, Edward O. Laumann, Robert L. Nelson and Robert H. Salisbury, *The Hollow Core：Private Interests in National Policy Making*, Cambridge：Harvard University Press, 1993.

[⑤] "Immigration", *Open Secrets*, https://www.opensecrets.org/lobby/issuesum.php?id=IMM&year=2017.

利益集团之所以偏爱参与听证会，原因在于这是成本最低的游说活动。[1] 利益集团出席听证会的目的是让国会采取的行动朝有利于自己的方向发展。每当国会召开有关非法移民问题的听证会时，和非法移民问题密切相关的利益集团便积极参与，试图影响立法。在国会非法移民立法中，工会和少数族裔利益集团是参与国会非法移民立法听证会的活跃分子。20世纪80年代在国会移民政策改革的听证会上，美国劳工联合会—产业工会联合会积极支持制裁雇主政策和有条件的支持赦免政策。例如，该组织在1982年国会举行的制裁雇主政策的听证会上指出，它非常赞同制裁雇主政策，理由是非法移民降低国内工人的工资和生活待遇，阻止非法移民的最好措施是终止他们的工作。另外，由于很多非法移民不是非法入境，而是签证过期所致。所以，更应该实施制裁雇主政策。[2] 在1982年国会举行的赦免政策听证会上，美国劳工联合会—产业工会联合会虽然支持赦免政策，但是认为国会应采取有效的措施制止非法移民。它对在美国居住10年的非法移民才可获得长久居民身份的规定不满，认为10年的时间太长，非法移民不得不接受较低的工资和较差的生活待遇，从而影响美国国内工人的工作待遇。该组织认为赦免政策应在大规模的非法移民流动结束后实施，并结合边境管理和内部管理等措施。[3]

少数族裔利益集团一直是国会非法移民立法的积极参与者和立法活动的影响者。在《1986年移民改革和控制法》的立法过程中，拉美裔的少数族裔积极反对制裁雇主政策，支持赦免政策。[4] 例如，墨西哥裔美国人加州办公室委员会负责人约翰·韦尔塔（Jonh Huerta）在1982年国会制裁雇主政策的

---

[1] John R. Wright, *Interest Groups and Congress: Lobbying, Contributions, and Influence*, Boston: Allyn and Bacon, 1996.

[2] *The Knowing Employment of Illegal Immigrants: Hearing Before The Subcommittee on Immigration and Refugee Policy of the Committee on the Judiciary*, United States Senate, Congress-Session: 97 – 1, September 30, 1981, p. 167.

[3] *Legalization of Illegal Immigrants: Hearing Before The Subcommittee on Immigration and Refugee Policy of the Committee on the Judiciary*, United States Senate, Congress-Session: 97 – 2, October 29, 1981, p. 124.

[4] *The Knowing Employment of Illegal Immigrants: Hearing Before The Subcommittee on Immigration and Refugee Policy of the Committee on the Judiciary*, United States Senate, Congress-Session: 97 – 1, September 30, 1981, p. 166.

听证会上表示强烈反对，理由是该政策对经济产生不利影响。他强调，十几年来，制裁雇主政策虽屡被引入国会，但是始终未成为法律。这说明该政策不可行。不仅如此，实施此项目的成本还较高，容易导致歧视，而且即使能治理非法移民问题，也会导致国内失业和通货膨胀，影响制造业的发展。另外，他以现实为例阻止实施制裁雇主政策。他指出，全美已有11个州实施了制裁雇主政策，但是只有1人被处罚，仅罚款250美元；① 犹太裔美国人驻华盛顿代表海曼（Hyman）则认为实施制裁雇主政策必须有一个防止歧视、确保公正的条款，诸如建立身份识别体系。海曼欢迎赦免政策，但是认为赦免日期应和法律颁布的日期相近。② 在本次听证会上，亚洲立法防御和教育基金会表示支持赦免政策，反对制裁雇主政策，因为这一政策会导致对少数族裔的歧视，在实施中也存在困难。③ 华裔美国人组织、全美华人福利总工会也表达了类似观点。④

随着非法移民问题在美国社会重要性的提高，越来越多的少数族裔利益集团出席相关的听证会。例如，在《1996年非法移民改革和移民责任法》的立法过程中，出席国会听证会的亚裔利益集团有所增加。这些组织具体包括华裔美国人组织、日裔美国人组织、韩裔美国人组织、亚太美国人劳工联盟、亚太美国人法律组织。他们在听证会上纷纷表示支持政府控制非法移民的政策，但是强烈反对减少移民的限额。亚太美国人法律组织在听证会上强调家庭团聚原则在移民政策中的重要性。该组织指出，移民缴纳税收，每年的盈余是250亿—300亿美元，有利于促进城市经济的发展。目前，移民的教育水平已经得到提高，如果减少家庭团聚的移民限额，将会对亚太美国人产生不利影响。为此，亚太美国人法律组织提出修改歧视少数族裔的条款，诸如援助有子女家庭的项目（AFDC）和补充保障收入项目（SSI）等。另

---

① *The Knowing Employment of Illegal Immigrants*: *Hearing Before The Subcommittee on Immigration and Refugee Policy of the Committee on the Judiciary*, United States Senate, Congress-Session: 97 - 1, September 30, 1981, pp. 146 - 153.

② *Immigration Reform and Control Act of 1982*: *Subcommittee on Immigration, Refugees, and International Law*, Committee on Judiciary, House; *Subcommittee on Immigration and Refugee Policy*, Committee on Judiciary, Senate Committee on the Judiciary Serial No. 40, Congress-Session: 97 - 2, April 1, 20, 1982, pp. 303 - 310.

③ Ibid., pp. 609 - 612.

④ Ibid., pp. 613 - 617.

外，亚太美国人法律组织也关注制裁雇主政策中出现的歧视问题并主张废除雇佣身份电子核查体系。①

其次，草根游说，即利益集团利用主流媒体或者网络资源煽动民意，发动游行示威，引发社会关注，利用公共意见影响国会立法。20世纪40年代，为了推动季节工人项目，农场主利益集团充分利用媒体煽动民意，引发政府对劳动力短缺问题的关注。1942年，农场主利益集团将劳动力短缺的问题告知媒体，后来《纽约时报》报道说，农场主如果只是使用本国的劳动力，将无法完成农作物的收割工作。② 与此同时，农场主利益集团在遭到政府的拒绝后，继续向媒体、国会和政府施加压力。1942年10月，一个农场主在写给《纽约时报》的一封信中提到，自己的农场严重缺乏劳动力，濒于关闭的边缘，自己的农场主邻居也面临类似问题。这封信被媒体报道以后，引发国会和政府的关注。与此同时，农场主利益集团还拜见国会议员和政府官员，阐述劳动力缺乏，需要进口国外劳动力的主张，并强调如果农业歉收，将会给二战带来不利影响。1942年4月，加州的甜菜生产者向移民服务部门施加压力后，移民部门决定组织研究小组调查劳动力短缺问题。③ 在农场主利益集团进行草根游说的种种努力下，政府终于推动了季节工人项目的实施。20世纪90年代，在加州出台了《187提案》后，少数族裔利益集团领导反对者在洛杉矶举行了6万—7万人参加的声势浩大的游行，此次游行的规模超过了反越战大游行，也引发了国会对非法移民学生享受公共教育权问题的关注。

草根游说的好处在于扩大政治参与的范围，利益集团借助公共意见，在全社会引起对某一问题的关注，从而让国会的立法朝着有利于本组织利益的方向发展。传统的草根游说主要是游行、示威、发动民众向国会写信以及利用媒体进行宣传等。随着信息技术的普及，利益集团也愈来愈借助于各种网络工具，诸如脸谱、推特、议员的个人网站等，号召民众就某一问题进行讨

---

① *Immigration in the National Interest Act of 1995*: Hearing Before the Subcommittee on Immigration and Claims of the Committee on the Judiciary, House of Representatives, Congress-Session: 104 – 1, June 29, 1995, pp. 286 – 294.

② *The New York Times*, February 1, 1942.

③ Richard B. Craig, *The Bracero Program*: Interest Groups and Foreign Policy, Austin & London: University of Texas Press, 1971, p. 38.

论，引导民意，向国会施加压力。受美国选举政治的影响，国会议员和总统也不得不考虑公共意见。

第三，院外游说，主要包括金钱游说、个人游说。其一，金钱游说是指利益集团花费大量金钱游说国会，以达到目的。自 2007 年以来，为推动国会全面移民政策改革，全美拉美裔委员会光用在游说联邦政府方面的费用就达到 270 万美元。[1] 2012 年，农场主利益集团用于游说移民政策改革方面的费用为 16 万美元。[2] 由此可见，利益集团为达到目的，不惜重金。一般而言，经济实力雄厚的利益集团金钱游说的费用越大，对国会非法移民立法的影响力也就越大。在 2001—2005 年利益集团用于移民问题费用支出的排行榜上，工商业主利益集团和农场主利益集团名列前 10 名。食品和相关产品生产的利益集团每年用于移民问题上的支出为 50 万美元；农场主利益集团每年用于移民问题上的费用为 40 多万美元；位居榜首的是工程和计算机领域的利益集团，它们每年用于移民问题上的费用达到 150 万美元左右。[3] 资助竞选也是利益集团金钱游说的重要方式，即资助总统和国会议员候选人竞选，以赢得支持。在总统竞选中，政治活动委员会主要负责竞选中的筹钱活动。各利益集团借此机会向总统候选人提供竞选费用。在 2003—2004 年政治活动委员会的捐款中，全国房地产组织的捐款独占鳌头，达到 378.7 万美元，52% 的资金支持共和党候选人，47% 的资金支持民主党候选人；位居第二名的是工会，捐款的数额达到 268.4 万美元，86% 的资金支持民主党候选人，14% 的资金支持共和党候选人；全国汽车经销商的捐款为 260.3 万美元，排名第三。其中，73% 的资金支持共和党候选人，27% 的资金支持民主党候选人。[4] 一般而言，候选人一旦当选，其后的政策往往体现资助者的利益。在议员选举中，工会、少数族裔利益集团、商业主利益集团是民主党传统的资助者。2011—2012 年，美国劳工联合会—产业工会联合会用于资助国会议员竞选方

---

[1] http://www.opensecrets.org/news/2013/02/issues-and-interest-groups-in-state-of-the-union-spotlight.html.

[2] http://www.opensecrets.org/lobby/clientsum.php? id = D000046497&year = 2012.

[3] IMF Working Paper, *Do Interest Groups Affect U.S Immigration Policy*, Prepared by Giovanni Facchinni Anna Mayda and Prachi Mishra, October, 2008, http://www.imf.org/external/pubs/ft/wp/2008/wp08244.pdf.

[4] http://www.opensecrets.org/pacs/index.php? cycle = 2004&party = A.

面的费用为 78.08 万美元，其中受资助的候选人多为民主党人。①

其二，个人游说是指利益集团和国会议员保持长期的私交关系，来实现自己的利益。国会委员会是利益集团游说的的主要目标。② 一方面委员会掌握议程设置等方面的权力；另一方面相比游说整个国会听证会，游说委员会则相对容易，委员会主席和小组委员会主席是游说的主要目标。正如美国保险公司总裁协会的代表所言："与一两个人交流比与一个委员会交流更容易，而游说整个议会则是不可能的事情。"③ 例如在本书第二章第二节提到的众议院司法委员会主席彼得·罗迪诺就是工会重点游说的对象，他本人和工会的关系密切，在他在任期间，他积极推动制裁雇主政策，反对实施季节工人项目，主张限制移民，尤其是来自墨西哥的移民。

除此之外，安插本利益集团的代表在国会任职，也有利于实现本集团的利益。随着越来越多的少数族裔群体步入政坛，少数族裔利益集团在国会中的力量也得到加强。1997—1998 年，国会里 7 名亚裔成员和其他的利益集团联合起来，积极争取自己的利益。

第四，诉讼游说。当利益集团阻扰某一项立法失败时，往往采取诉讼游说的方式，向法院提出诉讼，控告立法违背宪法，让立法机构废除或者修改法律。在非法移民问题上，年轻的非法移民能否享受公共教育权是备受争议的问题。1994 年加州的《187 提案》在全美掀起轩然大波。法律颁布以后，少数族裔利益集团和其他自由主义组织强烈反对。在木已成舟的情况下，他们联合起诉加州的《187 提案》违背宪法，希望法院裁决并废除。少数族裔利益集团在这一问题上，反应迅速，在法案颁布的第二天，墨西哥美国人合法防御和教育基金（MALDEF）、拉美裔市民联盟组织（LULAC）、美国自由市民联盟（ACLU）带头并联合其他利益集团向加州的法院提出诉讼，认为《187 提案》违背宪法中的人人平等原则和《公平教育机会法》。案件审议在支持者和反对者两派互不相让的声浪中缓慢进行。《187 提案》的颁布引发了

---

① http：//www.opensecrets.org/orgs/recips.php?cycle=2012&id=D000000088.

② Kevin M. Esterling, "Buying Expertise: Campaign Contributions and Attention to Policy Analysis in Congressional Committees", *American Political Science Review* 101: 93 – 110.

③ Temporary *National Economic Committee*, Vol. 10 – Life Insurance (Intercompany Agreements, Terminations, Savings Bank Insurance, Legislative Activities), p.4401, http://www.archive.org/details/investigationofconc10unit.

自由派和保守派在全国范围内的争论，自由派要求废除法律，保守派以保护国家为由主张实施。鉴于法案所引起的争论，在法案颁布的第三天，联邦法官马修·伯恩（Matthew Byrne）颁布了暂时的限制令，要求法案暂时不能实施。[①] 案件一直拖了两年，没有实质性的进展。直到1996年，国会颁布了《1996年福利改革法》《1996年个人责任和工作机会协调法案》以及《1996年非法移民改革和移民责任法》后，州法院和高级法院才做出判决。1996年，加州法院的总检察长丹·朗格伦（Dan Lungren）裁定《187提案》和联邦法律不冲突。1997年他又提出根据国会《1996年非法移民改革和移民责任法》的第133条款的规定——当地法律实施部门要和移民执法部门合作共同实施移民执法，《187提案》因而不违背宪法。加州法院的判决结果与1982年普莱尔诉讼黛的判决结果相冲突（当时最高法院以5∶4的结果宣布，非法移民具有享受公共教育的权利，其判定的依据是：没有充分的理由说明，非法移民给当时得克萨斯州的州政府造成沉重经济负担；人人平等的条款适用于每个人，其中包括非法移民。详细参考第三章第三节）。加州的《187提案》有充足的理由说明非法移民给加州政府带来巨大的经济负担，问题的焦点是宪法第14条修正案的人人平等条款是否适用于非法移民。如果认同加州法院的判决，就要修改最高法院在1982年对普莱尔诉讼黛的判决。反对的利益集团自然不认同判决结果，后来案件上诉到高级法院。高级法院的法官玛丽安娜·普法尔泽（Mariana Pfaelzer）在1997年重新做出判决，裁定《187提案》不符合联邦法律，并颁布了永久的限制令。她裁决的依据是：在移民问题上，联邦政府享有优先权；根据国会颁布的《1996年福利改革法》和《1996年个人责任和工作机会协调法案》，虽然法律规定，禁止非法移民和非移民接受联邦政府和州政府提供的公共福利，诸如失业补偿、食品计划等，但是法律没有明确规定非法移民不能享受公共教育权。在高级法院判决以后，加州州长皮特·威尔逊提出上诉，第九巡回上诉法院负责此案件。之后，因为1998年州长选举此案件被搁置，一直到1999年新州长上台。新当选的民主党人戴维斯（Davis）提出不上诉，主张法院调解，最终法律被废除。由上可知，从《187提案》出台到最终废除的5年时间内，在联邦

---

① http://articles.latimes.com/1994-10-17/news/mn-51339_1_illegal-immigrants.

法院的支持下，反对的利益集团利用诉讼游说使该法成为一纸空文，它在实践中从来没有应用过。

第五，利益集团采取联盟战略来实现自己的利益。根据多元主义的集团理论，没有任何一个组织会永远处于优势地位，也没有任何一个组织会一味失去利益。组织之间的优势和劣势是变动的，不是静止的。所有合法的立法组织都可以影响公共政策，但是现实是只有那些财力雄厚、人员充足的利益集团才有可能对国会的立法施加影响，掌握话语权。在国会的非法移民立法中，具有重要影响力的是农业和工商业的经济利益集团、工会以及少数族裔利益集团。相比之下，人权组织、环境组织等经济、政治、规模均不占优势的利益集团难以与之抗衡。因此，对它们而言，只能"搭便车"或者走联盟战略。当利益集团在其力量不足以和反对者的力量相抗衡时，往往采取联盟的方式共同对抗反对者。例如，20世纪60年代，工会为了迫使国会结束季节工人项目，联合其他的利益集团在国会发起声势浩大的反对季节工人项目运动，以对抗农场主利益集团。工会当时的盟友有：国家基督教委员会、屠夫工人和肉食行业人员委员会、新泽西移民劳工局、美国纺织工人联盟、全国农业工人咨询委员会、加利福尼亚州农业工人市民委员会、加利福尼亚州帕洛阿尔托移民工人委员会、全国有色人种促进协会等。[1] 相比之下，以农场主为代表的支持派除了要应对来自反对派的压力之外，还不得不应对政府的行政干预。[2] 从20世纪50年代开始，政府就对季节工人项目进行干预，干预的措施有：一是提高季节工人的生活待遇。1956年12月，劳工部门对季节工人采取了新规定，招募季节工人的农场主必须在他们的住宿条件上满足以下规定：提供弹簧床、床垫、热水以及一般垃圾处理设施。[3] 这一规定的出台引发了农场主的不满。1957年，加州和亚利桑那州的58个实施季节工人项目的地方暂时或者永久关门。[4] 其

---

[1] Richard B. Craig, *The Bracero Program: Interest Groups and Foreign Policy*, Austin & London: University of Texas Press, 1971, pp. 161–162.

[2] James F. Creagan, "Public Law 78: A Tangle of Domestic and International Relations", *Journal of Inter-American Studies*, Vol. 7, October, 1965.

[3] Hispanic American Report 10, March, 1957, p. 63.

[4] Richard B. Craig, *The Bracero Program: Interest Groups and Foreign Policy*, Austin & London: University of Texas Press, 1971, p. 152.

他地方的农场主也对这一规定不满。1957年有248个、1958年有157个实施季节工人项目的地方因工人的住宿设施不达标而被迫关门。[①] 劳工部对季节工人项目干预的另一项措施是变相鼓励雇主多雇佣本地人，减少对移民的依赖。在1958年以前，劳工部订立的原则是三分之二原则，就是墨西哥季节工人的工资是当地相关领域工人三分之二的工资水平。但是9月份后，实行不低于40%的规则，即劳工部从当地类似行业抽查的工人工资样本中，本地工人的比例至少达到40%以上，而劳工部取最大比例数，这些人的工资就是墨西哥季节工人的工资。[②] 此项措施也导致农场主的不满。最终，农场主利益集团式微，以工会为代表的反对派在国会中占了上风，国会结束了季节工人项目。

综上所述，利益集团通过各种方式影响非法移民立法和政策改革，以使非法移民政策有利于自己的利益。在实践中，利益集团往往选择多种方式影响国会立法。不论以何种方式向国会施加压力，利益集团的最终目标都是实现自身利益。

第三节　利益集团对国会非法移民立法的作用评估

利益集团是美国政治中极其活跃的因素，它对美国政治决策过程具有至关重要的影响。在国会的非法移民立法过程中，和移民问题相关的利益集团通过各种方式向国会施加压力，对国会的立法产生了双重影响——积极作用和消极作用并存，其中消极影响更大。

[①] U. S. Department of Labor Report of Operations of Mexican Farm Labor Program: Made Pursuant to Conference Report No. 1449, House of Representatives 84th Congress, 1st sess, January 1 – June 30, 1959.
[②] 例如劳工部抽样本，抽了3次，第一次本地工人的比例是30%，第二次是50%，第三次是60%，那么第三次60%本地人的工资水平就是墨西哥季节工人的薪水。采取该措施的目的是尽量减少雇佣外国人。

一、积极作用

利益集团对国会非法移民立法的积极作用，具体表现如下：

首先，利益集团提供的信息和资料有利于国会立法决策的集思广益。利益集团出席听证会有信息交换的功能。[1] 为了更好地实现和发挥本组织在政策制定中的作用，利益集团往往千方百计地搜集各种信息。因此，他们信息收集能力都较强。在某一些方面，利益集团往往能为政策的制定提供专业性很强的信息，成为政府决策的重要依据。"当国会面临选区分歧时，国会议员会听从利益集团的意见。因为这些团体可以提供给他们不熟悉领域的相关信息。在多数情况下，利益集团比立法委员会中的任何工作人员知道的信息都多。"[2] 例如专门的移民研究机构提供的各种数据成为国会非法移民立法的重要依据。利益集团提供的信息有两种作用：一是把信息提供给相关机构，更新信息的内容，向相关机构施加影响；[3] 二是保存信息，提高利益集团的价值和预警能力。利益集团向政策制定者提供各种信息，可以让政治决策者集思广益，减少政策的不确定。[4] 另外，对国会议员而言，他们的主要目标是连任、在委员会内部发挥影响力、制定良好的公共政策。因此，利益集团提供的相关信息成为他们知识储备的主要来源和信息收集库。与此同时，国会议员从国会的听证会中获取信息和资料，了解各利益集团的观点，从而为下一次竞选做准备。

其次，利益集团介入国会的非法移民立法过程，有利于不同利益的表达，从而使最终的立法体现社会各方面的利益。随着利益集团参与国会非法移民立法的积极性、热情、动员程度和影响力的不断提高，国会立法日益体

---

[1] Thomas W. Gilligan and Keith. Krehbiel, "Organization of Informative Committees by a Rational Legislature", *American Journal of Political Science*, Vol. 34, No. 2, May, 1990.

[2] John R. Wright, *Interest Groups and Congress: Lobbying, Contributions, and Influence*, Boston: Allyn and Bacon, 1996, p. 88.

[3] John Mark Hansen, *Gaining Access: Congress and The Farm Lobby 1919—1981*, Chicago: University of Chicago Press, 1991.

[4] Christopher M. Reenock and Brian J. Gerber, "Political Insulation, Information Exchange, and Interest Group Access to the Bureaucracy", *Journal of Public Administration Research and Theory Advance Access*, Vol. 18, No. 3, 2007.

现出社会多元化的需求。例如，20世纪80年代和90年代，越来越多的利益集团介入非法移民问题的争论。80年代，加利福尼亚州、得克萨斯州、佛罗里达州的农场主利益集团积极推动了非法农业工人的合法化。与此同时，他们还积极支持总统小布什提出的特赦项目和客籍工人项目。① 在80年代末期，拉美裔利益集团、亚太利益集团比较活跃，他们积极组织非法移民政策的游说活动；到90年代，商业利益集团、少数族裔利益集团联合起来，积极组织游说，向政府施加压力，建议引进更多的合法移民。利益集团积极参与国会的非法移民立法，表达不同声音，有利于政治参与，体现了美国的民主政治，其积极作用是值得肯定的。

二、消极作用

从二战后国会的非法移民立法来看，利益集团对国会的立法产生了更大的消极影响，它严重地削弱了国会在非法移民立法中的作用。在立法过程中，利益集团使国会陷入瘫痪，直接影响了国会的立法效率。不仅如此，当利益集团存在重大的难以调和的分歧时，国会最终的立法只是平衡各利益集团利益的结果，难以对非法移民问题采取有效的解决措施。

利益集团对国会非法移民立法的消极影响，具体表现如下：

首先，国会被优势利益集团绑架，左右摇摆。在非法移民问题产生伊始，国会实施暧昧不明的非法移民立法，积极支持季节工人项目的实施就是例证。其一，在季节工人项目实施的初始阶段，国会基于战争的需要和迫于农场主利益集团的压力支持季节工人项目。当时工会强烈反对季节工人项目，他们担心墨西哥的季节工人和国内的劳动力竞争，出现一战时的情况（第一次世界大战期间，很多季节工人在项目结束以后滞留美国不归，反而去一些大城市工作，对美国国内工人的就业造成了一定影响）。1941年，劳工工会声称美国国内的劳动力充足，政府不需要实施季节工人项目。然而尽管工会强烈反对，但是考虑到战争因素，农业歉收不仅影响农场主的利益，

---

① Carol M. Swain eds., *Debating Immigration*, Cambridge: Cambridge University Press, 2007, p. 22.

而且影响战争的后期供给，国会的天平倾向于支持实施季节工人项目。不过虽然当时农场主利益集团略占优势，工会的力量也不容忽视。受两大利益集团的影响，国会在支持季节工人项目的同时，又满足了工会对保护国内工人和就业领域的要求。在如何实施季节工人项目问题上，农场主利益集团的主张是满足农业劳动力的需要，自己拥有更多的主权。工会的主张是保护国内工人的利益。在季节工人项目实施的第一个阶段，由于条款做了有利于季节工人的规定，部分农业场主不满意了，认为国会对季节工人的利益保护过多，一些地方的农场主例如得克萨斯州的农场主拒绝参加季节工人项目。工会则是千方百计地增加有利于国内工人的条款，例如限制季节工人就业的领域，1951年的《季节工人条例》和《第78号公共法》就体现了工会的利益。

其二，在季节工人项目实施的第二个阶段，农场主利益集团占优势，促使国会不断延长季节工人项目，其突出的表现是《第78号公共法》出台，此项法律引起双方的激烈争论。在该法律下，劳工部长有权招募在美国居住5年的非法移民，或者合法进入美国但是签证过期的移民。劳工部门负责季节工人的运输和医疗费用，保障季节工人和雇主的合约。因为法律为农场主招募工人提供了法律保证，保护了农场主集团的利益，因而得到他们的积极支持。但是工会反对，认为没有保护国内劳动者的利益，政府的开销过大，也没有对雇佣"湿背客"的雇主进行处罚。即便如此，由于工会在国会的力量薄弱，《第78号公共法》最终获得通过。法案通过的另一个原因是时值朝鲜战争爆发，美国国内劳动力缺乏，需要继续实施季节工人项目保障战争的胜利。与此同时，季节工人项目本来应该在1953年结束，但是由于农场主利益集团的压力，1951年，国会不得不把项目延长到1955年12月31日。1952—1959年，在季节工人项目的延长问题上，农场主利益集团的实力仍然强大，《第78号公共法》的延长未受阻。[①] 与此同时，其他部门对延长《第78号公共法》也给予了积极配合和支持。劳动部、农业部门、司法部门以及

[①] Richard B. Craig, *The Bracero Program: Interest Groups and Foreign Policy*, London: University of Texas Press, 1971, p. 137.

国务院都支持延长，国会则从 1951—1958 年一直支持延长《第 78 号公共法》。①

其三，工会等利益集团渐占上风，迫使国会最终结束季节工人项目。60 年代以后，工会联合其他反对派在国会中发起猛烈攻势，逐渐占了上风。面对反对派利益集团强大的声势，国会感觉到压力越来越大，意识到应该要结束季节工人项目。② 支持派和反对派的斗争主要集中在 1961 年和 1963 年，两派斗争的焦点是结束或者延长季节工人项目的法律保障——《第 78 号公共法》，延长又分两种情况，即不修改延长和修改延长。国会经过妥协，1961 年 5 月 11 日投票结果是 231∶157，众议院支持没有修改的《第 78 号公共法》延长两年。参议院在 1961 年 6 月举行听证会，其农业委员会提出要修改《第 78 号公共法》。经过激烈的辩论后，参议院最终同意延长季节工人项目到 1963 年 12 月 31 日。最终的投票结果显示，参议院 41 人支持延长，31 人反对，28 人弃权。1961 年国会通过未修改的《第 78 号公共法》并使其延长两年的决议，宣告了农场主利益集团的胜利。尽管如此，相比 20 世纪 50 年代工会在国会中弱势，此时的工会日益强大。两院的投票结果显示，国会里越来越多的议员支持结束《第 78 号公共法》。1963 年，支持和反对双方进行了又一次博弈。反对者认为他们可以在 1964 年最终废除法律，支持者认为不需要对法律的条例进行修改，可以将项目延长 1 年。由于国会对季节工人项目存在不同意见，1963 年国会推迟表决对季节工人项目的最终决议。同年，肯尼迪总统提出延长 1 年。1963 年 5 月众议院否决了延长两年的提议。8 月 15 日，1 年的延长期和法律条例修改得到劳工部门的支持，但是遭到果农反对，而参议院通过了延长 1 年的议案。农场主利益集团质疑法案的未来，因为劳工部设置了最低工资标准，原本雇佣工资低廉的季节工人变得不再有利可图。另一个原因是由于机械化生产的推广，减少了农业对季节工人的需求。在此情况下，农场主不再对延长季节工人项目的议案感兴趣。最终，季节工人项目延长到 1964 年 12 月 31 日，此后

---

① Richard B. Craig, *The Bracero Program: Interest Groups and Foreign Policy*, London: University of Texas Press, 1971, p. 139.
② Ibid., p. 196.

不再延长。①

由上可知，在季节工人项目实施的初期，迫于战争的压力和农业劳动力的需求，农场主利益集团占了上风，工会利益集团做了妥协，国会支持农场主利益集团。在项目实施后，农场主利益集团仍占优势，但是两派的斗争一直没有停止。他们斗争的焦点在于季节工人是否影响国内工人待遇，并对工人就业的领域加以限制。国会的立法在两派间进行了妥协，在延长季节工人项目的同时，重视保护国内工人的利益，从而满足工会的要求。季节工人项目对非法移民的影响在于，它直接导致了二战后非法移民问题，由于在项目实施期间农场主利益集团占优势，国会的天平一直朝向实施季节工人项目，忽视了对非法移民问题的治理。季节工人项目期间出现的非法移民为后来的非法移民建立了有力的社会纽带，成为后来非法移民络绎不绝进入美国的重要社会原因。由此可见，受利益集团政治的影响，在非法移民产生之初，国会未对非法移民采取有效的治理措施。

其次，利益集团分歧大，国会难有作为。《1986年移民改革和控制法》就充分说明了这一点。20世纪70年代，随着非法移民成为美国社会的热点问题，国会也开始关注这一问题。从1970年开始，有关非法移民问题的议案大量增加，仅仅在1971—1972年两年的时间内，针对非法外国人问题国会就举行了5次听证会。② 这一现象在以前是不可能的。国会普遍关注的问题是：美国有多少非法移民？为什么非法移民的数量不断上升？美国的工人是否会受到非法移民的影响？非法移民是否会影响公共财政？非法移民是否会影响公共福利？虽然国会在非法移民问题上的建言献策和分析评估方面态度积极，并出台了相关的措施和法律，但是从20世纪70年代到80年代初的16年时间内，国会只是忙着召开有关非法移民问题的各种会议，却没有实质性的法律出台。在非法移民立法问题上，国会的行为可谓是"雷声大，雨点

---

① Richard B. Craig, *The Bracero Program: Interest Groups and Foreign Policy*, London: University of Texas Press, 1971, p. 51.

② 5次听证会分别是：*Illegal Aliens, Part* 1: Subcommittee No. 1, Committee on Judiciary, House, Congress-Session: 92 – 1, May 5, 1971; *Illegal Aliens, Part* 2, Congress-Session: 92 – 1, June 24, 25, July 9, 10, 1971; *Illegal Aliens, Part* 3 Congress-Session: 92 – 1, October 22, 23, 1971, January 21, 1972; *Illegal Aliens, Part* 4, Congress-Session: 92 – 1, March 10, 11, 1972; *Illegal Aliens, Part* 5, Congress-Session: 92 – 1, March 22 – 24, 1972.

小"。其中最主要的原因是利益集团对制裁雇主政策和赦免政策的巨大分歧，使得国会的非法移民立法难产，甚至使得国会的立法几次陷入瘫痪，严重影响了立法的效率。具体表现如下：

其一，在制裁雇主政策上，反对制裁雇主的主要利益集团——农场主利益集团、少数族裔利益集团、人权组织游说国会，导致相关立法迟迟难以通过。一些议员认为非法移民入境美国的根本动力是寻找工作，如果取消他们的工作机会，问题就会解决。制裁雇主政策早在1952年就由参议员道格拉斯提出，当时因西部议员的反对议案而没有通过。进入70年代以后，每一届国会都有议员提出制裁雇主政策的议案，但是由于国会中强大的反对声音，导致相关议案难以通过。商业利益集团担心在雇佣劳动力时，承担确定对方合法身份的责任；① 种植业主则担心农业收获问题；② 美国拉美裔少数族裔利益集团、人权组织担心政策导致的歧视问题。③ 相比之下，一些利益集团包括美国劳工联合会——产业工会联合会和零人口增长组织则是制裁雇主议案的积极支持者。美国劳工联合会—产业工会联合会非常赞同这一政策，认为非法移民影响国内工人的工资和生活待遇，应该实施。④ 受利益集团的影响，国会在这一问题上立场分化，两派各有不同的国会议员为代表，导致国会立法进程缓慢，即使众议院通过了有关制裁雇主政策的议案，到参议院那里也未通过。

1981年9月30日，第97届国会的参议院司法部专门讨论了制裁雇主问题。在这届国会中，制裁雇主政策的支持者和反对者的分歧依旧。议案受到移民与难民政策委员会、劳工部、美国劳工联合会—产业工会联合会的支持，他们认为这是有效制止非法移民问题的措施。美国市民权利委员会、美

---

① *The Knowing Employment of Illegal Immigrants*: *Hearing Before The Subcommittee on Immigration and Refugee Policy of the Committee on the Judiciary*, United States Senate, Congress-Session: 97-1, September 30, 1981, p. 124.
② http://andrsn.stanford.edu/Other/illegal.html.
③ *The Knowing Employment of Illegal Immigrants*: *Hearing Before The Subcommittee on Immigration and Refugee Policy of the Committee on the Judiciary*, United States Senate, Congress-Session: 97-1, September 30, 1981, p. 166.
④ S. 2252. *Alien Adjustment and Employment Act of 1977*: *Hearings Before The Committee on the Judiciary*, Part 1, United States Senate, Congress-Session: 95-2, Washington, D. C.: U. S. Government Print Office, 1978-1979, p. 124.

国拉美市民联盟、墨西哥美国合法防御和教育委员会则强烈反对，认为政策存在严重的歧视问题。[①] 为此，国会不得不暂缓对制裁雇主政策的立法进程。两年后，第98届国会继续讨论此问题。而这次支持者和反对者的分歧集中在如何判定非法移民的身份、如何防止由此带来的歧视问题上。为此，两派进行了不断的妥协。反对制裁雇主政策的人主张加上防止歧视和是否为非法移民的条款。支持制裁雇主政策的人则关注政策的具体实施步骤。由此可见，制裁雇主政策如果要通过，必须保证农业劳动力的需求和减少雇主在确定被雇佣者真实身份时所承担的责任。1982年的辛普森—马佐里议案由于满足了上述要求，在1985年获得通过。

其二，在赦免政策上，利益集团表达了不同意见，分为保守派和自由派。保守派强烈反对赦免，自由派则认为应该大规模地赦免。[②] 自由派的利益集团有拉美市民协会、纺织工人协会、美国劳工联合会—产业工会联合会等。与此同时，这一政策得到农业部门、司法部门的支持。保守的利益集团有零人口增长组织、工会。零人口增长组织反对赦免政策，他们认为赦免政策一方面鼓励剥削，因为非法移民只能工作，不能享受福利；另一方面它会鼓励更多的非法移民入境，他们提出政策应该实现有效性、长久性、平等性。[③] 有趣的是一些利益集团支持赦免政策，但是反对制裁雇主政策，这些团体包括市民自由团体、拉美裔美国人组织。有些利益团体反对赦免项目，但是支持制裁雇主政策，如环境组织。他们关注非法移民的增加给国家和环境带来的压力，以及对美国国内技术产业的影响。一些利益集团则同时反对制裁雇主政策和赦免政策，他们认为这些政策都不能解决非法移民问题。由于各派在赦免政策上的巨大分歧，以及两大派别联合自己的盟友相互向对方施压，导致国会从1977年到1982年的5年内难以达成一致意见，直到1982

---

① *Summary of Hearings Held by the Senate Judiciary Subcommittee on Immigration and Refugee Policy, July 1981 – April 1982*, prepared for the Subcommittee on Immigration and Refugee Policy of the Committee on the Judiciary, United States Senate by the Congressional Research Service, Library of Congress, Washington, D. C.: U. S. Government Print Office, 1983, p. 11.

② Juan P. Osuna, *Amnesty in the Immigration Reform and Control Act of 1986: Policy Rationale and Lessons from Canada*, http://www.auilr.org/pdf/3/3-1-4.pdf.

③ *Legalization of Illegal Immigrants: Hearing Before The Subcommittee on Immigration and Refugee Policy of the Committee on the Judiciary*, United States Senate, Congress-Session: 97-2, October 29, 1981, p. 130.

年辛普森—马佐里议案的出台。

　　1982年，在结合了制裁雇主政策和赦免政策的辛普森—马佐里议案提出后，反对赦免政策的保守派和自由派进行了妥协。此时，两派斗争的焦点集中在赦免的截止时间以及赦免后的移民是否享受公共福利的问题上。自由派尽量扩大赦免的范围，辛普森—马佐里议案在赦免政策上的具体规定是：授予自1978年1月入境美国的外国人以长久居民身份；授予自1980年1月1日入境美国并且在美国持续居住的外国人临时合法身份，来自古巴、海地的外国人享有优先权。美国拉美裔市民协会主席博尼利亚·托尼（Bonilla Tony）认为赦免的日期应该提前到1980年1月1日，在1980年至议案颁布之间的时间内，非法入境美国的外国人也应该享受合法化；合法化项目应该结合保障条款一起实施；对等待合法化的人实施政府援助，让他们享受一些社会福利，例如让非法移民学生接受教育。[①] 墨西哥美国立法防御和教育基金委员会的安东尼·埃尔南德斯（Antoni Ahernandez）反对英语是非法移民成为长久居民的重要条件，质疑长久居民身份的截止日期等问题。[②] 加利福尼亚州墨西哥美国人的政治委员会反对制裁雇主政策，认为赦免政策需要在以下方面改进：被赦免人员入境美国的日期应该和法令颁布的日期一致；获得临时居住身份的人员，他们的直系亲属和亲戚可入境美国探亲。加利福尼亚州墨西哥美国人的政治委员会提出的修改建议是：无条件地废除制裁雇主政策、无条件地给予赦免人员长久的居民身份。[③] 相比之下，保守派想尽量限制赦免的时间、限制赦免后非法移民享受美国的公共福利。双方在1968年1月1日、1977年1月1日、1980年1月1日等时间节点上均没有达成共识，最终双方各自退让，决定赦免于1982年1月1日之前入境美国的非法移民，满足条件的非法移民可申请暂时居民身份，但是他们在身份合法化3年后才可享受公共福利。

---

① *Immigration Reform and Control Act of* 1982: *Subcommittee on Immigration, Refugees, and International Law*, Committee on Judiciary, House; *Subcommittee on Immigration and Refugee Policy*, Committee on Judiciary, Senate Committee on the Judiciary Serial No. 40, Congress-Session: 97 – 2, April 1st, 20, 1982, pp. 187 – 190.

② Ibid., p. 214.

③ Ibid., pp. 738 – 741.

由上可知，由于利益集团在制裁雇主和赦免政策上的巨大分歧，国会难有作为，立法进程异常缓慢。当利益集团存在巨大分歧时，国会一度陷入瘫痪，两项政策的支持派和反对派的斗争导致国会不断在他们之间寻求平衡。最终，国会的立法结果体现了两派的意愿，实施制裁雇主政策，增加反歧视条款；实行赦免政策，但是限制合法化后的非法移民享有公共福利。《1986年移民改革和控制法》的立法过程和立法结果说明国会的非法移民立法权被利益集团所绑架，其立法进程完全受制于利益集团。

相比之下，当利益集团对非法移民立法分歧较小时，国会的立法权可以得到充分的体现，立法效率也得到提高。例如在20世纪90年代，国会非法移民立法的效率大大提高，在短短的10年时间里，相继出台了针对技术移民和非法移民的法律，改变了80年代国会非法移民立法异常拖拉的现象。针对非法移民问题，国会出台了《1996年非法移民改革和移民责任法》《1996年个人责任和工作机会协调法案》和《医疗援助重建法案》等多部法律。其中，前一部法律对非法移民采取了更加严厉的打击措施，后两部法律在就业和医疗福利方面对非法移民进行了限制。

国会非法移民立法效率提高的原因除了非法移民带来的严重社会影响之外，最主要的原因在于主要利益集团对国会提出的整治非法移民的措施基本看法一致，分歧较少（参见本章第一节）。具有重要影响力的工会、少数族裔团体、农场主利益集团都主张国会采取强有力的措施，减少非法移民，甚至包括强有力的制裁雇主政策。因此，在《1996年非法移民改革和移民责任法》的立法过程中，国会的议案在没有遭到利益集团的阻扰下，顺利通过。另外，当时共和党控制国会，工会、少数族裔团体、农场主利益集团等有影响力的利益集团难以拥有有效的游说渠道（以上利益集团多支持民主党），所以国会的立法阻力不大。

在当前全面移民政策改革中，对国会非法移民立法具有重要影响力的三大利益集团的观点基本一致，支持《梦想法案》和对非法移民实施合法化。例如，早在2000年，美国劳工联合会—产业工会联合会的领导人就呼吁国会对非法移民实施合法化。亚裔美国人正义中心认为全面移民政策改革应该提高家庭团聚的移民限额，让工作努力、缴纳税收的非法移民获得公民身份。① 另外，少数族裔利益集团和美国劳工联合会—产业工会联合会均反对实施季节工人项目，理由是存在歧视和剥削现象——参加季节工人项目的雇主控制了工人的生活，季节工人遭受不公正的待遇。他们因为担心失业或者被驱逐出境而不敢投诉，最终他们的合法权益得不到保护，整个美国境内工人的工资待遇和工作条件也被波及而下降。② 但是由于两党极化，全面移民政策改革难以取得实质进展。

综上所述，农场主利益集团、工商业利益集团、工会以及少数族裔利益集团是影响国会非法移民立法的主要利益集团。他们通过各种方式游说国会，向国会施加压力。当利益集团之间存在巨大分歧时，国会立法进程缓慢、拖拉，甚至陷入瘫痪。在此情况下，国会的非法移民立法往往是各利益集团妥协、平衡的结果。当利益集团之间的分歧较小时，国会的立法效率较高。由此可见，国会的非法移民立法体现出浓厚的利益集团色彩。

笔者按照非常大、较大、较小的不同程度，将利益集团对国会非法移民立法的影响制作成表40。

表40　利益集团对国会非法移民立法的影响力评估

国会的非法移民立法	影响力评估	发挥主要作用的利益集团
国会暧昧不明的非法移民立法	非常大	农场主利益集团、工会
《1986年移民改革和控制法》	非常大	农场主利益集团、工会、少数族裔利益集团
《1996年非法移民改革和移民责任法》	较小	无
当前全面移民政策改革	较大	农场主利益集团、工会、少数族裔利益集团

资料来源：作者根据理解绘制而成。

由表40可知，国会暧昧不明的非法移民立法、《1986年移民改革和控制

---

① *Comprehensive Immigration Reform: Perspectives from Faith-Based and Immigrant Communities*, Committee on Judiciary House, May 22, 2007, Congress-Session: 110-1, p.89.
② Ibid., pp.73-78.

法》是利益集团主导型立法，《1996年非法移民改革和移民责任法》是国会主导型立法，当前国会全面移民政策改革则属于混合型立法，尽管有影响力的利益集团关于移民政策改革的主张基本一致，但是由于政党分歧，改革难产。由上可知，在二战后国会主要的非法移民立法中，利益集团有重要的影响力。在利益集团主导型立法中，利益集团对国会的立法进程产生了消极影响，让国会在利益集团之间摇摆，失去立法自主权。因此，国会要在非法移民立法中发挥作用，必须成为强有力的国会，减少利益集团的影响。在国会主导型或者混合型的立法中，立法的结果则取决于利益集团和国会内部的博弈。

第五章 国会非法移民立法的特点和作用评估

第一节 国会非法移民立法的特点分析

一、实用主义原则

美国作为一个移民国家，其移民政策在公共政策中具有重要的地位。坚持实用主义的原则是国会移民立法的基本理念。二战之前，美国国内不存在非法移民问题，但是移民政策制定奉行择优批准、限制不利于美国经济发展的外国人入境原则。二战之前，美国总体的移民政策经历了1815—1882年的自由开放时期、1882—1924年的限制和优先选择时期、1924—1945年对移民的管理和进一步限制时期。

在自由开放时期，由于美国经济发展需要大量劳动力，为此实施了开放的移民政策。但是在这一时期，国会也实施立法限制低素质的外国人入境。例如，1875年国会颁布法律规定，禁止犯罪者和嫖娼者入境；1882年国会颁布《1882年排华法案》，禁止犯罪和有智力问题的外国人入境。在1882—1924年的移民限制和优先选择时期，国会相继出台一系列限制低素质、不受美国欢迎的外国人入境的法律。例如1882年，国会出台《外来移民法》，禁止精神病患者、白痴、生活不能自理的外国人入境；1885年，国会出台的《福伦法》规定，通过订立合同的方式向美国输入劳工的行为属于非法，在美国临时居留人员、艺术家、教师、家庭奴仆以及美国尚未建立的工业部门的熟练工人除外。这一法律旨在保护工业、服务行业领域就业的美国工人的利益。1903年，国会出台《移民法》，禁止癫痫病人、精神病人、乞讨者、无政府主义者、信奉或者致力于以武力推翻美国，以及伤害公职人员的外国人入境，要求依靠社会救济生活的外侨在两年内离开美国；1921年，国会出台《紧急移民限额法》，限制欧洲移民的数量。在美国移民政策的自由开放和限制时期，国会移民政策立法的主要特点是，选择有利于美国经济发展的人才，排除和限制对美国没有价值的外国人。与此同时，国会的立法排斥来自亚洲和美洲的移民。因此，在以上两个阶段，尽管有来自美洲、亚洲的移民，但是他们往往在美国工作一段时间后选择回国。另外，在20世纪20年代之前，美国境内不存在墨西哥非法移民问题，主要的原因一是美国南部的劳动力比较稳定；二是1910年之前墨西哥的农民并非自由劳动力，他们和农场主的关系是一种类似奴隶和奴隶主的依附关系。1910年墨西哥革命之后的10年间，前往美国的墨西哥人仅为2.65万人。[①] 在1924—1945年美国加强对移民管理和限制时期，国会采取了进一步限制移民的立法，例如《1924年移民法》规定，每年入境美国的移民为35万人，设置亚太禁区，禁止日本人和菲律宾人入境。[②] 另外，这一时期开始出现少量的非法移民。非法移民问题的出现和美国大量从墨西哥招募工人息息相关。1917—1921年期间，美国政府鼓励雇主从墨西哥招募工人。后来，这些墨西哥工人只有很少的一部分回国，其中大部分长期滞留美国变为非法移民。根据移民归化局的统计，1924—1930年，来自墨西哥的非法移民大约有3.6881万人。[③]

  二战后，随着非法移民问题的凸显和重要性的提高，国会的立法也体现出浓厚的实用主义特点。其主要特点是：经济利益是主要的考虑因素，国会对非法移民的态度是一切按照美国社会的现实需要设定。例如，在非法移民

[①] Albert Mayio and Milton Morris, *Curbing Illegal Immigration: A Staff Paper*, Vol. 15, No. 9, Washington, D. C.: Brookings Institution, 1982, pp. 4-5.

[②] http://history.state.gov/milestones/1921-1936/ImmigrationAct.

[③] Wayne A. Cornelius, "Mexican Migration to the United States: Causes, Consequences and U. S Responses", *Structural Factors in Mexican and Caribbean Basin Migration*, proceedings of a symposium sponsored by the Brookings Institution and EI Colegio de Mexico, Washington, D. C.: Brookings Institution, 1978, pp. 4-5.

产生之初的40—60年代，基于美国参加二战、国内农业劳动力不足和朝鲜战争的需要，国会对非法移民的治理采取了宽容的态度。直到20世纪70年代，非法移民成为社会热点问题之后，国会才开始认真对待这一问题。后来出台的《1986年移民改革和控制法》体现了美国经济发展的需要，实施农业工人项目和主要赦免在农业领域就业的非法移民。这是因为在国会的非法移民立法中，农业工人短缺问题是国会不得不慎重考虑的因素。20世纪40—60年代实施季节工人项目的初衷是为了解决农业劳动力短缺问题，尽管后来随着机械化发展，项目于60年代结束，但是之后，美国国内农业劳动力短缺问题仍然存在。例如根据《美国新闻和世界》报道，农业工人短缺意味着许多需要及时收获的农作物、水果腐烂，以及农作物种植面积大幅度下降。除此之外，农业相关行业，例如卡车运输、仓储、加工等也受到伤害。卡车司机工会的一名官员表示："我们被告知墨西哥季节工人不利于国内工人的就业，但真相是他们的离去引发工人失业。"① 为此，美国劳工部不得不采取行动。1965年4月，美国劳工部成立了由加州大学教授组成的研究小组，以评估当时的农业劳动力荒问题。之后，研究小组建议立即废除对墨西哥工人的禁令，以避免在芦笋和草莓行业出现劳动力短缺问题。之后，约2500名墨西哥工人被允许进入美国的加州地区，从事农产品的收获工作。虽然这些墨西哥的农业工人暂时缓解了加州的农业劳动力短缺，但是其他地方仍面临类似问题，诸如密歇根州和爱荷华州。在国会1964年废除了季节工人项目之后，全美有10多万个农场面临劳动力荒的问题。②

在非法移民问题上，美国一方面离不开非法移民带来的体力劳动力，另一方面，美国又不愿意承担非法移民增加的社会成本。因此，国会的立法最终体现出"大棒加胡萝卜"的实用主义特点。当美国经济发展需要大量体力劳动力时，国会的立法就使用"胡萝卜政策"，例如1986年的大赦和当今国会推动《梦想法案》的实施；当美国经济滑坡，国内就业岗位缩减时，非法移民、合法移民就成为首当其冲的替罪羊，例如1996年的移民政策改革。由此可见，实用主义原则是始终贯穿国会非法移民立法的

---

① *U. S. News and World Report*，May 31，1965，p.74.
② *Cleveland Plain Dealer*，July 2，1965.

最基本和最重要的原则。

二、疏堵结合，以疏为主、以堵为辅

纵观国会非法移民立法历史过程，国会治理非法移民的基本思路是疏导和围堵政策相结合，以疏导为主、围堵为辅。《1986年移民改革和控制法》是疏堵结合，二者并重；《1996年非法移民改革和移民责任法》以堵为主；当前全面移民政策改革是以疏为主、以堵为辅。在国会非法移民立法的措施中，赦免政策、季节工人项目属于疏导政策，边境控制和制裁雇主政策则属于围堵措施。赦免政策的目的是将已经在美国生活多年，并且是美国经济发展所需要的劳动力，纳入美国国内合法的劳动力队伍中，实施同化政策，以推动美国经济发展。例如，《1986年移民改革和控制法》对近300万非法移民实施赦免。与存在非法移民问题的其他国家相比，美国的赦免政策也较为宽松，赦免后的非法移民往往变为国家的公民，如表41所示：

表41　1981—2005年美国和欧盟主要国家实施的赦免政策项目[①]

国家	时间和名称	赦免数量	赦免后居民类型
法国	1981—1982年	130000	永久居民身份
	1997—1998年	87000	永久居民身份
希腊	1998年白卡项目	370000	6个月居住时间
	1998年绿卡项目	220000	1—5年的工作和居住期
	2001年	228000	2年的工作和居住期
意大利	1986年	118700	暂时的工作许可
	1990年	235000	2年的居住期
	1995年	238000	1年或者2年的居住期
	1998年	193200	暂时的工作许可
	2002年	634728	暂时的一年许可

---

① 此表在原来图表基础之上有所删减。

续表

国家	时间和赦免项目	赦免数量	赦免后居民类型
卢森堡	2001 年	1839	6 个月的居住和工作许可，之后方可申请长期居住
葡萄牙	1992—1993 年	38364	暂时居住许可
	1996 年	31000	暂时居住许可
	2001 年	170000	1 年居住期，最多更新 4 次，5 年后自动变为永久居民
西班牙	1985 年	23000	1 年可更新的居住和工作许可
	1991 年	109135	3 年的居住期
	1996 年	21300	5 年的居住期
	2000 年	153463	1 年的暂时居住和工作期
	2001 年	221083	1 年的暂时居住期
	2005 年	未知	1 年可更新的居住期
英国	1998 年	200	1 年的暂时工作许可
美国	1986 年一般赦免	1600000	永久居民身份
	1986 年特殊农业工人项目	1100000	永久居民身份

资料来源：Amanda Levinson, "Why Countries Continue to Consider Regularization", *Migration Information Source*, September, 2005, http://www.migrationinformation.org/Feature/display.cfm? ID = 330.

由表 41 可知，与其他国家相比，美国的赦免政策无论是在赦免的规模，还是赦免后的非法移民是否成为本国公民方面都较为宽松。实施赦免政策的欧盟国家，除了法国之外，葡萄牙、西班牙、英国等国家仅让赦免后的非法移民拥有暂时的工作和居住身份，但不能成为公民。而另外一个欧盟主要成员国——德国却从未实施过赦免政策。

此外，非法移民多在劳动力密集型产业工作，所以给美国社会带来的经济贡献远比不上技术移民和高科技移民。因此，国会对实施赦免政策的立法非常谨慎小心，有关赦免政策的立法过程也异常拖沓和漫长，当今旨在赦免年轻非法移民的《梦想法案》难产就是例证。反对者以 1986 年实施的赦免政策未解决非法移民问题为由，极力反对。因此，为了有效地疏导非法移民，较好地平衡国家安全和经济发展的关系，国会的非法移民立法也往往选择实施季节工人项目，既能满足经济发展的需要，又可以维护国家安全。通常情况下，季节工人完成项目后需要回到他们的来源国。

在国会出台的围堵政策方面，国会对边境控制的人力、财力、物力的支持都不遗余力。国会每一次的非法移民立法都强调边境控制、积极增加财政拨款、增加边境巡逻人员、提高边境管理的技术水平、支持修建边境的篱笆墙等。但是，国会对边境管理的立法在现实中实施的效果并不明显，国会尽管要为边境控制买单，但仍难以阻止非法移民入境。其中主要的原因是至少一半的非法移民是合法入境后，延期滞留变为非法的。因此，制裁雇主政策成为国会实施围堵政策的另一个选择。制裁雇主政策在1986年的移民政策改革中首次列入法律，一直实施至今。但是制裁雇主政策实施缺乏力度，商业主利益集团和工会联合抵制，所以政策变得有名无实。另外，当前的制裁雇主政策罚金过轻，难以对雇佣非法移民的雇主产生威慑作用，一些雇主宁愿被罚款，也要雇佣非法移民，[①] 这也从侧面反映出美国经济对非法移民的依赖。因此，在国会的非法移民立法中，虽然疏导和围堵的政策均伴随其中，但是其主流仍然是疏导政策，这是由美国的经济结构所决定的。基于移民国家的属性和经济的需要，国会非法移民立法的最终目的是将美国经济发展所需要的安分守己、勤奋工作的非法移民纳入美国社会，在民族熔炉理论的作用下，实现同化。

三、一元主义和多元主义的交融

二战后，为了控制日益严峻的非法移民问题，国会相继出台了一系列法律，立法经过了暧昧不明——软硬并用——强硬——进一步强硬——全面移民政策改革的历史过程。透过分析国会非法移民立法的历史演变过程，可得出国会非法移民立法的另一特点是一元主义和多元主义的交融。一元主义（Monism）的含义是移民立法的唯一、最终的目标是维护国家安全，例如《1882年排华法案》。一元主义把移民法作为捍卫国家安全和自我防御的武

[①] 2011年11月30日下午3：40，笔者在美国弗吉尼亚大学法学院对卡伦·艾布拉姆斯（Karen L. Abrams）进行采访。卡伦现就职于杜克大学法学院，移民法专家。

器，不考虑经济因素。根据一元主义的观点，移民法的首要目标是维护国家安全，其他的经济、社会、政治目的都处于次要地位。[1] 美国历史上古典的移民法都是一元主义的体现，司法机关为了维护国会的移民立法权，奉行全部权力原则，极少对国会的移民立法进行司法审查。古典移民法的特点是：敌视来自南欧和东欧的新移民；美国自治意识的增强，强调民族主义、个人和政府的主权，个人的主权通过捍卫个人的财产权实现，政府的主权强调保护国家的安全。[2] 美国移民法专家皮特认为，美国的移民立法历史是从古典的一元主义转向结合国家安全和自由主义人权观念的立法过程。[3] 国会颁布的《2001年爱国者法》《2006年真实身份识别法》《2006年安全篱笆法》都是一元主义的体现。这些法律的首要目标是保护国家安全，但是忽视经济、社会、政治目标。

多元主义（Pluralism）的含义是美国移民法的目标是多元的，它以国家安全作为重要目标，除此之外，还寻求经济、政治、社会目标。例如，国会颁布的《1990年移民法》设立了多种类型的移民签证，增加移民签证数量，首次设置投资移民签证类型，就充分体现了多元主义的特点。一元主义和多元主义的区别来源在于二者对国家的不同界定。一元主义用主权和防御的概念来定义国家，认为国家的作用就是实现自我防御和保护主权。但是，多元主义认为国家是重叠社会的综合（composite of overlapping societies），国家的角色是平衡多元社会相互竞争的部分。因此，基于对国家功能的不同理解，一元主义认为移民法的唯一及全部目标是维护国家安全和实现主权，而多元主义则认为移民法兼有国家安全、政治、社会、经济等多重目标。

纵观国会非法移民立法的历史过程，属于国会多元主义立法的有20世纪40—60年代国会暧昧不明的立法、当前全面移民政策改革，80年代的移民政策改革是一元主义和多元主义的结合，但是多元主义的色彩更加明显。属于国会一元主义立法的有20世纪90年代国会的非法移民政策改革、"9·

---

[1] Kevin R. Johnson and Bernard Trujillo, *Immigration Reform*, *National Security After September 11*, *and the Future of North American Integration*, Oakland: University of California Davis Legal Studies Research Paper Series No. 101, February, 2007.

[2] Peter H. Schuck, "The Transformation of Immigration Law", *Columbia Law Review*, Vol. 84, No. 1, January, 1984.

[3] Ibid.

11"后国会反恐和打击非法移民相结合的立法,特朗普政府的移民政策改革,如表42所示:

表42 二战后国会非法移民立法特点分析

外部环境	国会立法历史演变特点	立法特点
战争需要劳动力	暧昧不明	多元主义
乱象丛生的非法移民	软硬并用	多元主义和一元主义的结合
非法移民导致地方政府不堪重负	强硬	一元主义
恐怖主义是国家的头号威胁	进一步强硬	一元主义
破碎的移民体系招致社会各界不满	寻求全面移民政策改革	多元主义
右翼民粹主义兴起	强硬	一元主义

资料来源:笔者自制。

由表42可知,国会的非法移民立法时而一元主义,时而多元主义。当国会实施多元主义立法时,往往是采取实施温和打击非法移民的政策,甚至出台赦免政策。另外,法律也倾向于招募更多季节工人,以满足美国经济发展的需要。当国会实施一元主义立法时,往往是采取严厉打击的措施,不仅严格限制非法移民享受各种社会福利,而且合法移民的利益也会受到限制(例如1996年的移民政策改革对合法移民的配额、社会福利均作了严格限制)。因此,国会的非法移民立法在一元主义和多元主义之间徘徊。那么,是什么原因导致了这一特点?在什么情况下,国会会选择一元主义立法;什么情况下,会选择多元主义立法?非法移民给美国社会带来的利弊并存的矛盾性、复杂性是这一特点产生的最主要原因。美国建国以来的移民政策都是奉行择优录取,优先选择对美国社会有利的外国人。非法移民给美国社会带来负担的同时,也能弥补美国体力劳动力不足的经济缺陷。可以说,当美国经济发展需要大量体力劳动力时,国会就寻求多元主义的立法。反之,国会的立法倾向于一元主义,注重边境保护和国家安全。尤其是当紧急状况发生,国家安全遇到危险时,美国国会就更加倾向一元主义的立法,例如国会"9·11"后的一元主义立法。但是在后"9·11"时代,当国家的安全威胁缓解,经济建设和发展成为国家发展的主要命题时,国会的非法移民立法又恢复到以经济利益为先的立场，而寻求多元主义的立法。2016年大选，右翼民粹主义兴起，特朗普政府的移民政策改革回到一元主义的立法。但是，多元主义移民法的经济需要仍然存在，一元主义立法主要满足中下层白人反移民的文化需要，而非经济需求。可以说，当前的国会移民立法体现为一元主义与多元主义的较量。因此，可以预见的未来是美国非法移民立法将继续体现一元主义和多元主义相互博弈的特点。至于国会选择一元主义还是多元主义，取决于美国国内经济结构和外部环境的变化。随着全球化的深化和世界经济的日益密切，美国国会多元主义的移民立法将变得日益重要，以实现美国社会的多重目标，而非单一的国家安全目标。另外，纵观历史，国会的多元主义立法始终是主流。

第二节　国会非法移民立法的作用评估

一、治理效果评估

国会治理非法移民的主要措施有：边境控制、制裁雇主政策、国际合作、雇佣身份电子核查体系。其中，相比其他措施，边境控制政策是国会治理非法移民最常用和最保险的措施。制裁雇主政策往往受到行业协会的抵制，国际合作则要协调美国和非法移民输出国，尤其是与墨西哥的国际关系，而雇佣身份电子核查体系在现实中亦面临技术问题。所以，国会对加强边境控制的措施乐此不疲，但是与国会边境控制的重视程度不相称的是日益增加的非法移民。在20世纪90年代，美国境内只有300万—400万的非法移民，但是仅仅过了10年时间，非法移民的数量就增加到1150万。这说明国会控制边境的措施无效。在制裁雇主政策方面，实施缺乏力度，档案造假难以得到有效的核实。在国际合作方面，虽然国会在援助墨西哥、推动其经济发展方面做了一些努力，但效果并不理想。例如早在20世纪70年代，众议员汉密尔顿（Hamilton）就给众议院的司法委员会主席写信，呼吁加强和墨西哥政府的合作，加大对墨西哥劳动力密集型企业的投资，减少墨西哥的失业人数。① 之后，美国在墨西哥北部地区实施投资，但是墨西哥政府并没有发展劳动力密集型产业，结果导致墨西哥国内的剩余劳动力继续涌向美国境内。20世纪90年代，为了推动美国和北美地区经济的共同发展和繁荣，美国积极推动建立北美自由贸易区。但是，随着美墨边境贸易的发展以及美国国内就业岗位的增加，来自墨西哥的非法移民络绎不绝地涌进美国。在实施雇佣身份电子核查体系方面，资金的投入、体系的技术水平和准确率均需要进一步提高。

国会采取的以上治理非法移民的措施，最终都未达到遏制非法移民的目的。非法移民的数量不但没有减少，反而持续增加。这说明国会有关治理非法移民问题的立法是失败的。即使如此，不可否认国会在治理非法移民问题上所做出的贡献。一方面，国会积极组织听证会，搜集各方意见，为治理非法移民提供了各种信息依据。例如，在20世纪70年代面对日益严峻的非法移民问题，国会多次组织听证会，分析非法移民产生的各种原因。国会认为，移民输出国和移民接受国之间的经济发展不平衡是最大的原因，根据对被逮捕的人进行讯问得出的结论来看，非法移民来美国的唯一目的是寻找工作；② 美国的雇主不知道自己雇佣的人员是非法移民；移民归化局的边境管理缺乏力度，导致非法移民的数字不断上升。在芝加哥，移民归化局选区的长官埃尔韦·菲力德（Alval Pilliod）指出，在伊利诺伊州、印地安纳州、威斯康辛州逮捕的非法移民在过去10年内上升了800%。③ 在非法移民对美国的影响方面，国会总结出非法移民主要影响美国第二产业工人的福利。墨西哥非法移民降低了美国国内工人的工资。另外，非法移民增加了社会公共福

---

① *Illegal Immigration and U. S. -Mexican Border Control*: *Analysis and Recommendations*: *Critique of Administration Adjustment of Status Proposals*, Subcommittee on Immigration, Citizenship, and International Law of the Committee on the Judiciary, House of Representatives, Ninety-fifth Congress, Second Session. Washington, D. C.: U. S. Government Print Office, 1978, pp. 1 – 12.

② *Illegal Aliens*: *A Review of Hearings Conducted During the 92d Congress by Subcom No. 1*, (serial no. 13, pts. 1 – 5), Ninety-third Congress, First Session, United States, Congress, House, Committee on the Judiciary, Subcommittee No. 1, Washington, D. C.: U. S. Government Print Office, 1973, p. 5.

③ Ibid.

利支出。1974年，洛杉矶用于非法移民的紧急医疗援助是800万美元。① 由此可见，国会对非法移民产生的原因和对美国社会影响的评估基本正确。只有在正确分析的基础上制定的法律才能切合实际，并能对症下药。另一方面，国会的立法为治理非法移民问题提供了各种解决思路，有利于立法者结合法律的实施效果，进一步思考未来如何制定满足美国国家利益的法律。例如，制裁雇主政策在1986年列入法律规定之后，因档案造假导致该政策效果不理想。之后1996年的移民政策改革从中吸取教训，建立雇佣电子裁决体系。另外，经过近半个世纪的非法移民治理，国会已经认识到大规模地驱逐1100万—1200万的非法移民并不现实。非法移民立法既要满足美国经济发展所需要的劳动力，也要保卫国家安全。因此，国会有识之士积极推动《梦想法案》，给勤奋学习、安分守己的年轻非法移民在美国合法生活的机会。与此同时，国会也不放弃边境控制和严厉打击犯罪的非法移民。

二、国会移民立法权评估

从国会的非法移民立法权而言，美国国会基本掌握非法移民立法权。国会的内部结构因素对立法过程具有积极影响，其中两院的司法委员会和移民小组委员会对立法进程发挥着重要作用，选区利益是议员投票行为的最大影响因素，但是政党因素上升、政党极化成为制约当前国会非法移民立法效率的主要掣肘。从三权分立的政治制度而言，总统虽然对非法移民问题日益重视，介入国会非法移民问题的热情和主动性不断提高，但是他们并不能制约国会的非法移民立法权。不过，总统可以运用强有力的行政权发挥类似"法律"的作用。国会的立法最终取决于国会内部博弈。地方政府不满国会在非法移民立法问题上的无所作为，虽然其在20世纪90年代以后不断挑战国会的非法移民立法权，但遭到司法机关的否决。司法机关赋予国会全部权力的

---

① Joyce C. Vialet, *Illegal Aliens: Analysis and Background, Prepared for The Use of the Committee on the Judiciary, U.S. House of Representatives, by the Education and Public Welfare Division*, Congressional Research Service, Library of Congress, Ninety-fifth Congress, First Session, Washington, D.C.: U.S. Government Print Office, 1977, p. 22.

原则，有力地维护了国会的非法移民立法权。利益集团是影响国会非法移民立法的最大因素，当利益集团就立法存在巨大分歧时，国会的立法进程缓慢，立法的结果往往是平衡各集团利益的体现；反之，当利益集团分歧较小或者游说的渠道较少时，国会的立法效率较高。但是，此时国会的立法进程主要受内部因素，尤其是政党因素的影响。结合戴维·伊斯顿的复杂系统理论模型和阿尔蒙德的系统理论，本书将国会的非法移民立法决策过程制作成以下模型，参见图8：

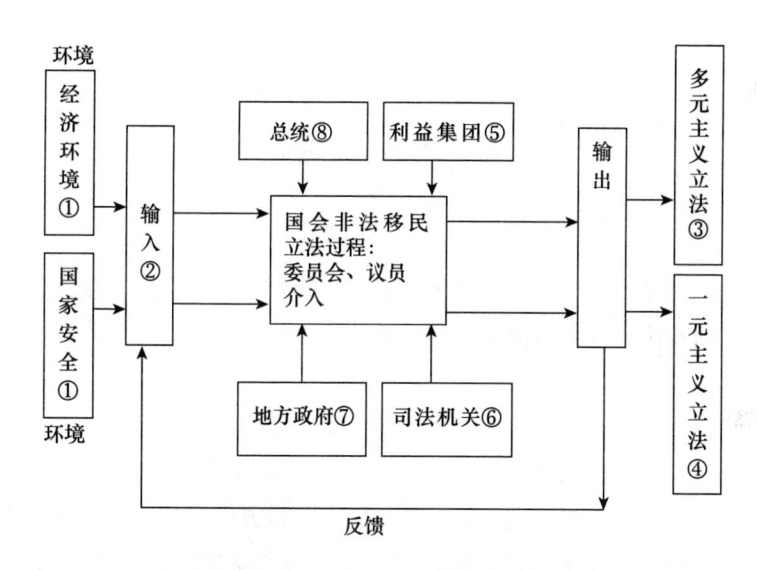

图8 国会非法移民立法决策模型

资料来源：作者综合资料绘制而成。

备注：①表示影响国会非法移民立法的最重要的环境因素：经济环境和国家安全环境；②输入包括支持和要求；③表示在经济因素驱动下，国会往往颁布多元主义立法；④表示在国家安全因素驱动下，国会往往寻求一元主义立法；⑤利益集团介入国会非法移民立法过程，所发挥的作用是双重作用，积极影响和消极作用并存，是影响国会非法移民立法权的主要因素；⑥司法机关维护国会的非法移民立法权；⑦地方政府挑战国会的非法移民立法权；⑧总统介入国会非法移民立法过程，所扮演的角色主要是立法倡议者和调解者。

结　语

第一节　本书基本观点总结

本书运用政治学中的公共政策理论——系统理论、制度主义理论、集团理论，从政治输入、政治决策过程、政治输出的角度分析了二战后美国国会的非法移民立法过程。具体而言，本书回答了以下问题：国会是否掌握非法移民立法权？国会在治理非法移民问题中发挥何种作用。

首先，从非法移民立法决策过程而言，国会移民立法权受到多种因素影响，但国会基本掌握移民立法权。具体而言，地方政府日益挑战国会非法移民立法权，国会的非法移民立法进程、效率被利益集团和政党政治所左右。其中，利益集团的影响由来已久，政党的作用则不断上升。当前，政党极化成为国会全面移民政策改革的主要障碍。利益集团掣肘和政党极化交织一起，导致当前非法移民政策改革效率极为低下。

其次，从非法移民立法政治输入和输出而言，经济因素、国家安全因素是影响美国国会非法移民立法的最主要影响因素，它们分别左右了国会不同历史时期的非法移民立法。当美国国内需要非法移民提供的廉价体力劳动时，国会就积极寻求宽松的移民立法，而当美国的国家安全受到威胁或者出现经济危机时，国会就寻求严格的非法移民立法。因此，在非法移民问题上，国会的立法体现出浓厚的实用主义原则，即对辛勤工作、没有犯罪记录的非法移民实施合法化的措施，而对危及美国社会安全的犯罪移民、非法移民实施大规模的驱逐。这一原则和美国移民政策一以贯之的实用主义、择优录取的原则如出一辙。纵观美国历史上的非法移民立法，多受经济因素的影响，多元主义的立法特点日益明显。

第三，从国会治理非法移民的作用而言，国会非法移民立法具有明显滞后性，难以全面、未雨绸缪地实施治理。多数情况下，国会的非法移民立法属于应急、解决问题模式的立法，缺乏长期规划和前瞻性。例如，20世纪70年代，当非法移民已成为社会热点问题时，国会对非法移民问题的基本情况却一无所知。20世纪80年代，在掌握非法移民基本信息的基础上，国会出台了软硬并用的法律，但在实践中治理效果不佳。1996年，虽然国会出台严厉的法律，但仍然难以阻止不断增加的非法移民。因此，滞后性是国会非法移民立法的最大特点。从国会半个多世纪的非法移民立法而言，国会治理非法移民的惯用手段是加强边境管理，但缺乏综合的治理措施。当前，国会已经从中吸取教训，从过去单纯的问题解决模式转向全面移民政策改革。全面移民政策改革，主要是兼顾美国经济利益和国家安全利益，但在极化政治和右翼民粹主义兴起的当下，其改革进程步履维艰。

第二节 政策启示

美国是目前世界上拥有非法移民最多的国家，其治理非法移民问题的经验和教训值得借鉴。

首先，从法律建设的角度而言，从最初的问题解决模式逐步构建基本法律框架，最终形成综合的治理模式。目前，美国的非法移民立法正向综合的治理模式过渡。

其次，从移民立法过程而言，立法充分发挥相关团体集思广益的作用，从而做出最符合美国国家利益的立法。与此同时，移民执法机关配合执法并将移民执法中存在的问题反馈到下一部移民立法中，进而完善新立法。

第三，从治理非法移民的具体措施而言，加强边境控制是基本，在此基础之上实施内部管理。与此同时，不放弃对美国经济所需人才的入籍归化，将部分非法移民纳入美国的人才战略，尤其是对年轻非法移民教育权的认可，有利于提升劳动力素质，把第一代低技术的劳动力升级到第二代高技术的劳动力水平。

第三节　未来研究方向

未来的研究还需要在以下领域进一步深入：

一是州政府的非法移民立法研究。当前，一方面，地方政府非法移民立法积极性日益高涨，这一现象将对美国国内族裔关系产生何种影响需要学界进行更深入的案例研究；另一方面，政党矛盾渗透到联邦体制中，政党矛盾和央地矛盾交错，即在非法移民立法中，共和党控制的地方政府反对民主党的白宫，反之亦然。这一现象将如何影响美国未来政治生态演变，需要学界深入探讨。

二是少数族裔政治参与积极性的提高和国会非法移民立法的关系研究。国会少数族裔议员的增加和少数族裔政治参与积极性的提高，对国会非法移民立法的影响力不断提升。未来族裔因素将如何影响国会非法移民立法，需要学界深入探讨和追踪。

三是右翼民粹主义兴起对国会的非法移民立法有何种程度的影响研究。特朗普的支持者因对移民的文化恐惧心态而主张一元主义的移民政策改革。在此背景下，国会的非法移民立法虽然保持了基本的政治理性，但是右翼团体仍然施加影响。2017—2018年上半年以来，国会里温和的移民政策改革议案均被否决。未来右翼民粹主义的力量会对国会的非法移民政策改革产生怎样的影响，需要学界进一步追踪。

附　录

附录一　二战后美国主要移民法

时间	移民法名称	主要内容
1945 年	《战时新娘法案》	允许美国军事人员的 11.8 万名配偶和子女移民美国
1948 年	《失去家园者法案》	允许 40 万来自德国、意大利、奥地利的难民入境美国
1952 年	《移民与国籍法》	西半球移民不受配额限制，其他国家每年制定配额，实行民族配额制
1953 年	《难民收容法案》	允许 21.4 万名难民入境美国
1965 年	《移民与国籍法修订案》	取消种族配额，实施全球配额制，采取"先来先得"政策。东半球国家每年的移民总数为 17 万，每个国家不得超过 2 万，每年的难民配额为 1 万人。美国公民的配偶和子女以及 21 岁以上美国公民的父母不受数量限制
1976 年	《1976 年移民与国籍法修订案》	废除东半球和西半球的移民差别，实施全球性的固定配额，每个国家每年的移民配额不超过 2 万人
1980 年	《新难民法案》	确立"难民"和"政治庇护"的申请程序；1980—1982 年接纳 5 万难民；全球移民配额总数减少到 27 万
1986 年	《1986 年移民改革和控制法》	赦免 270 万非法移民；加强边境控制、实施制裁雇主政策，打击非法移民；实施季节工人项目

续表

时间	移民法名称	主要内容
1990年	《1990年移民法》	增加每年合法移民配额，从原来的27万人增加至67.5万人。截至1994年9月30日，每年的实际配额为70万人；美国公民的近亲亲属不受配额限制；首次设立投资移民类别
1996年	《1996年非法移民改革和移民责任法》	严厉打击非法移民；严格限制移民入境；削减合法移民社会福利
2002年	《提高边境安全和签证审批改革议案》	内容见附录三
2005年	《2005年真实身份识别法》	内容见附录三
2006年	《安全篱笆法》	在西南边境建立1100千米长的篱笆；在边境地区增加更多的检查设施、照明设备以及汽车障碍；向国土安全部拨款提高摄像、卫星技术和改善边境基础设施的技术水平；2006年在边境安全方面的拨款增加到104亿美元；增加边境巡逻人员，从9000人增加到2008年末的1.2万人；派出更多的国家警卫队人员协助边境巡逻；逮捕并且遣返600多万名非法移民回国；总统小布什呼吁国会建立一个更好的核查移民工作身份有效性的体系和实施暂时的工人项目①

资料来源：笔者综合资料绘制而成。

① http：//georgewbush-whitehouse.archives.gov/news/releases/2006/10/20061026-1.html.

附录二 1971—1997 年国会司法委员会和移民小组委员会主席

时间(年)	国会(届)	众议院司法委员会主席	众议院移民小组委员会主席	参议院司法委员会主席	参议院移民小组委员会主席
1971	92	伊曼·纽尔塞勒（纽约州，民主党）	彼得·罗迪诺（新泽西州，民主党）	詹姆斯·伊斯特兰（密西西比州，民主党）	詹姆斯·伊斯特兰（密西西比州，民主党）
1973	93	彼得·罗迪诺（新泽西州，民主党）	约书亚艾尔伯格（宾夕法尼亚州，民主党）	詹姆斯·伊斯特兰（密西西比州，民主党）	詹姆斯·伊斯特兰（密西西比州，民主党）
1975	94	彼得·罗迪诺（新泽西州，民主党）	约书亚艾尔伯格（宾夕法尼亚州，民主党）	詹姆斯·伊斯特兰（密西西比州，民主党）	詹姆斯·伊斯特兰（密西西比州，民主党）
1977	95	彼得·罗迪诺（新泽西州，民主党）	约书亚艾尔伯格（宾夕法尼亚州，民主党）	詹姆斯·伊斯特兰（密西西比州，民主党）	詹姆斯·伊斯特兰（密西西比州，民主党）
1979	96	彼得·罗迪诺（新泽西州，民主党）	约书亚艾尔伯格（宾夕法尼亚州，民主党）	爱德华·肯尼迪（马萨诸塞州，民主党）	爱德华·肯尼迪（马萨诸塞州，民主党）
1981	97	彼得·罗迪诺（新泽西州，民主党）	罗马诺·马佐里（肯塔基州，民主党）	斯特罗姆·瑟蒙德（南卡罗来纳州，民主党）	艾伦·辛普森（怀俄明州，共和党）
1983	98	彼得·罗迪诺（新泽西州，民主党）	罗马诺·马佐里（肯塔基州，民主党）	斯特罗姆·瑟蒙德（南卡罗来纳州，民主党）	艾伦·辛普森（怀俄明州，共和党）

续表

时间（年）	国会（届）	众议院司法委员会主席	众议院移民小组委员会主席	参议院司法委员会主席	参议院移民小组委员会主席
1985	99	彼得·罗迪诺（新泽西州，民主党）	罗马诺·马佐里（肯塔基州，民主党）	斯特罗姆·瑟蒙德（南卡罗来纳州，民主党）	艾伦·辛普森（怀俄明州，共和党）
1987	100	彼得·罗迪诺（新泽西州，民主党）	罗马诺·马佐里（肯塔基州，民主党）	约瑟夫·拜登（特拉华州，民主党）	爱德华·肯尼迪（马萨诸塞州，民主党）
1989	101	杰克·布鲁克斯（得克萨斯州，民主党）	布鲁斯·莫里森（康涅狄格州，民主党）	约瑟夫·拜登（特拉华州，民主党）	爱德华·肯尼迪（马萨诸塞州，民主党）
1991	102	杰克·布鲁克斯（得克萨斯州，民主党）	罗马诺·马佐里（肯塔基州，民主党）	约瑟夫·拜登（特拉华州，民主党）	爱德华·肯尼迪（马萨诸塞州，民主党）
1993	103	杰克·布鲁克斯（得克萨斯州，民主党）	罗马诺·马佐里（肯塔基州，民主党）	约瑟夫·拜登（特拉华州，民主党）	爱德华·肯尼迪（马萨诸塞州，民主党）
1995	104	亨利·海德（伊利诺伊州，共和党）	拉马尔S·史密斯（得克萨斯州，共和党）	奥林·哈奇（犹他州，共和党）	艾伦·辛普森（怀俄明州，共和党）
1997	105	亨利·海德（伊利诺伊州，共和党）	拉马尔S·史密斯（得克萨斯州，共和党）	奥林·哈奇（犹他州，共和党）	斯潘塞·亚伯拉罕（密歇根州，共和党）

资料来源：James G. Gimpel and James R. Edwards, *The Congressional Politics of Immigration Reform*, Boston: Allyn and Bacon, 1999. p.110.

附录三 "9·11"后美国国会的主要反恐立法

名称	主要内容
《2001年反恐法》	收集情报，实施电子监控，扣押语音邮件和冻结个人储蓄；监视外国人，分享国外情报信息，电子追踪国外情报信息和商业记录；识别恐怖主义分子，逮捕可疑的恐怖分子，保护人权和司法审查；加强反恐合作，在内部机构实现数据分享；打击、预防恐怖主义和共谋活动，打击恐怖主义分子的洗钱活动；设置紧急事务的授权
《2001年爱国者法》	提高国内安全，对抗恐怖主义，具体措施包括设立反恐基金和增加联邦调查局的技术支持中心的资金，强化监视程序，监视恐怖主义分子的所有活动，具体包括秘密活动、参与网络犯罪等；阻止恐怖主义，拘留、起诉国际洗钱和金融方面的恐怖主义活动；加强边境安全，消除恐怖主义的障碍，限制恐怖主义分子的家庭成员入境，惩罚腐败行为，最长监禁不超过15年，罚金用于加强边境安全；对遭受恐怖主义活动伤害的受害者和受害家庭给予补偿；提高情报分析能力，加强对公共基础设施的保护
《提高边境安全和签证审批改革议案》	提高国务院对签证申请人的审核要求，为国务院提供资金支持；实现情报和移民法实施的信息分享，创建一个由8人组成的委员会监管的数据系统，此系统包括外国人出入境以及其他相关信息；建立恐怖主义调查委员会，实现委员会和大使馆的合作；限制向支持恐怖主义活动国家的公民颁发非移民签证，这些国家是古巴、伊朗、伊拉克、利比亚、朝鲜、苏丹、叙利亚；加强对外国留学生签证的管理；实现国务院和移民局的合作，阻止外国人非法入境

续表

名称	主要内容
《2004情报改革和防御恐怖主义议案》《2005年真实身份识别法》	建立国家情报项目，提高不同部门间的情报交流和沟通能力，让联邦政府、地方政府、私人部门分享信息；建立国家反恐中心和反对大规模杀伤性武器中心、国家情报中心，强调情报优先；创立共同的情报社区委员会，该委员会由国家情报负责人负责；建立隐私和公民自由监督委员会，关注反恐活动中的个人隐私和公民权利；改革联邦调查局，提高联邦调查局工作能力；加强交通安全；①加强边境巡逻和增加全职的巡逻机构；实施移民政策改革，加大对包庇、窝藏外国人和偷渡行为的惩罚；加大对恐怖主义和大规模杀伤性武器扩散行为的惩罚；②利用驾照作为个人身份证明；联邦政府修改州政府颁发驾照的规定；③国土安全部负责设置身份识别卡的标准；④政府的机动车管理单位在颁发驾照许可证件时必须审核以下证件：带有相片的身份识别文件，如果没有照片必须含有个人姓名、出生日期、显示个人出生日期的文件、个人社会保险账号的证明、显示个人姓名和居住地址的文件；如果州政府颁发的驾照或者身份证明不符合上述要求，联邦政府有权拒绝接受任何在2008年5月11日后由州政府颁发的驾照或者个人身份证明，个人也不能利用驾照作为旅行证明；州政府在颁发驾照或者身份识别卡时需要审核申请者在美国合法居住的文件，州政府可以颁发暂时的身份识别卡；州政府要核实申请者提供的所有文件的有效性，外国人提供的唯一有效的文件是护照，各州必须同意和其他州的机动车辆的信息数据库进行联网，交流信息；限制非法移民、不能提供自己合法身份的外国人、没有社会保险卡的合法移民获得驾照。

资料来源：笔者综合资料绘制而成。

备注：①"9·11"委员会推荐国土安全部建立和实施国家交通安全的信息和战略，具体包括航空、航空货运、海上安全；采取先进技术，提高边境安全。在美国北部实施试点项目，加强边境监视，在西南边境增加全职的边境巡逻机构，要求国土安全部2006—2010年每年增加边境巡逻的机构不少于2000个。其中，不少于20%的巡逻机构安排在北部边界。另外，国土安全部2006—2010年每年为驱逐的移民增加的床位不少于8000个。

②通过增加资金投入、实施信息共享和加大惩罚力度的方式，严厉打击恐怖主义和大规模杀伤性武器的扩散行为。物质投入方面的措施有：设立国家安全基金，打击国际恐怖主义，提高紧急财政资金投入和实施反洗钱活动。信息方面的措施有：提高公共安全通信交流的能力，实施区域战略计划，实现州政府、当地政府、外国政府有关恐怖主义威胁的信息共享。加大惩罚力度的措施包括：打击大规模杀伤性武器，加大对生产和使用导弹系统的罚款，最高的罚款是200万美元；强制性的最低处罚是不少于25年的监禁，加强对制造和试用原子武器的罚款，最高罚款是200万美元，强制性的最低惩罚是25年监禁以及其他。

③例如，州政府颁发的驾照或者身份识别卡至少包含以下信息：个人的全名、签名、出生日期、性别、驾照或者身份识别卡的数字，禁止将驾照或身份识别卡用于造假等非法目的，运用机器可识别的技术确认驾照或者身份识别卡的真实性。

④国土安全部规定驾照和身份识别卡必须含有以下信息：持卡人的姓名、出生日期、地址、性别、个人签名、卡号等。

参考文献

一、中文文献

1. ［美］阿尔蒙德，小鲍威尔著，曹沛霖译：《比较政治学——体系、过程和政策》，上海：上海译文出版社，1987年版。
2. 陈积敏："美国非法移民的现状与基本特点"，《国际资料信息》2012年第2期。
3. 陈积敏："试论非法移民对美国国家安全的影响"，《江南社会学院学报》2012年第2期。
4. 陈积敏："全球化时代美国非法移民治理研究"，博士论文，外交学院，2011年。
5. 陈积敏："美国非法移民的治理及其困境"，《美国研究》2012年第2期。
6. 丁则民："百年来美国移民政策的演变"，《东北师范大学学报（哲学社会科学版）》1986年第3期。
7. 丁孝文："中美关系中的美国国会因素"，《国际问题研究》2003年第5期。
8. 戴超武：《美国移民政策与亚洲移民》，北京：中国社会科学出版社，1999年版。
9. ［美］R. 道格拉斯·阿诺德，邓友平译：《美国国会行动的逻辑》上海：上海三联书店，2010年版。
10. 冯峰："拉美裔移民对美国大选的影响及美国移民政策的调整"，

《拉丁美洲研究》2008年第6期。

11. 郭永虎："美国国会与中美关系中的'西藏问题'研究（1987—2007）"，博士论文，东北师范大学，2007年。

12. 高伟浓："对1986年以来美国外来非法移民情况的若干辨析"，《东南亚研究》2003年第2期。

13. 何宗强："二战后加拿大和美国移民政策的转变"，《国际论坛》2006年第3期。

14. 胡小芬："罗斯福时代的美国欧洲犹太知识移民政策（1933—1945）"，《理论月刊》2008年第7期。

15. 姬虹：《美国新移民研究（1965年至今）》，北京：知识产权出版社，2008年版。

16. 蒋劲松：《美国国会史》，海口：海南出版社，1992年版。

17. 梁茂信：《美国移民政策》，长春：东北师范大学出版社，1996年版。

18. ［美］罗伯特·达尔著，顾昕等译：《民主理论的前言》，北京：生活·读书·新知三联书店，1999年版。

19. 刘卓："从《排华法案》看美国移民政策中的种族主义"，《辽宁大学学报（哲学社会科学版）》2004年第4期。

20. 罗旻："美国新移民政策国家利益至上"，《新世纪周刊》2007年第13期。

21. 李晓岗：《难民政策与美国外交》，北京：世界知识出版社，2004年版。

22. 李其荣："发达国家技术移民政策及其影响——以美国和加拿大为例"，《史学集刊》2007年第2期。

23. 李焰："众口难调，大移民法案被参议院枪毙"，《华盛顿观察》周刊，2007年6月14日。

24. 李道揆：《美国政府和美国政治》，北京：中国社会科学出版社，1990年版。

25. ［美］米尔斯·赖特著，许荣、王昆译：《权力精英》，南京：南京大学出版社，2004年版。

26. 钱皓："美国移民大辩论历史透视"，《世界历史》2001年第1期。

27. 钱皓：《美国西裔移民研究：古巴墨西哥移民历程及双重认同》，北京：中国社会科学出版社，2002 年版。

28. 孙大雄：《宪政体制下的第三种分权》，北京：中国社会科学出版社，2003 年版，第 16—17 页。

29. 孙哲：《美国国会与中美关系案例与分析》，上海：复旦大学出版社，2004 年版。

30. 宋鸥："美国墨西哥移民问题研究"，博士论文，吉林大学，2009 年。

31. 谈昕晔：" '9·11' 事件后美国非法移民政策研究"，硕士论文，上海外国语大学，2009 年。

32. 谭融：《权力的分配与权力的角逐——美国分权体制研究》，天津：天津大学出版社，1994 年版。

33. 魏军："后冷战时期的美国国会与台湾问题"，《国际论坛》2001 年第 5 期。

34. ［美］威廉·多姆霍夫：《当今谁统治美国——八十年的看法》，北京：中国对外翻译出版公司，1985 年版。

35. 王芳："美国国会与美国对华人权外交政策（1980—2003）"，博士论文，复旦大学，2004 年。

36. 王寅："埃利斯岛移民接收站与美国移民政策的重大改革"，《历史教学问题》2008 年第 4 期。

37. 王莹："20 世纪初美国政府强制同化移民政策的形成与实施"，《东北师范大学学报（哲学社会科学版）》2008 年第 2 期。

38. 翁里："解读美国移民法及其人权标准"，《太平洋学报》2007 年第 3 期。

39. 夏立平："美国国会与中美安全关系——以台湾问题为例的分析"，《现代国际关系》2002 年第 3 期。

40. 徐军华："非法移民的法律控制问题研究"，博士论文，武汉大学，2005 年。

41. 孙哲：《左右未来：美国国会的制度创新和决策行为》，上海：复旦大学出版社，2001 年版。

42. ［美］詹姆斯·多尔蒂、小罗伯特·普法尔茨格拉夫：《争论中的国际关系理论》,北京:世界知识出版社,1987年版。

43. 周跃军:"试论美国建国以来移民政策的演变",《西南民族大学学报(人文社科版)》2003年第9期。

44. 郑丽:"论实用主义原则在美国对华移民政策演变中的体现",《国际论坛》2006年第3期。

45. 张晓涛:"美国对华移民政策的演变及其影响",《世界民族》2007年第5期。

46. 赵小建:《重建家园——动荡中的美国华人社会(1940—1965)》,上海:复旦大学出版社,2006年版。

二、英文文献

(一) 英文档案文献

1. *Assisting in Preventing Aliens from Entering or Remaining in the United States Illegally*, S. Rep. No. 1145,82d Cong. ,2d Sess. ,February 4,1952.

2. *Border Security and Deterring Illegal Entry into the United States*:Hearing Before the Subcommittee on Immigration and Claims of the Committee on the Judiciary,House of Representatives,One Hundred Fifth Congress,First Session,United States. Committee on the Judiciary,Washington,D. C. :U. S Government Print Office,April 23,1997.

3. *Border Improvement and Immigration Act of 1998*,CIS-NO:98 – S523 – 3,Committee on Judiciary,June 1,1998.

4. *Committee on Economic and Educational Opportunities*,House of Representatives,One Hundred Fourth Congress,Second Session,hearing held in San Diego,CA,February 22,1996,United States,Congress,House,Committee on Economic and Educational Opportunities,Washington,D. C. :U. S. G. P. O. Supt. of Docs,Congressional Sales Office,1996.

5. *Comprehensive Immigration Reform*:Perspectives from Faith-Based and Immigrant Communities,Committee on Judiciary House,Congress-Session:110 – 1,

May 22,2007.

6. *Comprehensive Immigration Reform*:*Business Community Perspectives*,*CIS-NO*:*2007 - H521 - 51*,*Committee on Judiciary*, House,DOC-TYPE:Hearing Retrieve the full text of testimony,Cong-Sess:110 - 1,June 6,2007.

7. Congressional Quarterly Almanac,99th Congress,1st Session,Washington,D. C. :Congressional Quarterly,1986.

8. Congressional Record,Fribuary 10,2005.

9. *Comprehensive Immigration Reform*:Perspectives from Faith-Based and Immigrant Communities,Committee on Judiciary House,May 22,2007,Congress-Sess:110 - 1.

10. *Comprehensive Immigration Reform*:*Business Community Perspectives*,Committee on Judiciary, House,Congress-Sess:110 - 1,June 6,2007.

11. *Comprehensive Immigration Reform*:*Labor Movement Perspectives*,Committee on Judiciary,House,Congress-Sess:110 - 1,May 24,2007.

12. Congressional Quarterly Weekly Reports,May 15,1999.

13. Congressional Record,February 5,1952.

14. *E-Verify*:*Preserving Jobs for American Workers*,*Hearing Before the Subcommittee on Immigration Policy and Enforcement of the Committee on the Judiciary*, House of Representatives,Congress-Sess:112 - 1,Feb. 10,2011.

15. *To Control Illegal Migration*,*Hearings before the Subcommittee on Immigration and Naturalization of the Committee on the Judiciary United States Senate*, *83 rd Congress*,*Session 2*, July 12 - 14,1954,Washington,D. C. :United Sates Government Printing Office,1954.

16. *H. R. 6080*:*Making Emergency Supplemental Appropriations for Border Security for The Fiscal Year Ending September 30*,*2010*,*and For Other Purposes*, Congress-Session:111 - 2,August 10,2010.

17. H. R. J. Res. 22,23d Leg. ,1st Sess. (Alaska 2003).

18. *Illegal Immigration and U. S. -Mexican Border Control*:*Analysis and Recommendations*:*Critique of Administration Adjustment of Status. Proposals*,*Subcommittee on Immigration*,*Citizenship*,*and International Law of the Committee on the*

Judiciary, House of Representatives, Ninety-fifth Congress, Second Session. Washington, D. C. : U. S. Government Print Office, 1978.

19. *Illegal Aliens : A Review of Hearings Conducted During the 92d Congress by Subcom No. 1*, (serial no. 13, pts. 1 – 5), Ninety-third Congress, First Session, United States. Congress. House. Committee on the Judiciary. Subcommittee No. 1, Washington, D. C. : U. S. Government Print Office, 1973.

20. *Illegal Aliens : Hearings Before the Subcommittee on Immigration, Citizenship, and International Law of the Committee on the Judiciary, House of Representatives*, Ninety-fourth Congress, First Session, on H. R. 982 and related bills, United States, Congress, House, Committee on the Judiciary, Washington, D. C. : U. S. Govtment Print Office, 1975.

21. *Illegal Aliens, Part 1*: Subcommittee No. 1, Committee on Judiciary, House, Congress-Session : 92 – 1, May 5, 1971; *Illegal Aliens, Part 2*, Congress-Session : 92 – 1, June 24, 25, July 9, 10, 1971; *Illegal Aliens, Part 3*, Congress-Session : 92 – 1, October 22, 23, 1971, January 21, 1972; *Illegal Aliens, Part 4*, Congress-Session : 92 – 1, March 10, 11, 1972; *Illegal Aliens, Part 5*, Congress-Session : 92 – 1, March 22 – 24, 1972.

22. *Illegal Aliens in the United States : Hearing Before the Subcommittee on Immigration and Claims of the Committee on the Judiciary*, House of Representatives, One Hundred Sixth Congress, First Session, March 18, 1999, United States. Congress, House, Committee on the Judiciary, Washington, U. S. : G. P. O. Congressional Sales Office, 2000.

23. *Illegal Aliens : Analysis and Background, Prepared for The Use of the Committee on the Judiciary, U. S. House of Representatives*, by the Education and Public Welfare Division, Congressional Research Service, Library of Congress, Ninety-fifth Session, Washington, D. C. : U. S. Government Print Office, 1977.

24. *Impact of Illegal Immigration on Public Benefit Programs and the American Labor Force : Hearing Before the Subcommittee on Immigration and Claims of the Committee on the Judiciary*, House of Representatives, One Hundred Fourth Congress, First Session, April 5, 1995. Washingtong, D. C. : U. S Government Office

Print, 1996.

25. *Increasing Costs of Illegal Immigration*, *Special Hearing*, Committee on Appropriations. Senate, June 22, 1994.

26. *Immigration in the National Interest Act of 1995*: Hearing Before the Subcommittee on Immigration and Claims of the Committee on the Judiciary, House of Representatives, Congress-Session: 104 - 1, June 29, 1995, Washington, D. C. ; U. S. Government Printing Office, 1996.

27. *Immigration in the National Interest Act of 1995*, Serial Set Digital Collection, Committee on the Judiciary, House, March 4, 1996.

28. *Immigration Reform and Control Act of 1982*: Subcommittee on Immigration, Refugees, and International Law, Committee on Judiciary, House; Subcommittee on Immigration and Refugee Policy, Committee on Judiciary, Senate Committee on the Judiciary Serial No. 40, Congress-Session: 97 - 2, April 1, 20, 1982.

29. *Immigration in the National Interest Act of 1995*, Serial Set Digital Collection, Committee on the Judiciary, House, March 4, 1996.

30. Jimmy. Carter, *Undocumented Aliens Message from the President of the United States Proposing Actions to Reduce the Flow of Undocumented Aliens in this Country and to Regulate the Presence of Those Already Here*, House of Representative, U. S. Government Printing Office, August 4, 1977.

31. *The Knowing Employment of Illegal Immigrants*: Hearing Before The Subcommittee on Immigration and Refugee Policy of the Committee on the Judiciary, United States Senate, Congress-Session: 97 - 1, September 30, 1981.

32. *Legalization of Illegal Immigrants*: Hearing Before The Subcommittee on Immigration and Refugee Policy of the Committee on the Judiciary, United States Senate, Congress-Session: 97 - 2, October 29, 1981.

33. *Proposals to Reduce Illegal Immigration and Control Costs to Taxpayers*: Hearing Before the Committee on the Judiciary, United States Senate, One Hundred Fourth Congress, First Session, on S. 269 March 14, 1995, United States, Senate, Committee on the Judiciary, Washington, D. C. ; U. S. G. P. O Supt. of Docs. , Congressional Sales Office, 1996.

34. *Proposed legislation*:"*Immigration Enforcement Improvements Act of 1995*: *Message from The President of The United States Transmitting a Draft of Proposed Legislation Entitled*",104th Congress,1st Session,House Document 104 – 68,May 3,1995, Washington,D. C. :United States Government Printing Office,1995.

35. *Public Papers of the Presidents of the United States*,William J. Clinton, Washington,D. C. :United States Government Printing Office,1994.

36. *S. 2252. Alien Adjustment and Employment Act of 1977*:*Hearings before The Committee on the Judiciary*,*Part 1*, United States Senate,Congress-Session: 95 – 2,Washington,D. C. :U. S. Government Print Office,1978 – 1979.

37. *Summary of Hearings Held by the Senate Judiciary Subcommittee on Immigration and Refugee Policy*,*July 1981 – April 1982*,prepared for the Subcommittee on Immigration and Refugee Policy of the Committee on the Judiciary,United States Senate by the Congressional Research Service, Library of Congress, Washington: U. S. Government Print Office,1983.

38. *Shortfalls of 1986 Immigration Reform legislation*,*Hearing Before the Subcommittee on Immigration Citizenship*,*Refugees*,*Border Security*,*and International Law*,Committee on The Judiciary House of Representatives,110th Congress,First Session,Serial No. 110 – 16. April 19th,2007.

39. *Temporary Worker Programs*,*Background and Issues*:*A Report Prepared at the Request of Senator Edward M. Kennedy*,*Chairman*,Committee on the Judiciary, United States Senate,for the use of the Select Commission on Immigration and Refugee Policy;prepared by the Congressional Research Service,Library of Congress, Ninety-sixth Congress, Second Session; Washington, D. C. : U. S. Govtment Print Office,1980.

40. *The Migratory Farm Labor Problem in the United States*,87th Cong. ,2d sess. S. Rept. No. 1225,Washington,D. C. :U. S. Govtment Print Office,1962.

41. *The President's Commission on Migratory Labor*,*Migratory Labor in American Agriculture*, Washington,D. C. :U. S Government Printing Office,1951.

42. *U. S Congress Senate Committee on the Judiciary the Immigration and Naturalization System of the United States*, Report 81st ,81st Cong. ,2d Sess. S.

Rept. 1515,1950.

43. United States v. Arizona,703 F. Supp. 2d 980,985(D. Ariz. 2010).

44. U. S. Department of Labor,*Report of Operations of Mexican Farm Labor Program:Made Pursuant to Conference Report*,No. 1449,House of Representatives 84th Congress,1st Sess,January 1-June 30,1959.

(二) 英文著作、期刊文章、报告

1. Amanda Levinson,"Why Countries Continue to Consider Regularization",*Migration Information Source*,September,2005.

2. Alex Leary,"Sen. Marco Rubio Seeks Middle Ground on Immigration as Hispanic Voice for GOP",*Tampa Bay Times*. April 9,2012.

3. Andorra Bruno,*Unauthorized Alien Students:Issues and "Dream Act" Legislation*,CRS Reports-Digital Collection March 21,2012,Domestic Social Policy Division,CRS,Congress-Session:112 - 2(2012).

4. Anthony J. Nownes and Patricia. Freeman,"Interest Group Activity in the States",*Journal of Politics*,Vol. 60,1998.

5. Alexander Bolton,"Republicans Seeking Out Hispanics",*The Hill*,March 27,2012.

6. Austin T. Fragomen,"The Illegal Immigration Reform and Immigrant Responsibility Act of 1996:An Overview",*International Migration Review*,Vol. 31,No. 2,Summer,1997.

7. Andorra Bruno,*Electronic Employment Eligibility Verification*,March 13,2009.

8. Arthur Fisher Bentley,*The Process of Government:A Study of Social Pressures*,Piscataway,New Jersey:Transaction Publisher,1995.

9. Anthony J. Nownes and Patricia. Freeman,"Interest Group Activity in the States",*Journal of Politics*,Vol. 60,1998.

10. Albert Mayio and Milton Morris,*Curbing Illegal Immigration:A Staff Paper*,Vol. 15,No. 9,Washington,D. C. :Brookings Institution,1982.

11. Andrew Wroe,*The Republican Party and Immigration:From Proposition*

187 to George W. Bush, New York:Palgrave Macmillan,2008.

12. Adam Nagourney,"Obama Elected President as Racial Barrier Falls", *The New York Times*, November 4,2008.

13. Alexander T. Aleinikoff, David A. Martin, *Immigration and Citizenship, Process and Policy*,7th(American Casebook), New York:Thomson/West,2008.

14. Bert Rockman, "The Style and Organization of the Reagan Presidency", in Charles O. Jones. eds. , *The Reagan Legacy:Promise and Performance*, Chatham:Chatham House Publishers,1988.

15. Bobby Jindal, *Peter Schweizer and Curt Anderson, Leadership and Crisis*, Washington,D. C. :Regnery Publishing,2010.

16. Erika Bolstad,"Florida Sen. Marco Rubio Proposes a Republican Dream Act", *Miami Herald*, April 9,2012.

17. BI Reyes, "Holding the Line?", *Public Policy Institute of California*, 2002.

18. Bill Clinton,*My Life*, 1st Edition,New York:Knopf Publisher,2004,

19. Bill. Clinton, *Between Hope and History:Meeting America's Challenges for the 21st Century*, New York:Random House Inc. ,1996.

20. Berdieva Dilchoda Namazovna,*Presidential Politics of Immigration Reform (Lyndon B. Johnson, Ronald Reagan, George H. W. Bush, Bill Clinton)*, Ph. D. Dissertation,Miami University,2003.

21. Brian Bennett,"Obama Administration Reports Record Number of Deportations",*Los Angeles Times*, October 18,2011.

22. Kathleen A. Bratton,and Kerry L. Haynie, "Agenda Setting and Legislative Success in State Legislatures:The Effects of Gender and Race", *The Journal of Politics*,Vol. 61,No. 3,1999.

23. "Change and Continuity:Public Opinion on Immigration Reform",*Immigration Reform Forum*, 2007.

24. Carolyn Wong,*Lobbying for Inclusion:Rights Politics and The Making of Immigration Policy*,Palo Alto:Stanford University Press,2006.

25. Charles Stewart,"Congress and the Constitutional System", in Paul Quirk

and Sarah Binder, eds., *The Legislative Branch*, New York: Oxford University Press, 2005.

26. Carol M. Swain eds, *Debating Immigration*, Cambridge: Cambridge University Press.

27. Carl J. Friedrich, *Man and His Government*, New York: Mcgraw-Hill Press, 1963.

28. *The Cleveland Plain Dealer*, July 2, 1965.

29. Charles Edward Lindblom, *Politics and Markets: The World's Political Economic Systems*, New York: Basic Books, 1977.

30. Clare Huntington, "The Constitutional Dimension of Immigration Federalism", *Vanderbilt Law Review*, Vol. 61, March, 2008.

31. Coleman and Kocher, "Detention, Deportation, Devolution and Immigrant Incapacitation in the U.S., Post 9/11", *Geographical Journal*, Vol. 177, No. 3, 2011.

32. Christopher M. Reenock and Brian J. Gerber, "Political Insulation, Information Exchange, and Interest Group Access to the Bureaucracy", *Journal of Public Administration Research and Theory Advance Access*, Vol. 18, No. 3, 2007.

33. David Reimers, *Unwelcome Strangers: American Identity and the Turn Against Immigration*, New York: Columbia University Press, 1999.

34. Debra L. Delaet, *U.S. Immigration Policy in An Age of Rghts*, Westport: Praeger Publishers, 2000.

35. David Hiller, "Immigration Polices of the Reagan Administration", *University of Pittsburgh Law Review*, Vol. 44, No. 495, 1982.

36. David W. Haines and Karen E. Rosenblum ed., *Illegal Immigration in America: A Reference Handbook*, Westport: Greenwood Press, 1999.

37. Dawn Konet, "Unauthorized Youths and Higher Education: The Ongoing Debate", *Migration Information Source*, September, 2007.

38. David Stoesz, *Small Change: Domestic Policy Under the Clinton Presidency*, White Plains: Longman Publishers, 1996.

39. Domestic Council Committee *on Illegal Aliens Report*, December, 1976.

Lanham:Rowman & Littlefield Publishers,1997.

40. David Easton,*A System Analysis of Political Life*,New York:Wiley,1965.

41. Dogulass C. North and Barry,"Weingast Constitutions and Credible Commitments:The Evolution of Institutions Governing Public Choice in 17th Century England", *Journal of Economic History*, Vol. 49,December 1989.

42. David Truman,*The Governmental Process*,New York:Knopf Press,1971.

43. Delores M. Mortimer and Roy S. Bryce-Laporte,eds. ,*Female Immigrants to the United States:Caribbean,Latin American,and African Experiences*, Washington,D. C:Research Institute on Immigration and Ethnic Studies,Smithsonian Institution,1981.

44. Donald Bruce,Johnson and Jack L. Walker,"President John Kennedy Discusses the Presidency", in Donald Bruce,Johnson eds. ,*The Dynamics of the American Presidency*, New York:Wiley,1964.

45. Department of Homeland Security Yearbook of Immmigration Statistics.

46. Elisha Barron,"Recent Development:The Development,Relief,and Education for Alien Minors(DREAM) Act", *Harvard Journal on Legislation*, Vol. 48,2011.

47. Europe Bernard Ryan,*Revisiting Employer Sanctions in the United States and Europe*,Washington,D. C. :Institute for the Study of International Migration, July,2007.

48. Edwin Harwood,"American Public Opinion and U. S. Immigration Policy",*Annals of the American Academy of Political and Social Science*,Vol. 487, No. 1,1986.

49. Earl Latham,*The Group Basis of Politics*,Dunedin:Octagon Books,1965.

50. "Farm Labor Crisis",*The New York Times*,December 15,1942.

51. Federal Reserve Bank of Dallas,*Business Review*, July,1975.

52. George J. Borjas,*Issues in The Economics of Immigration*,Chicago:University of Chicago Press,2000.

53. George J. Borjas,eds. ,*Mexican Immigration to the United States*,Chicago:University of Chicago Press,2007.

54. Grant McConnell, *Private Power and American Democracy*, New York: Alfred A Knopf, 1968.

55. George W. Bush, *Decision Points*, New York: Crown Publishing Group, 2010.

56. Ginger Rough and Dawn Gilbertson, "Governor Out to Rebrand Arizona Over Immigration Law Criticism", *The Arizona Republic*, May 14, 2010.

57. Gregory Lopes, "New York Mulls Licenses for Illegals", *The Washington Times*, October 30, 2007.

58. Gary Cox and Mathew D. McCubbins, *Legislative Leviathan*, San Francisco: Berkeley University of California Press, 1987.

59. Gordon H. Hanson, *The Economic Logic of Illegal Immigration*, New York: Council on Foreign Relations, 2007.

60. Giovanni Facchinni, Anna Mayda and Prachi Mishra, *Do Interest Groups Affect U. S Immigration Policy*, IMF Working Paper, October, 2008.

61. Ginger Rough, "1. 5 Million Spent Defending SB 1070", *The Arizona Republic*, February 25, 2011.

62. Hanna F. Pitkin, *The Concept of Representation*, Los Angeles: University of California Press, 1967.

63. Harold's. Lasswell and Danie. Lerner, eds. , *The Policy Science*, Palo Alto: Stanford University Press, 1951.

64. Heather Gillers, "Kenley: Revamp Immigration Proposal", *Indianapolis Star*, March 15, 2011.

65. Hispanic American Report 10, March, 1957.

66. H. Rept. 108 - 280 (FY2004), H. Rept. 108 - 774 (FY2005); H. Rept. 109 - 241 (FY2006); H. Rept. 109 - 699 (FY2007); H. Rept. 111 - 298 (FY2010); S. Rept. 112 - 74 (FY2011); and H. Rept. 112 - 331 (FY2012).

67. Helene Hayes, *U. S. Immigration Policy and The Undocumented: Ambivalent Laws, Furtive Lives*, Westport: Praeger Publishers, 2001.

68. Helen Cothran, *Illegal Immigration*, San Diego: Greenhaven Press, 2001.

69. Heiden Heimeri, eds. , *Comparative Public Policy*, 3^d ed, New York:

Martin's Press, 1990.

70. INS Annual Report 1956.

71. INS Annual Report 1964.

72. INS Annual Report 1969.

73. INS Annual Report, 1975.

74. James G. March and Johan P. Olsen, "The New Institutionalism: Organizational Factors in Political Life", *The American Political Science Review*, Vol. 78, No. 3, September 1984.

75. Jon Elster and Aanund Hylland, *Foundations of Social Choice Theory*, Cambridge: Cambridge University Press, 1986.

76. Juan P. Osuna, "Amnesty in the Immigration Reform and Control Act of 1986: Policy Rationale and Lessons from Canada", *American University International Law Review*, Vol. 3, Issue. 1, 1988.

77. James P. Pfiffner, "Presidential Signing Statements: Constitutional and Institutional Implications", *Congressional Research Service Report*, RL 33667, April 13, 2007.

78. James Madison, "Separation of the Departments of Power", Federalist No. 47, in Paul Ford, eds. , *The Federalist: A Commentary on The Constitution of The United States by Alexander Hamilton James Madison and John Jay*, New York: Henry Holt, 1898.

79. John Ferejohn, "Law, Legislation, and Positive Political Theory", in Jeffrey S. Banks and Eric A. Hanushek, eds. , *Modern Political Economy: Old Topics, New Directions*, Cambridge: Cambridge University Press, 1995.

80. John Greene, *The Presidency of George Bush*, Lawrence: University of Kansas Press, 2000.

81. John Dillion, "Clinton Vows to Stem Tide of Illegal US Immigration", *The Christian Science Monitor*, June 21, 1993.

82. Joseph Fallon, "Funding Hate-Foundations and the Radical Hispanic Lobby-Part III", *The Social Contract*, Vol. 11, No. 1, Fall, 2000.

83. Jeffrey S. Passel and D' Vera Cohn, "U. S. Unauthorized Immigration

Flows Are Down Sharply Since Mid-Decade", *Pew Research Center*, September 1, 2010.

84. Jeffrey M. Berry, *Lobbying for the People*, Princeton: Princeton University Press, 1977.

85. Jeffrey Passel and D'Vera Cohn, "Unauthorized Immigrant Population: National and State Trends, 2010", *Pew Hispanic Center*, February 1, 2011.

86. Jeffrey Passel and D'Vera Cohn, "A Portrait of Unauthorized Immigrants in the United States", *Pew Hispanic Center*, April 14, 2009.

87. Jeffrey S. Passel, "The Size and Characteristics of The Unauthorized Migrant Population in The U. S", *Pew Hispanic Center*, March 7, 2006.

88. Jacob Kirkegaard, *The Accelerating Decline in America's High-Skilled Workforce: Implications for Immigration Policy*, Washington, D. C. : Peterson Institute for International Economics, 2007.

89. James G. Gimpel and James R. Edwards, *The Congressional Politics of Immigration Reform*, Boston: Allyn and Bacon, 1999.

90. John Dillin, "How Eisenhower Solved Illegal Border Crossing From Mexico", *The Christian Science Monitor*, July 6, 2006.

91. John Harris and Barbara Vobejda, "Clinton Backs Call to Reduce Immigration", *The Washington Post*, June 8, 1995.

92. James E. Anderson, *Public Policy-Making*, 3th edition, New York: Holt, Rinehart & Winston Publisher, 1984.

93. John P. Heinz, Edward O. Laumann, Robert L. Nelson and Robert H. Salisbury, *The Hollow Core: Private Interests in National Policy Making*, Cambridge: Harvard University Press, 1993.

94. James G. March and Johan P. Olsen, *Rediscovering Institutions*, New York: The Free Press, 1989.

95. John R. Wright, *Interest Groups and Congress: Lobbying, Contributions, and Influence*, Boston: Allyn and Bacon, 1996.

96. James R. Edwards, "Two Sides of the Same Coin: The Connection Between Legal and Illegal Immigration", *Center for Immigration Studies*, February, 2006.

97. John Crewdson,"Access to Free Education for Illegal Alien Children", *The New York Times*, August 26,1980.

98. James F. Creagan,"Public Law 78:A Tangle of Domestic and International Relations",*Journal of Inter-American Studies*,Vol. 7,October,1965.

99. John Mark Hansen,*Gaining Access:Congress and The Farm Lobby 1919—1981*,Chicago:University of Chicago Press,1991.

100. Julian Samora and Los Mojados,*The Wetback Story*,Notre Dame:University of Notre Dame Press,1971.

101. Joyce C. Vialet,*Immigration:Reasons for Growth,1981 – 1995*,CRS Reports-Digital Collection,February 12,1997,Education and Public Welfare Division, CRS,Publication-NO:97 – 230 EPW,Congress-Session:105 – 1,1997.

102. Jennifer E. Manning,"Membership of the 112 th Congress:A Profile", Congressional *Research Service Report No. R41647*, March 1,2011.

103. Keith Aoki and John Shuford,"Welcome to Amerizona-Immigrants Out! Assessing 'Dystopian Dreams' and 'Usable Futures' of Immigration Reform,and Considering Whether 'Immigration Regionalism' Is an Idea Whose Time Has Come", *UC Davis Legal Studies Research Paper Series*,2010.

104. Kenneth A. Shepsle,"Studying Institutions:Some Lessons From the Rational Choice Approach",*Journal of Theoretical Politics*,Vol. 1,No. 2,1989.

105. Kenneth A. Shepsle and Barry R. Weingast,"The Institutional Foundations of Committee Power", *American Political Science Review*, Vol. 81, No. 1, March,1987.

106. Kevin M. Esterling,"Buying Expertise:Campaign Contributions and Attention to Policy Analysis in Congressional Committees",*American Political Science Review*,2007.

107. Kris W. Kobach, "State and Local Authority to Enforce Immigration Law:A Unified Approach for Stopping Terrorists", *Center for Immigration Studies*, June,2004.

108. Kristina M. Campbell,"Local Illegal Immigration Relief Act Ordinances: A Legal, Policy, and Litigation Analysis", *Denver University Law Review*, Vol. 84,

2007.

109. Karla Mari McKanders,"Welcome to Hazleton! 'Illegal' Immigrants Beware:Local Immigration Ordinances and What the Federal Government Must Do About It",*Loyola University Chicago Law Journal*,Vol. 39,November,2007.

110. *Future of North American Integration*, Oakland:University of California Davis Legal Studies Research Paper Series No. 101,February,2007.

111. Leo R. Chavez,*Shadowed Lives:Undocumented Immigrants in American Society(Case Studies in Cultural Anthropology)*2 edition,Stamford:Wadsworth Publishing,1997.

112. Leo Grebler, *Mexican Immigration to the United States*, Mexican American Study Project,Los Angeles:University of California,1965.

113. Leroy N. Rieselbach,*Congressional Politics:the Evolving Legislative System*,Boulder:Westview Press,1995.

114. Labor Department Report,1963.

115. Lisa Magana,*An Analysis of the INS Implementation of IRCA in Los Angeles*, Claremont:The Claremont Graduate School,1995.

116. Linda Bosniak,"Membership,Equality,and the Difference that Alienage Makes",*New York Law Review*,Vol. 69,No. 6,1994.

117. Laurence H. Tribe, *American Constitutional Law(2editions)*,New York:Foundation Press,1988.

118. Miriam Jordan,"Grassroots Groups Boost Clout in Immigration Fight", *The Wall Street Journal*,September 28,2006.

119. Michael Laver and Kenneth Shepsle,"Coalitions and Cabinet Government",*American Political Science Review*, Vol. 84,1990.

120. Mildred Russell,*Mexico 1963:Facts,Figures,Trends*, Mexico:Barco Nacion Al de Cornercio Exterior SA,January 1,1963.

121. Michael Fix and Paul T. Hill,*Enforcing Employer Sanctions:Challenges and Strategies*,Washington,D. C. :Urban Institute;Lanham,MD:Distributed by University Press of America,1990.

122. Marshall Fitz,Gebe Martinez and Madura Wijewardena,*The Costs of Mass*

Deportation:*Impractical*,*Expensive*,*and Ineffective*,Washington,D. C. :Center for American Progress,March,2010.

123. McClain Paula and Joseph Stewart,*Can We Get Along*? *Racial and Ethnic Minorities in American Politics*,2nd eds. ,Boulder:Westview Press,2002.

124. Marcus Ruth,"Clinton Opposes Anti-Immigration Ballot Measure",*The Washington Post*, Octber 22,1994.

125. McDonnell J. Patrick,"Davis Won't Appeal Prop 187 Ruling,Ending Court Battles", *Los Angeles Times*,July 29,1999.

126. Marc R. Rosenblum,*Border Security*:*Immigration Enforcement Between Ports of Entry*,Specialist in Immigration Policy,January 6,2012.

127. Manuel Rogi-Franzia,*The Rise of Marco Rubio*, New York:Simon and Schuster Press,2012.

128. Monica Guizar,"Facts About Federal Preemption",*National Immigration Law Center*,June,2007.

129. Marshall Fitz and Angela Kelly,*Stop the Conference*:*The Economic and Fiscal Consequence of Conference Cancellation Due to Arizona SB1070*,Washington, D. C. :Center for American Progress,November, 2010.

130. Margolis R. Jeffrey,"Closing the Doors to the Land of Opportunity:The Constitutional Controversy Surrounding Proposition 187",*The University of Miami Inter-American Law Review*, Vol. 26,No. 2,1994.

131. Nicholas Laham,*Ronald Reagan and The Politics of Immigration Reform*, Westport:Praeger Publishers,2000.

132. Nathan Glazer eds. ,*Clamor at the Gates*:*the New American Immigration*, San Francisco:ICS Press,1985.

133. Nancy Humel Montweiler,*The Immigration Reform Law of 1986*:*Analysis*,*Text and Legislative History*,Washington,D. C. : Bureau of National Affairs, 1986.

134. North/Houstoun Study,March,1976.

135. Peter Beinart,"The Wrong Place to Stop Terrorists",*The Washington Post*,May 4,2006.

136. Peter Katel, *Illegal Immigration：Do Illegal Workers Help or Hurt the Economy*? Washington, D. C. ：Congressional Quarterly, 2005.

137. Peter Andreas, "Borderless Economy, Barricaded Border", *NACLA Report on the Americas*, Vol. 33, No. 3, November, 1999.

138. Peter Slevin, "Deportation of Illegal Immigrants Increases Under Obama Administration", *The Washington Post*, July 26, 2010.

139. Peters B. Guy, *Institutional Theory in Political Science：The "New Institutionalism"*, London and New York：Pinter Publisher, 1999.

140. Peter A. Hall and Rosemary C. R. Taylor, "Political Science and The Three New Institutionalism", *Political Studies*, Vol. 44, No. 4, 1996.

141. Pia M. Orrenius and Madeline Zavodny, *Do Amnesty Programs Encourage Illegal Immigration? Evidence from IRCA*, Federal Reserve Bank of Dallas Woking Paper No. 2001 – 19, November, 2001.

142. Peter H. Schuck, "The Transformation of Immigration Law", *Columbia Law Review*, Vol. 84, No. 1, January, 1984.

143. Peter B. Evans eds. , *Bring the State Back In New York*, Cambridge：Cambridge University Press, 1985.

144. "Perspectives Statements of U. S. Presidents Coolidge, Truman, Johnson, and, Reagan on Immigration Acts", *International Migration Review*, Volume. 45, Issue. 1, Spring, 2011.

145. *Public Papers of the Presidents of the United States, William J. Clinton*, Washington, D. C. ：United States Government Printing Office, 1994.

146. Robin Jacobson and Kim Geron, "Unions and the Politics of Immigration Unions and the Politics of Immigration", *Socialism and Democracy*, Vol. 22, No. 3, November, 2008.

147. Ruy Teixeira, "Public Opinion Snapshot：Comprehensive Immigration Reform and the Arizona Law", *Center for American Progress*, June 7, 2010.

148. Robert F. Kane and Felix Velarde-Munoz, "Undocumented Aliens and the Constitution：Limitations on State Action Denying Undocumented Children Access to Public Education", *Hastings Constitutional Law Quarterly*, Vol. 5, Winter,

1978.

149. Riley Roche Lisa. "Hatch Skips Dream Act Vote He Calls Cynical Exercise", *Desert News*, December 20, 2010.

150. Rongald Regan, *Executive Order 12324-Interdiction of Illegal Aliens*, September 30, 1981.

151. Robert G. Ainsworth, *Illegal Immigration: U. S. Economic and Labor Market Impacts*, Washington, D. C. : National Commission for Employment Policy, 1983.

152. Robert Eyestone, *The Thread of Public Policy: A Study in Policy Leadership*, New York: Bobbs-Merrill Company Press, 1971.

153. Richard B. Craig, *The Bracero Program: Interest Groups and Foreign Policy*, Austin & London: University of Texas Press, 1971.

154. Roger H. Davidson and Walter J. Oleszek and Frances E. Lee, *Congress and Its Members, 13th Edition*, Washington, D. C. : CQ Press College, July 15, 2011.

155. Richard Fry, "Latino Settlement in the New Century", *Pew Hispanic Center Report*, October 23, 2008.

156. Sheriff Ralph E. Ogden, *Fact Sheet*, Yuma: Yuma County Sheriff's Office, May 3, 2006.

157. Susan Gonzalez Baker, "The 'Amnesty' Aftermath: Current Policy Issues Stemming from the Legalization Programs of the 1986 Immigration Reform and Control Act", *International Migration Review*, Vol. 31, No. 1, Spring, 1997.

158. Sam Howe Verhovek, "2nd Man Sought for Questioning in Bomb Plot", *The New York Times*, December 19, 1999.

159. Suarez-Orozco Marcelo M. "California Dreaming: Proposition 187 and the Cultural Psychology of Racial and Ethnic Exclusion", *Anthropology & Education*, Vol. 27, No. 2, June, 1996.

160. Stephen R. Vina, *Statutory Analysis of Section 110 of the Illegal Immigration Reform and Immigrant Responsibility Act of 1996* (The Integrated Entry-Exit System), Crdc-ID: CRS – 2003 – AML – 0331, DOC – Type: CRS Reports—Digital Collection, Publication-NO: M – 111303, Congress-Session: 108 – 1, November 13,

2003.

161. Segovia Francine and Renatta Defever, "The Polls-Trends: American Public Opinion on Immigrants and Immigration Policy", *Public Opinion Quarterly*, Vol. 74, No. 2, 2010.

162. Samuel Addy, *A Cost-Benefit Analysis of the New Alabama Immigration Law*, Tuscaloosa: Center for Business and Economic Research, University of Alabama, January, 2012.

163. Samuel Addy, *The New Alabama Immigration Law: A Preliminary Macroeconomic Assessment*, Tuscaloosa: Center for Business and Economic Research, University of Alabama, October, 2011.

164. Sven Steinmo, Katheen Thelen and Frank Longstreth, *Structuring Politics: Historical Institutionalism in Comparative Analysis*, Cambridge: Cambridge University Press, 1994.

165. Stephen Yale-Loehr and Ted Chiappari, "Immigration: Cities and States Rush in Where Congress Fears to Tread", *Bender's Immigration Bulletin*, Vol. 12, No. 341, March, 2007.

166. Thomas W. Gilligan and Keith Krehbiel, "Organization of Informative Committees By a Rational Legislature", *American Journal of Political Science*, Vol. 34, No. 2, May, 1990.

167. Thomas J. Espenshade, "An Analysis of Public Opinion Toward Undocumented Immigration", *Population Research and Policy Review*, Vol. 12, No. 3, September, 1993.

168. Tomas. R. Dye, *Understanding Public Policy*, Englewood Cliffs: Prentice-Hall Publisher, 1980.

169. *The New York Times*, July 4, 1977.

170. *The New York Times*, February, 1942.

171. *The New York Times*, March 14, 1965.

172. *The New York Times*, December 31, 1974.

173. *The New York Times*, December 22, 1977.

174. Torrie Hester, "'Protection, Not Punishment': Legislative and Judicial

Formation of U. S. Deportation Policy,1882 – 1904", *Journal of American Ethnic History*,Vol. 30,No. 1,2010.

175. Tony Perry,"State's Immigration Suit Against U. S. Dismissed", *Los Angeles Times*,February 14,1995.

176. Taylor,"United States Retreats from its Challenge to Texas Law on Alien Schooling", *The New York Times*,September 9,1981.

177. Tom LoBianco,"O'Malley Says State Will Use Real ID", *The Washington Times*,January 16,2008.

178. U. S. Department of Homeland Security,*Budget-in-Brief*:*FY 2012*.

179. U. S. Department of Homeland Security,*Budget-in-Brief for Fiscal Years 2005*.

180. U. S. Department of Justice,*Annual Report of the Immigration and Naturalization Service*,1970.

181. U. S. Census Bureau 2011.

182. *U. S. News and World Report*,May 31,1965.

183. *U. S. News and World Report*,July 22,1974.

184. Vernon M. Briggs,"Labor Market Aspects of Mexican Migration to the United States in the 1970s",in S. R. Ross eds. , *Views Across the Border*,Albuquerque:University of New Mexico Press,1978.

185. Vernon M. Briggs, *The Mexico-United States Border*:*Public policy and Chicano Economic Welfare*,Center for the Study of Human Resources,Austin:University of Texas,1974.

186. Vernon M. Briggs,"Report of the Select Commission on Immigration and Refugee Policy: A Critique", *Faculty Publications-Human Resource Studies*, 1982.

187. Wilson James,*Congressional Government*, New York:Meridian,1956.

188. William V. Shannon, "The Illegal Immigrants", *The New York Times* (1923 – Current file),January 14,1975.

189. William Barbour,*Illegal immigration*, San Diego:Green Haven Press, 1994.

190. Wayne A. Cornelius, "Mexican Migration to the United States: Causes, Consequences and U. S Responses", in *Structural Factors in Mexican and Caribbean Basin Migration*, proceedings of a symposium sponsored by the Brookings Institution and EI Colegio de Mexico, Washington, D. C. : Brookings Institution, 1978.

191. William E. Connolly, "The Challenge to Pluralist Theory", in William E. Connolly, eds. , *Pluralism in Political Analysis*, New Jersey: Aldine Transaction, 1969.

192. Walter A. Fogel, *Mexican Illegal Alien Workers in the United States*, Institute of Industrial Relations, Los Angeles: University of California, 1978.

193. William J. Krouse and Ruth Ellen Wasem, *Immigration: Visa Entry/Exit Control System*, CRDC-ID: CRS – 1998 – EPW – 0073, CRS Reports – Digital Collection, November 9, 1998, Publication-No: 98 – 89 EPW, Congress-Session: 105 – 2 (1998).

194. Walter J. Oleszek, eds, *Congressional Procedures and the Policy Process*, 8, Washington, D. C. : CQ Press, 2011.

195. Wayne D. Rasmussen, *A History of the Emergency Farm Labor Supply Program*, 1943 – 1947, U. S. Department of Agriculture [USDA Agriculture Monograph no. 13], 1951.

(三) 英文网站资料

1. http://www. uscis. gov/ilink/docView/PUBLAW/HTML/PUBLAW/0 – 0 – 0 – 10948. html#0 – 0 – 0 – 1149.

2. http://www. uscis. gov/ilink/docView/PUBLAW/HTML/PUBLAW/0 – 0 – 0 – 10948. html#0 – 0 – 0 – 1271.

3. http://www. uscis. gov/ilink/docView/PUBLAW/HTML/PUBLAW/0 – 0 – 0 – 8598. html#0 – 0 – 0 – 1041.

4. http://www. gpo. gov/fdsys/pkg/PLAW – 104publ193/pdf/PLAW – 104 publ 193. pdf.

5. http://georgewbush-whitehouse. archives. gov/news/releases/2006/10/20061026 – 1. html.

6. http://history.state.gov/milestones/1921-1936/ImmigrationAct.

7. http://www.opensecrets.org/pacs/index.php?cycle=2004&party=A.

8. http://www.opensecrets.org/orgs/recips.php?cycle=2012&id=D0000-00088.

9. http://www.opensecrets.org/news/2013/02/issues-and-interest-groups-in-state-of-the-union-spotlight.html.

10. http://www.opensecrets.org/lobby/clientsum.php?id=D000046497&year=2012.

11. http://articles.latimes.com/1994-10-17/news/mn-51339_1_illegal-immigrants.

12. http://www.pewhispanic.org/.

13. http://www.foundingfathers.info/federalistpapers/fed10.htm.

14. http://www.conservapedia.com/De_Canas_v._Bica.

15. http://www.nilc.org/federalpreemptionfacts_2007-06-28.html.

16. http://supreme.justia.com/cases/federal/us/343/579/case.html.

17. http://archives.uruguay.usembassy.gov/usaweb/paginas/2006/06-195EN.shtml.

18. http://www.gpo.gov/fdsys/pkg/PLAW-109publ13/html/PLAW-109publ13.htm.

19. http://thetimes-tribune.com/news/panel-hazleton-insurer-won-t-pay-for-plaintiffs-1.1060627.

20. http://digitalcommons.ilr.cornell.edu/hrpubs/36.

21. http://www.archive.org/details/investigationofconc10unit.

22. http://supreme.justia.com/cases/federal/us/130/581/.

23. http://www.pewhispanic.org/2011/02/01/iii-births-and-children/.

24. http://political-transcript-wire.vlex.com/vid/schumer-comprehensive-immigration-reform-67531003.

25. http://capitolwords.org/date/1998/07/30/S9506_border-improvement-and-immigration-act-of-1998/.

26. http://specter.senate.gov/public/index.cfm?FuseAction=NewsRoom.

ArlenSpecterSpeaks&ContentRecord_id = D36DFD85 - 1321 - 0E36 - BA01 - C453A-CBA6D73.

27. http：//www. loc. gov/rr/hispanic/congress/chron. html.

28. http：//baic. house. gov/historical-data/representatives-senators-by-congress. html.

29. http：//www. usdoj. gov/archive/ag/speeches/2002/060502 agpreparedremarks. htm.

30. http：//www. finaid. org/otheraid/undocumented. phtml.

31. http：//www. economist. com/node/10024818？story_id = 10024818.

32. http：//blog. heritage. org/2012/10/17/debate-2012-illegal-immigration-and-drivers-licenses/.

33. http：//www. care2. com/causes/alabama-immigration-law-upheld-supreme-court-intervention-likely. html#ixzz2F2A1BjMy.

34. http：//www. campaignsitebuilder. com/templates/displayfiles/tmpl68. asp？SiteID = 843&PageID = 12147&Trial = false.

35. http：//www. smalltowndefenders. com/index. php/node/6？q = public/node/6.

36. http：//www. smalltowndefenders. com/090806/2006 - 18_ Illegal Alien Immigration Relief Äct. pdf.

37. http：//www. clearinghouse. wustl. edu/chdocs/public/IM - PA - 0001 - 0020. pdf.

38. http：//www. policyarchive. org/handle/10207/bitstreams/11652. pdf.

39. http：//www. minutemanproject. com/？p = 1095.

40. http：//www. csmonitor. com/2006/0706/p09s01 - coop. html.

41. http：//www. ontheissues. org/international/Robert_Menendez_Immigration. htm.

42. http：//www. ontheissues. org/TX/Sheila_Jackson_Lee_Immigration. htm.

43. http：//www. rawstory. com/rs/2012/09/20/obama-immigration-reform-my-biggest-failure-so-far.

44. http：//www. fairus. org/facts/african-americans-polls.

45. http：//andrsn. stanford. edu/Other/illegal. html.

46. http：//www. gutierrez. house. gov/index. php？ option = com _ content& view = article&id = 450&Itemid = 24.

47. http：//www. seiu. org/2009/12/seiu-statement-on-introduction-of-the-comprehensive-immigration-reform—american-security-and-prosp. php.

48. http：//www. ilw. com/articles/2004，0329 – carter. shtm.

49. WhiteHouse. gov web site，July. 2，2000.

50. http：//www. americanlaw. com/1996law. html.

51. http：//migration. ucdavis. edu/mn/more. php？ id = 1223_0_2_0.

52. http：//www. visalaw. com/96nov/3nov96. html#section%202.

53. http：//www. pewhispanic. org/2011/02/01/ii-current-estimates-and-trends/.

54. http：//www. economist. com/news/united-states/21567106 – election-drubbing-changes-minds-time-its-different.

55. http：//www. uscis. gov/ilink/docView/PUBLAW/HTML/PUBLAW/0 – 0 – 0 – 15. html.

56. http：//thomas. loc. gov.

57. http：//www. ccrh. org/comm/moses/primary/bracero. html.

58. http：//www. cis. org/dream-act-cost.

59. http：//www. policyarchive. org/handle/10207/bitstreams/18744. pdf，P. L. 110 – 329，September 30，2008.

60. http：//www. migrationpolicy. org/pubs/TCM – USPublicOpinion. pdf.

61. http：//www. ice. gov/removal-statistics/.

62. http：//www. pewhispanic. org/2009/04/14/a-portrait-of-unauthorized-immigrants-in-the-united-states/.

63. http：//www. azleg. gov/legtext/49leg/2r/bills/sb1070s. pdf.

64. http：//www. govtrack. us/congress/votes/109 – 2005/h661.

65. http：//www. govtrack. us/congress/votes/109 – 2006/h446.

后　记

本书初稿完成于2013年，研究基础来源于我的博士论文。之所以未在博士毕业后两年内出版，主要是自我感觉要沉淀、打磨一下。2015年欧洲难民危机、2016年特朗普当选美国总统，这些均彰显出移民问题的日益重要性。以上事件的发生促使我决定在2018年出版此书。

在书稿的修改过程中，我似乎又回到了当年撰写博士论文的情景之中。我之所以研究美国国会非法移民立法，正如绪论中所言，非法移民政策改革已经成为当前美国移民政策改革中最重要的内容，反观国内外学术界，尤其是国内学术界对这一问题研究甚少。基于论文题目的现实意义和弥补国内外学术界短板的需要，在和导师潘兴明老师多次沟通后，我选择了美国国会非法移民立法研究这一课题。

书籍的初稿是在上海和美国弗吉尼亚大学完成的。首先非常感谢我的博士导师潘兴明教授在我求学期间给予的指导和帮助。潘老师是一名非常严谨的历史学家，他无论是在生活还是学业上给予我诸多帮助，即使在留学美国期间，潘老师仍然以邮件方式就论文和生活问题给予我有价值的意见。在潘老师的指导下，我接受了完整的学术训练，充分体会到学术研究的乐趣和意义。

另外，我也要感谢美国导师林奇，他是一名风趣幽默的政治学学者。在留学美国期间，他不仅为我书稿的资料查阅提供了诸多便利，就书稿结构提出中肯意见，而且在生活上为我提供各种便利。第一次到异国他乡，他就给我带来各种生活必需品，并且令我十分感动的是，为了修改我护照签证的错误，他驱车来回近六个小时不辞辛苦地带我去杜勒斯机场进行交涉。我要感谢弗吉尼亚大学图书馆的工作人员，当她们得知我研究美国移民问题时，非常热情地发给我大量相关电子资料，其认真的工作态度令我印象深刻。

我要感谢硕士导师刘军教授，在他的指导下，我完成了硕士阶段的学习，奠定了博士阶段学习的基础。即使在博士阶段学习期间，刘老师无论是在生活还是学习上，均给予我诸多帮助和支持。另外，我对华师大国关院的包承柯副教授、王铁军副教授、臧术美博士，以及博士班的几名同学也——表示感谢。在他们的帮助和支持下，我在国关院度过了愉快的学生时光。

我要感谢时事出版社的工作人员，尤其是谢琳编辑认真、负责的校对和编辑工作，没有他们的辛勤付出，书籍不会顺利出版。

最后，我要感谢我的家人，尤其是我的父母，没有他们一贯的支持，我不可能心无旁贷地完成博士学业。因此，我的学术处女作要献给我的父母。

在书稿撰写的近两年时间和之后的修改工作中，我对王国维所言做学问的三种境界感同身受：昨夜西风凋碧树，独上高楼，望尽天涯路（第一境界）；衣带渐宽终不悔，为伊消得人憔悴（第二境界）；众里寻他千百度，蓦然回首，那人却在灯火阑珊处（第三境界）。经过三个境界的洗礼后，我充分认识到博士论文的完成必须具备知识、情感、意志三种要素。知识就是对所研究对象的资料积累；情感是指在撰写博士论文过程中要全身心地投入，心无杂念，只有如此，才能迸发学术灵感，学术灵感多了，学术悟性就慢慢培养出来了；意志就是信心和克服困难的勇气和决心。本书从2011年选题，到2013年初稿完成，经历两年时间。在这期间，如果没有一定的意志力，博士论文难以完成。尤其是在查阅档案阶段，看完一本国会听证会的小册子至少需要一下午时间，而把整个二战后国会有关非法移民立法的听证会资料看完就需要花费更多时间。另外，要更好、全面地把握移民法的内容，还需了解和非法移民问题相关的其他法律知识，诸如市民权利法案、社会福利法案以及美国税收等方面的内容。这对我这个在美国政治研究方面半路出家的人而言，无疑是巨大挑战。幸好我利用在美国访学的机会，通过旁听课程、阅读书籍、向美国学者请教等方式努力弥补了这一知识空白。写论文是一件痛并快乐的事情，虽然在前期的准备过程中不乏苦闷和无聊，但是一旦进入写作状态后，更多时候是在享受学术创造的乐趣。特别是在克服论文的写作困难、取得进步时，那种由衷的喜悦和兴奋不已的感觉就如甘醇的蜜汁注入心田一般，久久难以散去。

2018 年 5 月 22 日于上海

图书在版编目（CIP）数据

二战后美国国会非法移民立法研究：基于公共政策理论视角/唐慧云著.—北京：时事出版社，2018.9
ISBN 978-7-5195-0230-0

Ⅰ.①二… Ⅱ.①唐… Ⅲ.①移民法—立法—研究—美国 Ⅳ.①D998.371.2

中国版本图书馆 CIP 数据核字（2018）第 137224 号

出版发行：时事出版社
地　　　址：北京市海淀区万寿寺甲 2 号
邮　　　编：100081
发 行 热 线：（010）88547590　88547591
读者服务部：（010）88547595
传　　　真：（010）88547592
电 子 邮 箱：shishichubanshe@sina.com
网　　　址：www.shishishe.com
印　　　刷：北京朝阳印刷厂有限责任公司

开本：787×1092　1/16　印张：16　字数：260 千字
2018 年 9 月第 1 版　2018 年 9 月第 1 次印刷
定价：108.00 元
（如有印装质量问题，请与本社发行部联系调换）